T&P BOOKS

I0156051

INDONESIO

VOCABULARIO

ESPAÑOL-
INDONESIO

Las palabras más útiles
Para expandir su vocabulario y refinar
sus habilidades lingüísticas

9000 palabras

Vocabulario Español-Indonesio - 9000 palabras más usadas
por Andrey Taranov

Los vocabularios de T&P Books buscan ayudar en el aprendizaje, la memorización y la revisión de palabras de idiomas extranjeros. El diccionario se divide por temas, cubriendo toda la esfera de las actividades cotidianas, de negocios, ciencias, cultura, etc.

El proceso de aprendizaje de palabras utilizando los diccionarios temáticos de T&P Books le proporcionará a usted las siguientes ventajas:

- La información del idioma secundario está organizada claramente y predetermina el éxito para las etapas subsiguientes en la memorización de palabras.
- Las palabras derivadas de la misma raíz se agrupan, lo cual permite la memorización de grupos de palabras en vez de palabras aisladas.
- Las unidades pequeñas de palabras facilitan el proceso de reconocimiento de enlaces de asociación que se necesitan para la cohesión del vocabulario.
- De este modo, se puede estimar el número de palabras aprendidas y así también el nivel de conocimiento del idioma.

T&P Books Publishing
www.tpbooks.com

ISBN: 978-1-78616-495-7

Este libro está disponible en formato electrónico o de E-Book también.
Visite www.tpbooks.com o las librerías electrónicas más destacadas en la Red.

VOCABULARIO INDONESIO
palabras más usadas

Los vocabularios de T&P Books buscan ayudar al aprendiz a aprender, memorizar y repasar palabras de idiomas extranjeros. Los vocabularios contienen más de 9000 palabras comúnmente usadas y organizadas de manera temática.

- El vocabulario contiene las palabras corrientes más usadas.
- Se recomienda como ayuda adicional a cualquier curso de idiomas.
- Capta las necesidades de aprendices de nivel principiante y avanzado.
- Es conveniente para uso cotidiano, prácticas de revisión y actividades de auto-evaluación.
- Facilita la evaluación del vocabulario.

Aspectos claves del vocabulario

- Las palabras se organizan según el significado, no según el orden alfabético.
- Las palabras se presentan en tres columnas para facilitar los procesos de repaso y auto-evaluación.
- Los grupos de palabras se dividen en pequeñas secciones para facilitar el proceso de aprendizaje.
- El vocabulario ofrece una transcripción sencilla y conveniente de cada palabra extranjera.

El vocabulario contiene 256 temas que incluyen lo siguiente:

Conceptos básicos, números, colores, meses, estaciones, unidades de medidas, ropa y accesorios, comida y nutrición, restaurantes, familia nuclear, familia extendida, características de personalidad, sentimientos, emociones, enfermedades, la ciudad y el pueblo, exploración del paisaje, compras, finanzas, la casa, el hogar, la oficina, el trabajo en oficina, importación y exportación, promociones, búsqueda de trabajo, deportes, educación, computación, la red, herramientas, la naturaleza, los países, las nacionalidades y más ...

TABLA DE CONTENIDO

GUÍA DE PRONUNCIACIÓN   11
ABREVIATURAS   12

CONCEPTOS BÁSICOS   13
Conceptos básicos. Unidad 1   13

1. Los pronombres   13
2. Saludos. Salutaciones. Despedidas   13
3. Como dirigirse a otras personas   14
4. Números cardinales. Unidad 1   14
5. Números cardinales. Unidad 2   15
6. Números ordinales   16
7. Números. Fracciones   16
8. Números. Operaciones básicas   16
9. Números. Miscelánea   16
10. Los verbos más importantes. Unidad 1   17
11. Los verbos más importantes. Unidad 2   18
12. Los verbos más importantes. Unidad 3   19
13. Los verbos más importantes. Unidad 4   20
14. Los colores   21
15. Las preguntas   21
16. Las preposiciones   22
17. Las palabras útiles. Los adverbios. Unidad 1   22
18. Las palabras útiles. Los adverbios. Unidad 2   24

Conceptos básicos. Unidad 2   26

19. Los opuestos   26
20. Los días de la semana   28
21. Las horas. El día y la noche   28
22. Los meses. Las estaciones   29
23. La hora. Miscelánea   30
24. Las líneas y las formas   31
25. Las unidades de medida   32
26. Contenedores   33
27. Materiales   34
28. Los metales   35

EL SER HUMANO   36
El ser humano. El cuerpo   36

29. El ser humano. Conceptos básicos   36
30. La anatomía humana   36

31. La cabeza   37
32. El cuerpo   38

La ropa y los accesorios   39

33. La ropa exterior. Los abrigos   39
34. Ropa de hombre y mujer   39
35. La ropa. La ropa interior   40
36. Gorras   40
37. El calzado   40
38. Los textiles. Las telas   41
39. Accesorios personales   41
40. La ropa. Miscelánea   42
41. Productos personales. Cosméticos   42
42. Las joyas   43
43. Los relojes   44

La comida y la nutrición   45

44. La comida   45
45. Las bebidas   46
46. Las verduras   47
47. Las frutas. Las nueces   48
48. El pan. Los dulces   49
49. Los platos   49
50. Las especias   50
51. Las comidas   51
52. Los cubiertos   52
53. El restaurante   52

La familia nuclear, los parientes y los amigos   53

54. La información personal. Los formularios   53
55. Los familiares. Los parientes   53
56. Los amigos. Los compañeros del trabajo   54
57. El hombre. La mujer   55
58. La edad   55
59. Los niños   56
60. El matrimonio. La vida familiar   57

Las características de personalidad. Los sentimientos   58

61. Los sentimientos. Las emociones   58
62. El carácter. La personalidad   59
63. El sueño. Los sueños   60
64. El humor. La risa. La alegría   61
65. La discusión y la conversación. Unidad 1   61
66. La discusión y la conversación. Unidad 2   62
67. La discusión y la conversación. Unidad 3   64
68. El acuerdo. El rechazo   64
69. El éxito. La buena suerte. El fracaso   65
70. Las discusiones. Las emociones negativas   66

La medicina   68

71. Las enfermedades   68
72. Los síntomas. Los tratamientos. Unidad 1   69
73. Los síntomas. Los tratamientos. Unidad 2   70
74. Los síntomas. Los tratamientos. Unidad 3   71
75. Los médicos   72
76. La medicina. Las drogas. Los accesorios   72
77. El tabaquismo. Los productos del tabaco   73

EL AMBIENTE HUMANO   74
La ciudad   74

78. La ciudad. La vida en la ciudad   74
79. Las instituciones urbanas   75
80. Los avisos   76
81. El transporte urbano   77
82. El turismo. La excursión   78
83. Las compras   79
84. El dinero   80
85. La oficina de correos   81

La vivienda. La casa. El hogar   82

86. La casa. La vivienda   82
87. La casa. La entrada. El ascensor   83
88. La casa. La electricidad   83
89. La casa. La puerta. La cerradura   83
90. La casa de campo   84
91. La villa. La mansión   84
92. El castillo. El palacio   85
93. El apartamento   85
94. El apartamento. La limpieza   86
95. Los muebles. El interior   86
96. Los accesorios de cama   87
97. La cocina   87
98. El baño   88
99. Los aparatos domésticos   89
100. Los arreglos. La renovación   89
101. La plomería   90
102. El fuego. El incendio   90

LAS ACTIVIDADES DE LA GENTE   92
El trabajo. Los negocios. Unidad 1   92

103. La oficina. El trabajo de oficina   92
104. Los procesos de negocio. Unidad 1   93
105. Los procesos de negocio. Unidad 2   94
106. La producción. Los trabajos   95
107. El contrato. El acuerdo   96
108. Importación y exportación   97

109. Las finanzas   97
110. La mercadotecnia   98
111. La publicidad   99
112. La banca   99
113. El teléfono. Las conversaciones telefónicas   100
114. El teléfono celular   101
115. Los artículos de escritorio. La papelería   101
116. Diversos tipos de documentación   102
117. Tipos de negocios   103

El trabajo. Los negocios. Unidad 2   105

118. La exhibición. La feria comercial   105
119. Medios de comunicación de masas   106
120. La agricultura   107
121. La construcción. El proceso de construcción   108
122. La ciencia. La investigación. Los científicos   109

Las profesiones y los oficios   110

123. La búsqueda de trabajo. El despido   110
124. Los negociantes   110
125. Los trabajos de servicio   111
126. La profesión militar y los rangos   112
127. Los oficiales. Los sacerdotes   113
128. Las profesiones agrícolas   113
129. Las profesiones artísticas   114
130. Profesiones diversas   114
131. Los trabajos. El estatus social   116

Los deportes   117

132. Tipos de deportes. Deportistas   117
133. Tipos de deportes. Miscelánea   118
134. El gimnasio   118
135. El hóckey   119
136. El fútbol   119
137. El esquí   121
138. El tenis. El golf   121
139. El ajedrez   122
140. El boxeo   122
141. Los deportes. Miscelánea   123

La educación   125

142. La escuela   125
143. Los institutos. La Universidad   126
144. Las ciencias. Las disciplinas   127
145. Los sistemas de escritura. La ortografía   127
146. Los idiomas extranjeros   128

147. Los personajes de los cuentos de hadas   129
148. Los signos de zodiaco   130

El arte   131

149. El teatro   131
150. El cine   132
151. La pintura   133
152. La literatura y la poesía   134
153. El circo   134
154. La música. La música popular   135

El descanso. El entretenimiento. El viaje   137

155. Las vacaciones. El viaje   137
156. El hotel   137
157. Los libros. La lectura   138
158. La caza. La pesca   140
159. Los juegos. El billar   141
160. Los juegos. Las cartas   141
161. El casino. La ruleta   141
162. El descanso. Los juegos. Miscelánea   142
163. La fotografía   142
164. La playa. La natación   143

EL EQUIPO TÉCNICO. EL TRANSPORTE   145
El equipo técnico   145

165. El computador   145
166. El internet. El correo electrónico   146
167. La electricidad   147
168. Las herramientas   147

El transporte   150

169. El avión   150
170. El tren   151
171. El barco   152
172. El aeropuerto   153
173. La bicicleta. La motocicleta   154

Los coches   155

174. El coche   155
175. El coche. El taller   155
176. El coche. El compartimiento de pasajeros   156
177. El coche. El motor   157
178. El coche. Accidente de tráfico. La reparación   158
179. El coche. El camino   159
180. Las señales de tráfico   160

LA GENTE. ACONTECIMIENTOS DE LA VIDA   161

181. Los días festivos. Los eventos   161
182. Los funerales. El entierro   162
183. La guerra. Los soldados   162
184. La guerra. El ámbito militar. Unidad 1   163
185. La guerra. El ámbito militar. Unidad 2   165
186. Las armas   166
187. Los pueblos antiguos   168
188. La Edad Media   168
189. El líder. El jefe. Las autoridades   170
190. La calle. El camino. Las direcciones   171
191. Violar la ley. Los criminales. Unidad 1   172
192. Violar la ley. Los criminales. Unidad 2   173
193. La policía. La ley. Unidad 1   174
194. La policía. La ley. Unidad 2   175

LA NATURALEZA   177
La tierra. Unidad 1   177

195. El espacio   177
196. La tierra   178
197. Los puntos cardinales   179
198. El mar. El océano   179
199. Los nombres de los mares y los océanos   180
200. Las montañas   181
201. Los nombres de las montañas   182
202. Los ríos   182
203. Los nombres de los ríos   183
204. El bosque   183
205. Los recursos naturales   184

La tierra. Unidad 2   186

206. El tiempo   186
207. Los eventos climáticos severos. Los desastres naturales   187
208. Los ruidos. Los sonidos   187
209. El invierno   188

La fauna   190

210. Los mamíferos. Los predadores   190
211. Los animales salvajes   190
212. Los animales domésticos   191
213. Los perros. Las razas de perros   192
214. Los sonidos de los animales   193
215. Los animales jóvenes   193
216. Los pájaros   194
217. Los pájaros. El canto y los sonidos   195
218. Los peces. Los animales marinos   195
219. Los anfibios. Los reptiles   196
220. Los insectos   197

221. Los animales. Las partes del cuerpo 197
222. Los animales. Acciones. Conducta. 198
223. Los animales. El hábitat 199
224. El cuidado de los animales 199
225. Los animales. Miscelánea 200
226. Los caballos 200

La flora 202

227. Los árboles 202
228. Los arbustos 202
229. Los hongos 203
230. Las frutas. Las bayas 203
231. Las flores. Las plantas 204
232. Los cereales, los granos 205
233. Los vegetales. Las verduras 206

GEOGRAFÍA REGIONAL 207

234. Europa occidental 207
235. Europa central y oriental 209
236. Los países de la antes Unión Soviética 210
237. Asia 211
238. América del Norte 213
239. Centroamérica y Sudamérica 213
240. África 214
241. Australia. Oceanía 215
242. Las ciudades 215
243. La política. El gobierno. Unidad 1 216
244. La política. El gobierno. Unidad 2 218
245. Los países. Miscelánea 219
246. Grupos religiosos principales. Las confesiones 219
247. Las religiones. Los sacerdotes 221
248. La fe. El cristianismo. El islamismo 221

MISCELÁNEA 224

249. Varias palabras útiles 224
250. Los adjetivos. Unidad 1 225
251. Los adjetivos. Unidad 2 227

LOS 500 VERBOS PRINCIPALES 230

252. Los verbos A-C 230
253. Los verbos D-E 233
254. Los verbos F-M 235
255. Los verbos N-R 237
256. Los verbos S-V 239

GUÍA DE PRONUNCIACIÓN

La letra	Ejemplo indonesio	T&P alfabeto fonético	Ejemplo español
Aa	zaman	[a]	radio
Bb	besar	[b]	en barco
Cc	kecil, cepat	[ʧ]	mapache
Dd	dugaan	[d]	desierto
Ee	segera, mencium	[e], [ə]	viernes
Ff	berfungsi	[f]	golf
Gg	juga, lagi	[g]	jugada
Hh	hanya, bahwa	[h]	registro
Ii	izin, sebagai ganti	[i], [j]	ilegal, asiento
Jj	setuju, ijin	[ʤ]	tadzhik
Kk	kemudian, tidak	[k], [']	charco, oclusiva glotal sorda
Ll	dilarang	[l]	lira
Mm	melihat	[m]	nombre
Nn	berenang	[n], [ŋ]	número, manga
Oo	toko roti	[o:]	domicilio
Pp	peribahasa	[p]	precio
Qq	Aquarius	[k]	charco
Rr	ratu, riang	[r]	rumbo
Ss	sendok, syarat	[s], [ʃ]	salva, shopping
Tt	tamu, adat	[t]	torre
Uu	ambulans	[u]	mundo
Vv	renovasi	[v]	travieso
Ww	pariwisata	[w]	acuerdo
Xx	boxer	[ks]	taxi
Yy	banyak, syarat	[j]	asiento
Zz	zamrud	[z]	desde

Las combinaciones de letras

aa	maaf	[aʔa]	a+oclusiva glotal sorda
kh	khawatir	[h]	registro
th	Gereja Lutheran	[t]	torre
-k	tidak	[']	oclusiva glotal sorda

ABREVIATURAS
usadas en el vocabulario

Abreviatura en español

adj	-	adjetivo
adv	-	adverbio
anim.	-	animado
conj	-	conjunción
etc.	-	etcétera
f	-	sustantivo femenino
f pl	-	femenino plural
fam.	-	uso familiar
fem.	-	femenino
form.	-	uso formal
inanim.	-	inanimado
innum.	-	innumerable
m	-	sustantivo masculino
m pl	-	masculino plural
m, f	-	masculino, femenino
masc.	-	masculino
mat	-	matemáticas
mil.	-	militar
num.	-	numerable
p.ej.	-	por ejemplo
pl	-	plural
pron	-	pronombre
sg	-	singular
v aux	-	verbo auxiliar
vi	-	verbo intransitivo
vi, vt	-	verbo intransitivo, verbo transitivo
vr	-	verbo reflexivo
vt	-	verbo transitivo

CONCEPTOS BÁSICOS

Conceptos básicos. Unidad 1

1. Los pronombres

yo	saya, aku	[saja], [aku]
tú	engkau, kamu	[eŋkau], [kamu]
él, ella, ello	beliau, dia, ia	[beliaṵ], [dia], [ia]
nosotros, -as	kami, kita	[kami], [kita]
vosotros, -as	kalian	[kalian]
Usted	Anda	[anda]
Ustedes	Anda sekalian	[anda sekalian]
ellos, ellas	mereka	[mereka]

2. Saludos. Salutaciones. Despedidas

¡Hola! (fam.)	Halo!	[halo!]
¡Hola! (form.)	Halo!	[halo!]
¡Buenos días!	Selamat pagi!	[slamat pagi!]
¡Buenas tardes!	Selamat siang!	[slamat siaŋ!]
¡Buenas noches!	Selamat sore!	[slamat sore!]
decir hola	menyapa	[menjapa]
¡Hola! (a un amigo)	Hai!	[hey!]
saludo (m)	sambutan, salam	[sambutan], [salam]
saludar (vt)	menyambut	[menjambut]
¿Cómo estás?	Apa kabar?	[apa kabar?]
¿Qué hay de nuevo?	Apa yang baru?	[apa yaŋ baru?]
¡Hasta la vista! (form.)	Selamat tinggal!	[slamat tiŋgal!],
	Selamat jalan!	[slamat dʒalan!]
¡Hasta la vista! (fam.)	Dadah!	[dadah!]
¡Hasta pronto!	Sampai bertemu lagi!	[sampaj bertemu lagi!]
¡Adiós! (fam.)	Sampai jumpa!	[sampaj dʒumpa!]
¡Adiós! (form.)	Selamat tinggal!	[slamat tiŋgal!]
despedirse (vr)	berpamitan	[berpamitan]
¡Hasta luego!	Sampai nanti!	[sampaj nanti!]
¡Gracias!	Terima kasih!	[terima kasih!]
¡Muchas gracias!	Terima kasih banyak!	[terima kasih banja?!]
De nada	Kembali! Sama-sama!	[kembali!], [sama-sama!]
No hay de qué	Kembali!	[kembali!]
De nada	Kembali!	[kembali!]
¡Disculpa! ¡Disculpe!	Maaf, ...	[ma'af, ...]
disculpar (vt)	memaafkan	[mema'afkan]

13

disculparse (vr)	meminta maaf	[meminta ma'af]
Mis disculpas	Maafkan saya	[ma'afkan saja]
¡Perdóneme!	Maaf!	[ma'af!]
perdonar (vt)	memaafkan	[mema'afkan]
¡No pasa nada!	Tidak apa-apa!	[tida' apa-apa!]
por favor	tolong	[toloŋ]
¡No se le olvide!	Jangan lupa!	[dʒʲaŋan lupa!]
¡Ciertamente!	Tentu!	[tentu!]
¡Claro que no!	Tentu tidak!	[tentu tida'!]
¡De acuerdo!	Baiklah! Baik!	[bajklah!], [baj'!]
¡Basta!	Cukuplah!	[tʃukuplah!]

3. Como dirigirse a otras personas

¡Perdóneme!	Maaf, ...	[ma'af, ...]
señor	tuan	[tuan]
señora	nyonya	[nenja]
señorita	nona	[nona]
joven	nak	[na']
niño	nak, bocah	[nak], [botʃah]
niña	nak	[na']

4. Números cardinales. Unidad 1

cero	nol	[nol]
uno	satu	[satu]
dos	dua	[dua]
tres	tiga	[tiga]
cuatro	empat	[empat]
cinco	lima	[lima]
seis	enam	[enam]
siete	tujuh	[tudʒʲuh]
ocho	delapan	[delapan]
nueve	sembilan	[sembilan]
diez	sepuluh	[sepuluh]
once	sebelas	[sebelas]
doce	dua belas	[dua belas]
trece	tiga belas	[tiga belas]
catorce	empat belas	[empat belas]
quince	lima belas	[lima belas]
dieciséis	enam belas	[enam belas]
diecisiete	tujuh belas	[tudʒʲuh belas]
dieciocho	delapan belas	[delapan belas]
diecinueve	sembilan belas	[sembilan belas]
veinte	dua puluh	[dua puluh]
veintiuno	dua puluh satu	[dua puluh satu]
veintidós	dua puluh dua	[dua puluh dua]

veintitrés	dua puluh tiga	[dua puluh tiga]
treinta	tiga puluh	[tiga puluh]
treinta y uno	tiga puluh satu	[tiga puluh satu]
treinta y dos	tiga puluh dua	[tiga puluh dua]
treinta y tres	tiga puluh tiga	[tiga puluh tiga]
cuarenta	empat puluh	[empat puluh]
cuarenta y uno	empat puluh satu	[empat puluh satu]
cuarenta y dos	empat puluh dua	[empat puluh dua]
cuarenta y tres	empat puluh tiga	[empat puluh tiga]
cincuenta	lima puluh	[lima puluh]
cincuenta y uno	lima puluh satu	[lima puluh satu]
cincuenta y dos	lima puluh dua	[lima puluh dua]
cincuenta y tres	lima puluh tiga	[lima puluh tiga]
sesenta	enam puluh	[enam puluh]
sesenta y uno	enam puluh satu	[enam puluh satu]
sesenta y dos	enam puluh dua	[enam puluh dua]
sesenta y tres	enam puluh tiga	[enam puluh tiga]
setenta	tujuh puluh	[tudʒʲuh puluh]
setenta y uno	tujuh puluh satu	[tudʒʲuh puluh satu]
setenta y dos	tujuh puluh dua	[tudʒʲuh puluh dua]
setenta y tres	tujuh puluh tiga	[tudʒʲuh puluh tiga]
ochenta	delapan puluh	[delapan puluh]
ochenta y uno	delapan puluh satu	[delapan puluh satu]
ochenta y dos	delapan puluh dua	[delapan puluh dua]
ochenta y tres	delapan puluh tiga	[delapan puluh tiga]
noventa	sembilan puluh	[sembilan puluh]
noventa y uno	sembulan puluh satu	[sembulan puluh satu]
noventa y dos	sembilan puluh dua	[sembilan puluh dua]
noventa y tres	sembilan puluh tiga	[sembilan puluh tiga]

5. Números cardinales. Unidad 2

cien	seratus	[seratus]
doscientos	dua ratus	[dua ratus]
trescientos	tiga ratus	[tiga ratus]
cuatrocientos	empat ratus	[empat ratus]
quinientos	lima ratus	[lima ratus]
seiscientos	enam ratus	[enam ratus]
setecientos	tujuh ratus	[tudʒʲuh ratus]
ochocientos	delapan ratus	[delapan ratus]
novecientos	sembilan ratus	[sembilan ratus]
mil	seribu	[seribu]
dos mil	dua ribu	[dua ribu]
tres mil	tiga ribu	[tiga ribu]
diez mil	sepuluh ribu	[sepuluh ribu]
cien mil	seratus ribu	[seratus ribu]

| millón (m) | juta | [dʒˈuta] |
| mil millones | miliar | [miliar] |

6. Números ordinales

primero (adj)	pertama	[pərtama]
segundo (adj)	kedua	[kedua]
tercero (adj)	ketiga	[ketiga]
cuarto (adj)	keempat	[keempat]
quinto (adj)	kelima	[kelima]

sexto (adj)	keenam	[keenam]
séptimo (adj)	ketujuh	[ketudʒˈuh]
octavo (adj)	kedelapan	[kedelapan]
noveno (adj)	kesembilan	[kesembilan]
décimo (adj)	kesepuluh	[kesepuluh]

7. Números. Fracciones

fracción (f)	pecahan	[petʃahan]
un medio	seperdua	[seperdua]
un tercio	sepertiga	[sepertiga]
un cuarto	seperempat	[seperempat]

un octavo	seperdelapan	[seperdelapan]
un décimo	sepersepuluh	[sepersepuluh]
dos tercios	dua pertiga	[dua pərtiga]
tres cuartos	tiga perempat	[tiga pərempat]

8. Números. Operaciones básicas

sustracción (f)	pengurangan	[peŋuraŋan]
sustraer (vt)	mengurangkan	[məŋuraŋkan]
división (f)	pembagian	[pembagian]
dividir (vt)	membagi	[membagi]

adición (f)	penambahan	[penambahan]
sumar (totalizar)	menambahkan	[mənambahkan]
adicionar (vt)	menambahkan	[mənambahkan]
multiplicación (f)	pengalian	[peŋalian]
multiplicar (vt)	mengalikan	[məŋalikan]

9. Números. Miscelánea

cifra (f)	angka	[aŋka]
número (m) (~ cardinal)	nomor	[nomor]
numeral (m)	kata bilangan	[kata bilaŋan]
menos (m)	minus	[minus]

más (m)	plus	[plus]
fórmula (f)	rumus	[rumus]

cálculo (m)	perhitungan	[pərhituŋan]
contar (vt)	menghitung	[məŋhituŋ]
calcular (vt)	menghitung	[məŋhituŋ]
comparar (vt)	membandingkan	[membandiŋkan]

¿Cuánto?	Berapa?	[bərapa?]
suma (f)	jumlah	[dʒumlah]
resultado (m)	hasil	[hasil]
resto (m)	sisa, baki	[sisa], [baki]

algunos, algunas ...	beberapa	[beberapa]
poco (adv)	sedikit	[sedikit]
resto (m)	selebihnya, sisanya	[selebihnja], [sisanja]
uno y medio	satu setengah	[satu seteŋah]
docena (f)	lusin	[lusin]

en dos	dua bagian	[dua bagian]
en partes iguales	rata	[rata]
mitad (f)	setengah	[seteŋah]
vez (f)	kali	[kali]

10. Los verbos más importantes. Unidad 1

abrir (vt)	membuka	[membuka]
acabar, terminar (vt)	mengakhiri	[məŋahiri]
aconsejar (vt)	menasihati	[mənasihati]
adivinar (vt)	menerka	[mənerka]
advertir (vt)	memperingatkan	[memperiŋatkan]
alabarse, jactarse (vr)	membual	[membual]

almorzar (vi)	makan siang	[makan siaŋ]
alquilar (~ una casa)	menyewa	[mənjewa]
amenazar (vt)	mengancam	[məŋantʃam]
arrepentirse (vr)	menyesal	[mənjesal]
ayudar (vt)	membantu	[membantu]
bañarse (vr)	berenang	[bərenaŋ]

bromear (vi)	bergurau	[bərgurau]
buscar (vt)	mencari ...	[məntʃari ...]
caer (vi)	jatuh	[dʒatuh]
callarse (vr)	diam	[diam]
cambiar (vt)	mengubah	[məŋubah]
castigar, punir (vt)	menghukum	[məŋhukum]

cavar (vt)	menggali	[məŋgali]
cazar (vi, vt)	berburu	[bərburu]
cenar (vi)	makan malam	[makan malam]
cesar (vt)	menghentikan	[məŋhentikan]
coger (vt)	menangkap	[mənaŋkap]
comenzar (vt)	memulai, membuka	[memulaj], [membuka]
comparar (vt)	membandingkan	[membandiŋkan]

comprender (vt)	mengerti	[məŋerti]
confiar (vt)	mempercayai	[mempertʃajaj]
confundir (vt)	bingung membedakan	[biŋuŋ membedakan]
conocer (~ a alguien)	kenal	[kenal]
contar (vt) (enumerar)	menghitung	[məŋhituŋ]

contar con ...	mengharapkan ...	[məŋharapkan ...]
continuar (vt)	meneruskan	[məneruskan]
controlar (vt)	mengontrol	[məŋontrol]
correr (vi)	lari	[lari]
costar (vt)	berharga	[bərharga]
crear (vt)	menciptakan	[məntʃiptakan]

11. Los verbos más importantes. Unidad 2

dar (vt)	memberi	[memberi]
dar una pista	memberi petunjuk	[memberi petundʒⁱuʔ]
decir (vt)	berkata	[bərkata]
decorar (para la fiesta)	menghiasi	[məŋhiasi]

defender (vt)	membela	[membela]
dejar caer	tercecer	[tərtʃetʃer]
desayunar (vi)	sarapan	[sarapan]
descender (vi)	turun	[turun]

dirigir (administrar)	memimpin	[memimpin]
disculpar (vt)	memaafkan	[memaʔafkan]
disculparse (vr)	meminta maaf	[meminta maʔaf]
discutir (vt)	membicarakan	[membitʃarakan]
dudar (vt)	ragu-ragu	[ragu-ragu]

encontrar (hallar)	menemukan	[mənemukan]
engañar (vi, vt)	menipu	[mənipu]
entrar (vi)	masuk, memasuki	[masuk], [memasuki]
enviar (vt)	mengirim	[məŋirim]

equivocarse (vr)	salah	[salah]
escoger (vt)	memilih	[memilih]
esconder (vt)	menyembunyikan	[mənjembunjikan]
escribir (vt)	menulis	[mənulis]
esperar (aguardar)	menunggu	[mənuŋgu]

esperar (tener esperanza)	berharap	[bərharap]
estar (vi)	sedang	[sedaŋ]
estar de acuerdo	setuju	[setudʒⁱu]
estudiar (vt)	mempelajari	[mempeladʒⁱari]

exigir (vt)	menuntut	[mənuntut]
existir (vi)	ada	[ada]
explicar (vt)	menjelaskan	[məndʒⁱelaskan]
faltar (a las clases)	absen	[absen]
firmar (~ el contrato)	menandatangani	[mənandataŋani]
girar (~ a la izquierda)	membelok	[membeloʔ]
gritar (vi)	berteriak	[bərteriaʔ]

guardar (conservar)	menyimpan	[mənjimpan]
gustar (vi)	suka	[suka]
hablar (vi, vt)	berbicara	[bərbitʃara]

hacer (vt)	membuat	[membuat]
informar (vt)	menginformasikan	[mənjinformasikan]
insistir (vi)	mendesak	[məndesaʔ]
insultar (vt)	menghina	[məŋhina]

interesarse (vr)	menaruh minat pada ...	[mənaruh minat pada ...]
invitar (vt)	mengundang	[məŋundaŋ]
ir (a pie)	berjalan	[bərdʒ'alan]
jugar (divertirse)	bermain	[bərmajn]

12. Los verbos más importantes. Unidad 3

leer (vi, vt)	membaca	[membatʃa]
liberar (ciudad, etc.)	membebaskan	[membebaskan]
llamar (por ayuda)	memanggil	[memaŋgil]
llegar (vi)	datang	[dataŋ]
llorar (vi)	menangis	[mənaŋis]

matar (vt)	membunuh	[membunuh]
mencionar (vt)	menyebut	[mənjebut]
mostrar (vt)	menunjukkan	[mənundʒ'uʔkan]
nadar (vi)	berenang	[bərenaŋ]

negarse (vr)	menolak	[mənolaʔ]
objetar (vt)	keberatan	[keberatan]
observar (vt)	mengamati	[mənjamati]
oír (vt)	mendengar	[məndeŋar]

olvidar (vt)	melupakan	[melupakan]
orar (vi)	bersembahyang, berdoa	[bərsembahjaŋ], [bərdoa]
ordenar (mil.)	memerintahkan	[memerintahkan]
pagar (vi, vt)	membayar	[membajar]
pararse (vr)	berhenti	[bərhenti]

participar (vi)	turut serta	[turut serta]
pedir (ayuda, etc.)	meminta	[meminta]
pedir (en restaurante)	memesan	[memesan]
pensar (vi, vt)	berpikir	[bərpikir]

percibir (ver)	memperhatikan	[memperhatikan]
perdonar (vt)	memaafkan	[memaʔafkan]
permitir (vt)	mengizinkan	[mənjizinkan]
pertenecer a ...	kepunyaan ...	[kepunjaʔan ...]

planear (vt)	merencanakan	[merentʃanakan]
poder (v aux)	bisa	[bisa]
poseer (vt)	memiliki	[memiliki]
preferir (vt)	lebih suka	[lebih suka]
preguntar (vt)	bertanya	[bərtanja]
preparar (la cena)	memasak	[memasaʔ]

prever (vt)	menduga	[mənduga]
probar, tentar (vt)	mencoba	[məntʃoba]
prometer (vt)	berjanji	[bərdʒ'andʒi]
pronunciar (vt)	melafalkan	[melafalkan]

proponer (vt)	mengusulkan	[məŋusulkan]
quebrar (vt)	memecahkan	[memetʃahkan]
quejarse (vr)	mengeluh	[məŋeluh]
querer (amar)	mencintai	[məntʃintaj]
querer (desear)	mau, ingin	[mau], [iŋin]

13. Los verbos más importantes. Unidad 4

recomendar (vt)	merekomendasi	[merekomendasi]
regañar, reprender (vt)	memarahi, menegur	[memarahi], [menegur]
reírse (vr)	tertawa	[tərtawa]
repetir (vt)	mengulangi	[məŋulaŋi]
reservar (~ una mesa)	memesan	[memesan]
responder (vi, vt)	menjawab	[məndʒ'awab]

robar (vt)	mencuri	[məntʃuri]
saber (~ algo mas)	tahu	[tahu]
salir (vi)	keluar	[keluar]
salvar (vt)	menyelamatkan	[mənjelamatkan]
seguir ...	mengikuti ...	[məŋikuti ...]
sentarse (vr)	duduk	[duduʔ]

ser (vi)	ialah, adalah	[ialah], [adalah]
ser necesario	dibutuhkan	[dibutuhkan]
significar (vt)	berarti	[bərarti]

| sonreír (vi) | tersenyum | [tərsenyum] |
| sorprenderse (vr) | heran | [heran] |

| subestimar (vt) | meremehkan | [meremehkan] |
| tener (vt) | mempunyai | [mempunjaj] |

| tener hambre | lapar | [lapar] |
| tener miedo | takut | [takut] |

tener prisa	tergesa-gesa	[tərgesa-gesa]
tener sed	haus	[haus]
tirar, disparar (vi)	menembak	[mənembaʔ]
tocar (con las manos)	menyentuh	[mənjentuh]

| tomar (vt) | mengambil | [məŋambil] |
| tomar nota | mencatat | [məntʃatat] |

trabajar (vi)	bekerja	[bekerdʒ'a]
traducir (vt)	menerjemahkan	[mənerdʒ'emahkan]
unir (vt)	menyatukan	[mənjatukan]
vender (vt)	menjual	[məndʒ'ual]
ver (vt)	melihat	[melihat]
volar (pájaro, avión)	terbang	[tərbaŋ]

14. Los colores

color (m)	warna	[warna]
matiz (m)	nuansa	[nuansa]
tono (m)	warna	[warna]
arco (m) iris	pelangi	[pelaɲi]
blanco (adj)	putih	[putih]
negro (adj)	hitam	[hitam]
gris (adj)	kelabu	[kelabu]
verde (adj)	hijau	[hidʒ¦au]
amarillo (adj)	kuning	[kuniŋ]
rojo (adj)	merah	[merah]
azul (adj)	biru	[biru]
azul claro (adj)	biru muda	[biru muda]
rosa (adj)	pink	[pinʔ]
naranja (adj)	oranye, jingga	[oranje], [dʒiŋga]
violeta (adj)	violet, ungu muda	[violet], [uŋu muda]
marrón (adj)	cokelat	[tʃokelat]
dorado (adj)	keemasan	[keemasan]
argentado (adj)	keperakan	[keperakan]
beige (adj)	abu-abu kecokelatan	[abu-abu ketʃokelatan]
crema (adj)	krem	[krem]
turquesa (adj)	pirus	[pirus]
rojo cereza (adj)	merah tua	[merah tua]
lila (adj)	ungu	[uŋu]
carmesí (adj)	merah lembayung	[merah lembajuŋ]
claro (adj)	terang	[teraŋ]
oscuro (adj)	gelap	[gelap]
vivo (adj)	terang	[teraŋ]
de color (lápiz ~)	berwarna	[bərwarna]
en colores (película ~)	warna	[warna]
blanco y negro (adj)	hitam-putih	[hitam-putih]
unicolor (adj)	polos, satu warna	[polos], [satu warna]
multicolor (adj)	berwarna-warni	[bərwarna-warni]

15. Las preguntas

¿Quién?	Siapa?	[siapa?]
¿Qué?	Apa?	[apa?]
¿Dónde?	Di mana?	[di mana?]
¿Adónde?	Ke mana?	[ke mana?]
¿De dónde?	Dari mana?	[dari mana?]
¿Cuándo?	Kapan?	[kapan?]
¿Para qué?	Mengapa?	[məŋapa?]
¿Por qué?	Mengapa?	[məŋapa?]
¿Por qué razón?	Untuk apa?	[untuʔ apa?]

¿Cómo?	Bagaimana?	[bagajmana?]
¿Qué …? (~ color)	Apa? Yang mana?	[apa?], [yaŋ mana?]
¿Cuál?	Yang mana?	[yaŋ mana?]

¿A quién?	Kepada siapa?	[kepada siapa?],
	Untuk siapa?	[untu' siapa?]
¿De quién? (~ hablan …)	Tentang siapa?	[tentaŋ siapa?]
¿De qué?	Tentang apa?	[tentaŋ apa?]
¿Con quién?	Dengan siapa?	[deŋan siapa?]

| ¿Cuánto? | Berapa? | [bərapa?] |
| ¿De quién? | Milik siapa? | [mili' siapa?] |

16. Las preposiciones

con … (~ algn)	dengan	[deŋan]
sin … (~ azúcar)	tanpa	[tanpa]
a … (p.ej. voy a México)	ke	[ke]
de … (hablar ~)	tentang …	[tentaŋ …]
antes de …	sebelum	[sebelum]
delante de …	di depan …	[di depan …]

debajo	di bawah	[di bawah]
sobre …, encima de …	di atas	[di atas]
en, sobre (~ la mesa)	di atas	[di atas]
de (origen)	dari	[dari]
de (fabricado de)	dari	[dari]

| dentro de … | dalam | [dalam] |
| encima de … | melalui | [melalui] |

17. Las palabras útiles. Los adverbios. Unidad 1

¿Dónde?	Di mana?	[di mana?]
aquí (adv)	di sini	[di sini]
allí (adv)	di sana	[di sana]

| en alguna parte | di suatu tempat | [di suatu tempat] |
| en ninguna parte | tak ada di mana pun | [ta' ada di mana pun] |

| junto a … | dekat | [dekat] |
| junto a la ventana | dekat jendela | [dekat dʒ'endela] |

¿A dónde?	Ke mana?	[ke mana?]
aquí (venga ~)	ke sini	[ke sini]
allí (vendré ~)	ke sana	[ke sana]
de aquí (adv)	dari sini	[dari sini]
de allí (adv)	dari sana	[dari sana]

cerca (no lejos)	dekat	[dekat]
lejos (adv)	jauh	[dʒ'auh]
cerca de …	dekat	[dekat]

al lado (de …)	dekat	[dekat]
no lejos (adv)	tidak jauh	[tidaˀ dʒˈauh]
izquierdo (adj)	kiri	[kiri]
a la izquierda (situado ~)	di kiri	[di kiri]
a la izquierda (girar ~)	ke kiri	[ke kiri]
derecho (adj)	kanan	[kanan]
a la derecha (situado ~)	di kanan	[di kanan]
a la derecha (girar)	ke kanan	[ke kanan]
delante (yo voy ~)	di depan	[di depan]
delantero (adj)	depan	[depan]
adelante (movimiento)	ke depan	[ke depan]
detrás de …	di belakang	[di belakaŋ]
desde atrás	dari belakang	[dari belakaŋ]
atrás (da un paso ~)	mundur	[mundur]
centro (m), medio (m)	tengah	[teŋah]
en medio (adv)	di tengah	[di teŋah]
de lado (adv)	di sisi, di samping	[di sisi], [di sampiŋ]
en todas partes	di mana-mana	[di mana-mana]
alrededor (adv)	di sekitar	[di sekitar]
de dentro (adv)	dari dalam	[dari dalam]
a alguna parte	ke suatu tempat	[ke suatu tempat]
todo derecho (adv)	terus	[terus]
atrás (muévelo para ~)	kembali	[kembali]
de alguna parte (adv)	dari mana pun	[dari mana pun]
no se sabe de dónde	dari suatu tempat	[dari suatu tempat]
primero (adv)	pertama	[pertama]
segundo (adv)	kedua	[kedua]
tercero (adv)	ketiga	[ketiga]
de súbito (adv)	tiba-tiba	[tiba-tiba]
al principio (adv)	mula-mula	[mula-mula]
por primera vez	untuk pertama kalinya	[untuˀ pertama kalinja]
mucho tiempo antes …	jauh sebelum …	[dʒˈauh sebelum …]
de nuevo (adv)	kembali	[kembali]
para siempre (adv)	untuk selama-lamanya	[untuˀ selama-lamanja]
jamás, nunca (adv)	tidak pernah	[tidaˀ pernah]
de nuevo (adv)	lagi, kembali	[lagi], [kembali]
ahora (adv)	sekarang	[sekaraŋ]
frecuentemente (adv)	sering, seringkali	[seriŋ], [seriŋkali]
entonces (adv)	ketika itu	[ketika itu]
urgentemente (adv)	segera	[segera]
usualmente (adv)	biasanya	[biasanja]
a propósito, …	ngomong-ngomong …	[ŋomoŋ-ŋomoŋ …]
es probable	mungkin	[muŋkin]
probablemente (adv)	mungkin	[muŋkin]

tal vez	mungkin	[muŋkin]
además ...	selain itu ...	[selajn itu ...]
por eso ...	karena itu ...	[karena itu ...]
a pesar de ...	meskipun ...	[meskipun ...]
gracias a ...	berkat ...	[berkat ...]
qué (pron)	apa	[apa]
que (conj)	bahwa	[bahwa]
algo (~ le ha pasado)	sesuatu	[sesuatu]
algo (~ así)	sesuatu	[sesuatu]
nada (f)	tidak sesuatu pun	[tida' sesuatu pun]
quien	siapa	[siapa]
alguien (viene ~)	seseorang	[seseoraŋ]
alguien (¿ha llamado ~?)	seseorang	[seseoraŋ]
nadie	tidak seorang pun	[tida' seoraŋ pun]
a ninguna parte	tidak ke mana pun	[tida' ke mana pun]
de nadie	tidak milik siapa pun	[tida' mili' siapa pun]
de alguien	milik seseorang	[mili' seseoraŋ]
tan, tanto (adv)	sangat	[saŋat]
también (~ habla francés)	juga	[dʒ'uga]
también (p.ej. Yo ~)	juga	[dʒ'uga]

18. Las palabras útiles. Los adverbios. Unidad 2

¿Por qué?	Mengapa?	[məŋapa?]
no se sabe porqué	entah mengapa	[entah məŋapa]
porque ...	karena ...	[karena ...]
por cualquier razón (adv)	untuk tujuan tertentu	[untu' tudʒ'uan tərtentu]
y (p.ej. uno y medio)	dan	[dan]
o (p.ej. té o café)	atau	[atau]
pero (p.ej. me gusta, ~)	tetapi, namun	[tetapi], [namun]
para (p.ej. es para ti)	untuk	[untu']
demasiado (adv)	terlalu	[tərlalu]
sólo, solamente (adv)	hanya	[hanja]
exactamente (adv)	tepat	[tepat]
unos ...,	sekitar	[sekitar]
cerca de ... (~ 10 kg)		
aproximadamente	kira-kira	[kira-kira]
aproximado (adj)	kira-kira	[kira-kira]
casi (adv)	hampir	[hampir]
resto (m)	selebihnya, sisanya	[selebihnja], [sisanja]
el otro (adj)	kedua	[kedua]
otro (p.ej. el otro día)	lain	[lain]
cada (adj)	setiap	[setiap]
cualquier (adj)	sebarang	[sebaraŋ]
mucho (adv)	banyak	[banja']
muchos (mucha gente)	banyak orang	[banja' oraŋ]

todos	semua	[semua]
a cambio de ...	sebagai ganti ...	[sebagaj ganti ...]
en cambio (adv)	sebagai gantinya	[sebagaj gantinja]
a mano (hecho ~)	dengan tangan	[deŋan taŋan]
poco probable	hampir tidak	[hampir tidaʔ]
probablemente	mungkin	[muŋkin]
a propósito (adv)	sengaja	[seŋadʒia]
por accidente (adv)	tidak sengaja	[tidaʔ seŋadʒia]
muy (adv)	sangat	[saŋat]
por ejemplo (adv)	misalnya	[misalnja]
entre (~ nosotros)	antara	[antara]
entre (~ otras cosas)	di antara	[di antara]
tanto (~ gente)	banyak sekali	[banja' sekali]
especialmente (adv)	terutama	[tərutama]

Conceptos básicos. Unidad 2

19. Los opuestos

rico (adj)	kaya	[kaja]
pobre (adj)	miskin	[miskin]
enfermo (adj)	sakit	[sakit]
sano (adj)	sehat	[sehat]
grande (adj)	besar	[besar]
pequeño (adj)	kecil	[ketʃil]
rápidamente (adv)	cepat	[tʃepat]
lentamente (adv)	perlahan-lahan	[pərlahan-lahan]
rápido (adj)	cepat	[tʃepat]
lento (adj)	lambat	[lambat]
alegre (adj)	riang	[riaŋ]
triste (adj)	sedih	[sedih]
juntos (adv)	bersama	[bərsama]
separadamente	terpisah	[tərpisah]
en voz alta	dengan keras	[deŋan keras]
en silencio	dalam hati	[dalam hati]
alto (adj)	tinggi	[tiŋgi]
bajo (adj)	rendah	[rendah]
profundo (adj)	dalam	[dalam]
poco profundo (adj)	dangkal	[daŋkal]
sí	ya	[ya]
no	tidak	[tidaʔ]
lejano (adj)	jauh	[dʒˈauh]
cercano (adj)	dekat	[dekat]
lejos (adv)	jauh	[dʒˈauh]
cerco (adv)	dekat	[dekat]
largo (adj)	panjang	[pandʒˈaŋ]
corto (adj)	pendek	[pendeʔ]
bueno (de buen corazón)	baik hati	[bajˈ hati]
malvado (adj)	jahat	[dʒˈahat]

| casado (adj) | menikah | [mənikah] |
| soltero (adj) | bujang | [budʒ'aŋ] |

| prohibir (vt) | melarang | [melaraŋ] |
| permitir (vt) | mengizinkan | [mənɉizinkan] |

| fin (m) | akhir | [ahir] |
| principio (m) | permulaan | [pərmulaʔan] |

| izquierdo (adj) | kiri | [kiri] |
| derecho (adj) | kanan | [kanan] |

| primero (adj) | pertama | [pərtama] |
| último (adj) | terakhir | [tərahir] |

| crimen (m) | kejahatan | [kedʒ'ahatan] |
| castigo (m) | hukuman | [hukuman] |

| ordenar (vt) | memerintahkan | [memerintahkan] |
| obedecer (vi, vt) | mematuhi | [mematuhi] |

| recto (adj) | lurus | [lurus] |
| curvo (adj) | melengkung | [meleŋkuŋ] |

| paraíso (m) | surga | [surga] |
| infierno (m) | neraka | [neraka] |

| nacer (vi) | lahir | [lahir] |
| morir (vi) | mati, meninggal | [mati], [meniŋgal] |

| fuerte (adj) | kuat | [kuat] |
| débil (adj) | lemah | [lemah] |

| viejo (adj) | tua | [tua] |
| joven (adj) | muda | [muda] |

| viejo (adj) | tua | [tua] |
| nuevo (adj) | baru | [baru] |

| duro (adj) | keras | [keras] |
| blando (adj) | lunak | [lunaʔ] |

| tibio (adj) | hangat | [haŋat] |
| frío (adj) | dingin | [diɲin] |

| gordo (adj) | gemuk | [gemuʔ] |
| delgado (adj) | kurus | [kurus] |

| estrecho (adj) | sempit | [sempit] |
| ancho (adj) | lebar | [lebar] |

| bueno (adj) | baik | [bajʔ] |
| malo (adj) | buruk | [buruʔ] |

| valiente (adj) | pemberani | [pemberani] |
| cobarde (adj) | penakut | [penakut] |

20. Los días de la semana

lunes (m)	Hari Senin	[hari senin]
martes (m)	Hari Selasa	[hari selasa]
miércoles (m)	Hari Rabu	[hari rabu]
jueves (m)	Hari Kamis	[hari kamis]
viernes (m)	Hari Jumat	[hari dʒʲumat]
sábado (m)	Hari Sabtu	[hari sabtu]
domingo (m)	Hari Minggu	[hari miŋgu]
hoy (adv)	hari ini	[hari ini]
mañana (adv)	besok	[beso']
pasado mañana	besok lusa	[beso' lusa]
ayer (adv)	kemarin	[kemarin]
anteayer (adv)	kemarin dulu	[kemarin dulu]
día (m)	hari	[hari]
día (m) de trabajo	hari kerja	[hari kerdʒʲa]
día (m) de fiesta	hari libur	[hari libur]
día (m) de descanso	hari libur	[hari libur]
fin (m) de semana	akhir pekan	[ahir pekan]
todo el día	seharian	[seharian]
al día siguiente	hari berikutnya	[hari berikutnja]
dos días atrás	dua hari lalu	[dua hari lalu]
en vísperas (adv)	hari sebelumnya	[hari sebelumnja]
diario (adj)	harian	[harian]
cada día (adv)	tiap hari	[tiap hari]
semana (f)	minggu	[miŋgu]
semana (f) pasada	minggu lalu	[miŋgu lalu]
semana (f) que viene	minggu berikutnya	[miŋu berikutnja]
semanal (adj)	mingguan	[miŋguan]
cada semana (adv)	tiap minggu	[tiap miŋgu]
2 veces por semana	dua kali seminggu	[dua kali semiŋgu]
todos los martes	tiap Hari Selasa	[tiap hari selasa]

21. Las horas. El día y la noche

mañana (f)	pagi	[pagi]
por la mañana	pada pagi hari	[pada pagi hari]
mediodía (m)	tengah hari	[teŋah hari]
por la tarde	pada sore hari	[pada sore hari]
noche (f)	sore, malam	[sore], [malam]
por la noche	waktu sore	[waktu sore]
noche (f) (p.ej. 2:00 a.m.)	malam	[malam]
por la noche	pada malam hari	[pada malam hari]
medianoche (f)	tengah malam	[teŋah malam]
segundo (m)	detik	[deti']
minuto (m)	menit	[menit]
hora (f)	jam	[dʒʲam]

media hora (f)	setengah jam	[seteŋah ʤ'am]
cuarto (m) de hora	seperempat jam	[seperempat ʤ'am]
quince minutos	lima belas menit	[lima belas menit]
veinticuatro horas	siang-malam	[siaŋ-malam]

salida (f) del sol	matahari terbit	[matahari tərbit]
amanecer (m)	subuh	[subuh]
madrugada (f)	dini pagi	[dini pagi]
puesta (f) del sol	matahari terbenam	[matahari tərbenam]

de madrugada	pagi-pagi	[pagi-pagi]
esta mañana	pagi ini	[pagi ini]
mañana por la mañana	besok pagi	[beso' pagi]

esta tarde	sore ini	[sore ini]
por la tarde	pada sore hari	[pada sore hari]
mañana por la tarde	besok sore	[beso' sore]

| esta noche (p.ej. 8:00 p.m.) | sore ini | [sore ini] |
| mañana por la noche | besok malam | [beso' malam] |

a las tres en punto	pukul 3 tepat	[pukul tiga tepat]
a eso de las cuatro	sekitar pukul 4	[sekitar pukul empat]
para las doce	pada pukul 12	[pada pukul belas]

dentro de veinte minutos	dalam 20 menit	[dalam dua puluh menit]
dentro de una hora	dalam satu jam	[dalam satu ʤ'am]
a tiempo (adv)	tepat waktu	[tepat waktu]

… menos cuarto	… kurang seperempat	[… kuraŋ seperempat]
durante una hora	selama sejam	[selama seʤ'am]
cada quince minutos	tiap 15 menit	[tiap lima belas menit]
día y noche	siang-malam	[siaŋ-malam]

22. Los meses. Las estaciones

enero (m)	Januari	[ʤ'anuari]
febrero (m)	Februari	[februari]
marzo (m)	Maret	[maret]
abril (m)	April	[april]
mayo (m)	Mei	[mei]
junio (m)	Juni	[ʤ'uni]

julio (m)	Juli	[ʤ'uli]
agosto (m)	Augustus	[augustus]
septiembre (m)	September	[september]
octubre (m)	Oktober	[oktober]
noviembre (m)	November	[november]
diciembre (m)	Desember	[desember]

primavera (f)	musim semi	[musim semi]
en primavera	pada musim semi	[pada musim semi]
de primavera (adj)	musim semi	[musim semi]
verano (m)	musim panas	[musim panas]

en verano	pada musim panas	[pada musim panas]
de verano (adj)	musim panas	[musim panas]
otoño (m)	musim gugur	[musim gugur]
en otoño	pada musim gugur	[pada musim gugur]
de otoño (adj)	musim gugur	[musim gugur]
invierno (m)	musim dingin	[musim diŋin]
en invierno	pada musim dingin	[pada musim diŋin]
de invierno (adj)	musim dingin	[musim diŋin]
mes (m)	bulan	[bulan]
este mes	bulan ini	[bulan ini]
al mes siguiente	bulan depan	[bulan depan]
el mes pasado	bulan lalu	[bulan lalu]
hace un mes	sebulan lalu	[sebulan lalu]
dentro de un mes	dalam satu bulan	[dalam satu bulan]
dentro de dos meses	dalam 2 bulan	[dalam dua bulan]
todo el mes	sepanjang bulan	[sepandʒˈaŋ bulan]
todo un mes	sebulan penuh	[sebulan penuh]
mensual (adj)	bulanan	[bulanan]
mensualmente (adv)	tiap bulan	[tiap bulan]
cada mes	tiap bulan	[tiap bulan]
dos veces por mes	dua kali sebulan	[dua kali sebulan]
año (m)	tahun	[tahun]
este año	tahun ini	[tahun ini]
el próximo año	tahun depan	[tahun depan]
el año pasado	tahun lalu	[tahun lalu]
hace un año	setahun lalu	[setahun lalu]
dentro de un año	dalam satu tahun	[dalam satu tahun]
dentro de dos años	dalam 2 tahun	[dalam dua tahun]
todo el año	sepanjang tahun	[sepandʒˈaŋ tahun]
todo un año	setahun penuh	[setahun penuh]
cada año	tiap tahun	[tiap tahun]
anual (adj)	tahunan	[tahunan]
anualmente (adv)	tiap tahun	[tiap tahun]
cuatro veces por año	empat kali setahun	[empat kali setahun]
fecha (f) (la ~ de hoy es ...)	tanggal	[taŋgal]
fecha (f) (~ de entrega)	tanggal	[taŋgal]
calendario (m)	kalender	[kalender]
medio año (m)	setengah tahun	[seteŋah tahun]
seis meses	enam bulan	[enam bulan]
estación (f)	musim	[musim]
siglo (m)	abad	[abad]

23. La hora. Miscelánea

| tiempo (m) | waktu | [waktu] |
| momento (m) | sekejap | [sekedʒˈap] |

instante (m)	saat, waktu	[sa'at], [waktu]
instantáneo (adj)	seketika	[seketika]
lapso (m) de tiempo	jangka waktu	[dʒiaŋka waktu]
vida (f)	kehidupan, hidup	[kehidupan], [hidup]
eternidad (f)	keabadiaan	[keabadia'an]

época (f)	zaman	[zaman]
era (f)	era	[era]
ciclo (m)	siklus	[siklus]
periodo (m)	periode, kurun waktu	[periode], [kurun waktu]
plazo (m) (~ de tres meses)	jangka waktu	[dʒiaŋka waktu]

futuro (m)	masa depan	[masa depan]
futuro (adj)	yang akan datang	[yaŋ akan dataŋ]
la próxima vez	lain kali	[lain kali]
pasado (m)	masa lalu	[masa lalu]
pasado (adj)	lalu	[lalu]
la última vez	terakhir kali	[terahir kali]
más tarde (adv)	kemudian	[kemudian]
después	sesudah	[sesudah]
actualmente (adv)	sekarang	[sekaraŋ]
ahora (adv)	saat ini	[sa'at ini]
inmediatamente	segera	[segera]
pronto (adv)	segera	[segera]
de antemano (adv)	sebelumnya	[sebelumnja]

hace mucho tiempo	dahulu kala	[dahulu kala]
hace poco (adv)	baru-baru ini	[baru-baru ini]
destino (m)	nasib	[nasib]
recuerdos (m pl)	kenang-kenangan	[kenaŋ-kenaŋan]
archivo (m)	arsip	[arsip]
durante ...	selama ...	[selama ...]
mucho tiempo (adv)	lama	[lama]
poco tiempo (adv)	tidak lama	[tida' lama]
temprano (adv)	pagi-pagi	[pagi-pagi]
tarde (adv)	terlambat	[terlambat]

para siempre (adv)	untuk selama-lamanya	[untu' selama-lamanja]
comenzar (vt)	memulai	[memulaj]
aplazar (vt)	menunda	[menunda]

simultáneamente	serentak	[serenta']
permanentemente	tetap	[tetap]
constante (ruido, etc.)	terus menerus	[terus menerus]
temporal (adj)	sementara	[sementara]

a veces (adv)	kadang-kadang	[kadaŋ-kadaŋ]
raramente (adv)	jarang	[dʒiaraŋ]
frecuentemente	sering, seringkali	[seriŋ], [seriŋkali]

24. Las líneas y las formas

cuadrado (m)	bujur sangkar	[budʒiur saŋkar]
cuadrado (adj)	persegi	[persegi]

círculo (m)	lingkaran	[liŋkaran]
redondo (adj)	bundar	[bundar]
triángulo (m)	segi tiga	[segi tiga]
triangular (adj)	segi tiga	[segi tiga]
óvalo (m)	oval	[oval]
oval (adj)	oval	[oval]
rectángulo (m)	segi empat	[segi empat]
rectangular (adj)	siku-siku	[siku-siku]
pirámide (f)	piramida	[piramida]
rombo (m)	rombus	[rombus]
trapecio (m)	trapesium	[trapesium]
cubo (m)	kubus	[kubus]
prisma (m)	prisma	[prisma]
circunferencia (f)	lingkar	[liŋkar]
esfera (f)	bulatan	[bulatan]
globo (m)	bola	[bola]
diámetro (m)	diameter	[diameter]
radio (m)	radius, jari-jari	[radius], [dʒʲari-dʒʲari]
perímetro (m)	perimeter	[pərimeter]
centro (m)	pusat	[pusat]
horizontal (adj)	horizontal, mendatar	[horizontal], [mendatar]
vertical (adj)	vertikal, tegak lurus	[vertikal], [tega' lurus]
paralela (f)	sejajar	[sedʒʲadʒʲar]
paralelo (adj)	sejajar	[sedʒʲadʒʲar]
línea (f)	garis	[garis]
trazo (m)	garis	[garis]
recta (f)	garis lurus	[garis lurus]
curva (f)	garis lengkung	[garis leŋkuŋ]
fino (la ~a línea)	tipis	[tipis]
contorno (m)	kontur	[kontur]
intersección (f)	titik potong	[titi' potoŋ]
ángulo (m) recto	sudut siku-siku	[sudut siku-siku]
segmento (m)	segmen	[segmen]
sector (m)	sektor	[sektor]
lado (m)	segi	[segi]
ángulo (m)	sudut	[sudut]

25. Las unidades de medida

peso (m)	berat	[berat]
longitud (f)	panjang	[pandʒʲaŋ]
anchura (f)	lebar	[lebar]
altura (f)	ketinggian	[ketiŋgian]
profundidad (f)	kedalaman	[kedalaman]
volumen (m)	volume, isi	[volume], [isi]
área (f)	luas	[luas]
gramo (m)	gram	[gram]
miligramo (m)	miligram	[miligram]

kilogramo (m)	kilogram	[kilogram]
tonelada (f)	ton	[ton]
libra (f)	pon	[pon]
onza (f)	ons	[ons]

metro (m)	meter	[meter]
milímetro (m)	milimeter	[milimeter]
centímetro (m)	sentimeter	[sentimeter]
kilómetro (m)	kilometer	[kilometer]
milla (f)	mil	[mil]

pulgada (f)	inci	[intʃi]
pie (m)	kaki	[kaki]
yarda (f)	yard	[yard]

metro (m) cuadrado	meter persegi	[meter pərsegi]
hectárea (f)	hektar	[hektar]

litro (m)	liter	[liter]
grado (m)	derajat	[deradʒʲat]
voltio (m)	volt	[volt]
amperio (m)	ampere	[ampere]
caballo (m) de fuerza	tenaga kuda	[tenaga kuda]

cantidad (f)	kuantitas	[kuantitas]
un poco de ...	sedikit ...	[sedikit ...]
mitad (f)	setengah	[seteŋah]
docena (f)	lusin	[lusin]
pieza (f)	buah	[buah]

dimensión (f)	ukuran	[ukuran]
escala (f) (del mapa)	skala	[skala]

mínimo (adj)	minimal	[minimal]
el más pequeño (adj)	terkecil	[tərketʃil]
medio (adj)	sedang	[sedaŋ]
máximo (adj)	maksimal	[maksimal]
el más grande (adj)	terbesar	[tərbesar]

26. Contenedores

tarro (m) de vidrio	gelas	[gelas]
lata (f)	kaleng	[kaleŋ]
cubo (m)	ember	[ember]
barril (m)	tong	[toŋ]

palangana (f)	baskom	[baskom]
tanque (m)	tangki	[taŋki]
petaca (f) (de alcohol)	pelples	[pelples]
bidón (m) de gasolina	jeriken	[dʒʲeriken]
cisterna (f)	tangki	[taŋki]

taza (f) (mug de cerámica)	mangkuk	[maŋkuʔ]
taza (f) (~ de café)	cangkir	[tʃaŋkir]

platillo (m)	alas cangkir	[alas ʧaŋkir]
vaso (m) (~ de agua)	gelas	[gelas]
copa (f) (~ de vino)	gelas anggur	[gelas aŋgur]
olla (f)	panci	[panʧi]

| botella (f) | botol | [botol] |
| cuello (m) de botella | leher | [leher] |

garrafa (f)	karaf	[karaf]
jarro (m) (~ de agua)	kendi	[kendi]
recipiente (m)	wadah	[wadah]
tarro (m)	pot	[pot]
florero (m)	vas	[vas]

frasco (m) (~ de perfume)	botol	[botol]
frasquito (m)	botol kecil	[botol keʧil]
tubo (m)	tabung	[tabuŋ]

saco (m) (~ de azúcar)	karung	[karuŋ]
bolsa (f) (~ plástica)	kantong	[kantoŋ]
paquete (m) (~ de cigarrillos)	bungkus	[buŋkus]

caja (f)	kotak, kardus	[kotak], [kardus]
cajón (m) (~ de madera)	kotak	[kotaʔ]
cesta (f)	bakul	[bakul]

27. Materiales

material (m)	bahan	[bahan]
madera (f)	kayu	[kaju]
de madera (adj)	kayu	[kaju]

| vidrio (m) | kaca | [kaʧa] |
| de vidrio (adj) | kaca | [kaʧa] |

| piedra (f) | batu | [batu] |
| de piedra (adj) | batu | [batu] |

| plástico (m) | plastik | [plastiʔ] |
| de plástico (adj) | plastik | [plastiʔ] |

| goma (f) | karet | [karet] |
| de goma (adj) | karet | [karet] |

| tela (f) | kain | [kain] |
| de tela (adj) | kain | [kain] |

| papel (m) | kertas | [kertas] |
| de papel (adj) | kertas | [kertas] |

cartón (m)	karton	[karton]
de cartón (adj)	karton	[karton]
polietileno (m)	polietilena	[polietilena]
celofán (m)	selofana	[selofana]

linóleo (m)	linoleum	[linoleum]
contrachapado (m)	kayu lapis	[kaju lapis]

porcelana (f)	porselen	[porselen]
de porcelana (adj)	porselen	[porselen]
arcilla (f), barro (m)	tanah liat	[tanah liat]
de barro (adj)	gerabah	[gerabah]
cerámica (f)	keramik	[kerami']
de cerámica (adj)	keramik	[kerami']

28. Los metales

metal (m)	logam	[logam]
metálico (adj)	logam	[logam]
aleación (f)	aloi, lakur	[aloy], [lakur]

oro (m)	emas	[emas]
de oro (adj)	emas	[emas]
plata (f)	perak	[pera']
de plata (adj)	perak	[pera']

hierro (m)	besi	[besi]
de hierro (adj)	besi	[besi]
acero (m)	baja	[badʒ'a]
de acero (adj)	baja	[badʒ'a]
cobre (m)	tembaga	[tembaga]
de cobre (adj)	tembaga	[tembaga]

aluminio (m)	aluminium	[aluminium]
de aluminio (adj)	aluminium	[aluminium]
bronce (m)	perunggu	[pəruŋgu]
de bronce (adj)	perunggu	[pəruŋgu]

latón (m)	kuningan	[kuniŋan]
níquel (m)	nikel	[nikel]
platino (m)	platinum	[platinum]
mercurio (m)	air raksa	[air raksa]
estaño (m)	timah	[timah]
plomo (m)	timbal	[timbal]
zinc (m)	seng	[seŋ]

EL SER HUMANO

El ser humano. El cuerpo

29. El ser humano. Conceptos básicos

ser (m) humano	manusia	[manusia]
hombre (m) (varón)	laki-laki, pria	[laki-laki], [pria]
mujer (f)	perempuan, wanita	[pərempuan], [wanita]
niño -a (m, f)	anak	[ana']
niña (f)	anak perempuan	[ana' pərempuan]
niño (m)	anak laki-laki	[ana' laki-laki]
adolescente (m)	remaja	[remadʒ'a]
viejo, anciano (m)	lelaki tua	[lelaki tua]
vieja, anciana (f)	perempuan tua	[pərempuan tua]

30. La anatomía humana

organismo (m)	organisme	[organisme]
corazón (m)	jantung	[dʒ'antuŋ]
sangre (f)	darah	[darah]
arteria (f)	arteri, pembuluh darah	[arteri], [pembuluh darah]
vena (f)	vena	[vena]
cerebro (m)	otak	[ota']
nervio (m)	saraf	[saraf]
nervios (m pl)	saraf	[saraf]
vértebra (f)	ruas	[ruas]
columna (f) vertebral	tulang belakang	[tulaŋ belakaŋ]
estómago (m)	lambung	[lambuŋ]
intestinos (m pl)	usus	[usus]
intestino (m)	usus	[usus]
hígado (m)	hati	[hati]
riñón (m)	ginjal	[gindʒ'al]
hueso (m)	tulang	[tulaŋ]
esqueleto (m)	skelet, rangka	[skelet], [raŋka]
costilla (f)	tulang rusuk	[tulaŋ rusu']
cráneo (m)	tengkorak	[teŋkora']
músculo (m)	otot	[otot]
bíceps (m)	bisep	[bisep]
tríceps (m)	trisep	[trisep]
tendón (m)	tendon	[tendon]
articulación (f)	sendi	[sendi]

pulmones (m pl)	paru-paru	[paru-paru]
genitales (m pl)	kemaluan	[kemaluan]
piel (f)	kulit	[kulit]

31. La cabeza

cabeza (f)	kepala	[kepala]
cara (f)	wajah	[wadʒ'ah]
nariz (f)	hidung	[hiduŋ]
boca (f)	mulut	[mulut]

ojo (m)	mata	[mata]
ojos (m pl)	mata	[mata]
pupila (f)	pupil, biji mata	[pupil], [bidʒi mata]
ceja (f)	alis	[alis]
pestaña (f)	bulu mata	[bulu mata]
párpado (m)	kelopak mata	[kelopa' mata]

lengua (f)	lidah	[lidah]
diente (m)	gigi	[gigi]
labios (m pl)	bibir	[bibir]
pómulos (m pl)	tulang pipi	[tulaŋ pipi]
encía (f)	gusi	[gusi]
paladar (m)	langit-langit mulut	[laŋit-laŋit mulut]

ventanas (f pl)	lubang hidung	[lubaŋ hiduŋ]
mentón (m)	dagu	[dagu]
mandíbula (f)	rahang	[rahaŋ]
mejilla (f)	pipi	[pipi]

frente (f)	dahi	[dahi]
sien (f)	pelipis	[pelipis]
oreja (f)	telinga	[teliŋa]
nuca (f)	tengkuk	[teŋku']
cuello (m)	leher	[leher]
garganta (f)	tenggorok	[teŋgoro']

pelo, cabello (m)	rambut	[rambut]
peinado (m)	tatanan rambut	[tatanan rambut]
corte (m) de pelo	potongan rambut	[potoŋan rambut]
peluca (f)	wig, rambut palsu	[wig], [rambut palsu]

bigote (m)	kumis	[kumis]
barba (f)	janggut	[dʒ'aŋgut]
tener (~ la barba)	memelihara	[memelihara]
trenza (f)	kepang	[kepaŋ]
patillas (f pl)	brewok	[brewo']

pelirrojo (adj)	merah pirang	[merah piraŋ]
gris, canoso (adj)	beruban	[beruban]
calvo (adj)	botak, plontos	[botak], [plontos]
calva (f)	botak	[bota']
cola (f) de caballo	ekor kuda	[ekor kuda]
flequillo (m)	poni rambut	[poni rambut]

32. El cuerpo

mano (f)	**tangan**	[taŋan]
brazo (m)	**lengan**	[leŋan]
dedo (m)	**jari**	[dʒˈari]
dedo (m) del pie	**jari**	[dʒˈari]
dedo (m) pulgar	**jempol**	[dʒˈempol]
dedo (m) meñique	**jari kelingking**	[dʒˈari keliŋkiŋ]
uña (f)	**kuku**	[kuku]
puño (m)	**kepalan tangan**	[kepalan taŋan]
palma (f)	**telapak**	[telapaʔ]
muñeca (f)	**pergelangan**	[pərgelaŋan]
antebrazo (m)	**lengan bawah**	[leŋan bawah]
codo (m)	**siku**	[siku]
hombro (m)	**bahu**	[bahu]
pierna (f)	**kaki**	[kaki]
planta (f)	**telapak kaki**	[telapaʔ kaki]
rodilla (f)	**lutut**	[lutut]
pantorrilla (f)	**betis**	[betis]
cadera (f)	**paha**	[paha]
talón (m)	**tumit**	[tumit]
cuerpo (m)	**tubuh**	[tubuh]
vientre (m)	**perut**	[perut]
pecho (m)	**dada**	[dada]
seno (m)	**payudara**	[pajudara]
lado (m), costado (m)	**rusuk**	[rusuʔ]
espalda (f)	**punggung**	[puŋguŋ]
zona (f) lumbar	**pinggang bawah**	[piŋgaŋ bawah]
cintura (f), talle (m)	**pinggang**	[piŋgaŋ]
ombligo (m)	**pusar**	[pusar]
nalgas (f pl)	**pantat**	[pantat]
trasero (m)	**pantat**	[pantat]
lunar (m)	**tanda lahir**	[tanda lahir]
marca (f) de nacimiento	**tanda lahir**	[tanda lahir]
tatuaje (m)	**tato**	[tato]
cicatriz (f)	**parut luka**	[parut luka]

La ropa y los accesorios

33. La ropa exterior. Los abrigos

ropa (f)	pakaian	[pakajan]
ropa (f) de calle	pakaian luar	[pakajan luar]
ropa (f) de invierno	pakaian musim dingin	[pakajan musim diɲin]
abrigo (m)	mantel	[mantel]
abrigo (m) de piel	mantel bulu	[mantel bulu]
abrigo (m) corto de piel	jaket bulu	[dʒʲaket bulu]
chaqueta (f) plumón	jaket bulu halus	[dʒʲaket bulu halus]
cazadora (f)	jaket	[dʒʲaket]
impermeable (m)	jas hujan	[dʒʲas hudʒʲan]
impermeable (adj)	kedap air	[kedap air]

34. Ropa de hombre y mujer

camisa (f)	kemeja	[kemedʒʲa]
pantalones (m pl)	celana	[tʃelana]
jeans, vaqueros (m pl)	celana jins	[tʃelana dʒins]
chaqueta (f), saco (m)	jas	[dʒʲas]
traje (m)	setelan	[setelan]
vestido (m)	gaun	[gaun]
falda (f)	rok	[roʔ]
blusa (f)	blus	[blus]
rebeca (f),	jaket wol	[dʒʲaket wol]
chaqueta (f) de punto		
chaqueta (f)	jaket	[dʒʲaket]
camiseta (f) (T-shirt)	baju kaus	[badʒʲu kaus]
pantalones (m pl) cortos	celana pendek	[tʃelana pendeʔ]
traje (m) deportivo	pakaian olahraga	[pakajan olahraga]
bata (f) de baño	jubah mandi	[dʒʲubah mandi]
pijama (m)	piyama	[piyama]
suéter (m)	sweter	[sweter]
pulóver (m)	pulover	[pulover]
chaleco (m)	rompi	[rompi]
frac (m)	jas berbuntut	[dʒʲas bərbuntut]
esmoquin (m)	jas malam	[dʒʲas malam]
uniforme (m)	seragam	[seragam]
ropa (f) de trabajo	pakaian kerja	[pakajan kerdʒʲa]
mono (m)	baju monyet	[badʒʲu monjet]
bata (f) (p. ej. ~ blanca)	jas	[dʒʲas]

35. La ropa. La ropa interior

ropa (f) interior	pakaian dalam	[pakajan dalam]
bóxer (m)	celana dalam lelaki	[ʧelana dalam lelaki]
bragas (f pl)	celana dalam wanita	[ʧelana dalam wanita]
camiseta (f) interior	singlet	[siŋlet]
calcetines (m pl)	kaus kaki	[kaus kaki]
camisón (m)	baju tidur	[badʒⁱu tidur]
sostén (m)	beha	[beha]
calcetines (m pl) altos	kaus kaki selutut	[kaus kaki selutut]
pantimedias (f pl)	pantihos	[pantihos]
medias (f pl)	kaus kaki panjang	[kaus kaki pandʒⁱaŋ]
traje (m) de baño	baju renang	[badʒⁱu renaŋ]

36. Gorras

gorro (m)	topi	[topi]
sombrero (m) de fieltro	topi bulat	[topi bulat]
gorra (f) de béisbol	topi bisbol	[topi bisbol]
gorra (f) plana	topi pet	[topi pet]
boina (f)	baret	[baret]
capuchón (m)	kerudung kepala	[keruduŋ kepala]
panamá (m)	topi panama	[topi panama]
gorro (m) de punto	topi rajut	[topi radʒⁱut]
pañuelo (m)	tudung kepala	[tuduŋ kepala]
sombrero (m) de mujer	topi wanita	[topi wanita]
casco (m) (~ protector)	topi baja	[topi badʒⁱa]
gorro (m) de campaña	topi lipat	[topi lipat]
casco (m) (~ de moto)	helm	[helm]
bombín (m)	topi bulat	[topi bulat]
sombrero (m) de copa	topi tinggi	[topi tiŋgi]

37. El calzado

calzado (m)	sepatu	[sepatu]
botas (f pl)	sepatu bot	[sepatu bot]
zapatos (m pl)	sepatu wanita	[sepatu wanita]
(~ de tacón bajo)		
botas (f pl) altas	sepatu lars	[sepatu lars]
zapatillas (f pl)	pantofel	[pantofel]
tenis (m pl)	sepatu tenis	[sepatu tenis]
zapatillas (f pl) de lona	sepatu kets	[sepatu kets]
sandalias (f pl)	sandal	[sandal]
zapatero (m)	tukang sepatu	[tukaŋ sepatu]
tacón (m)	tumit	[tumit]

par (m)	sepasang	[sepasaŋ]
cordón (m)	tali sepatu	[tali sepatu]
encordonar (vt)	mengikat tali	[məŋikat tali]
calzador (m)	sendok sepatu	[sendo' sepatu]
betún (m)	semir sepatu	[semir sepatu]

38. Los textiles. Las telas

algodón (m)	katun	[katun]
de algodón (adj)	katun	[katun]
lino (m)	linen	[linen]
de lino (adj)	linen	[linen]

seda (f)	sutra	[sutra]
de seda (adj)	sutra	[sutra]
lana (f)	wol	[wol]
de lana (adj)	wol	[wol]

terciopelo (m)	beledu	[beledu]
gamuza (f)	suede	[suede]
pana (f)	korduroi	[korduroy]

nilón (m)	nilon	[nilon]
de nilón (adj)	nilon	[nilon]
poliéster (m)	poliester	[poliester]
de poliéster (adj)	poliester	[poliester]

piel (f) (cuero)	kulit	[kulit]
de piel (de cuero)	kulit	[kulit]
piel (f) (~ de zorro, etc.)	kulit berbulu	[kulit bərbulu]
de piel (abrigo ~)	bulu	[bulu]

39. Accesorios personales

guantes (m pl)	sarung tangan	[saruŋ taŋan]
manoplas (f pl)	sarung tangan	[saruŋ taŋan]
bufanda (f)	selendang	[selendaŋ]

gafas (f pl)	kacamata	[katʃamata]
montura (f)	bingkai	[biŋkaj]
paraguas (m)	payung	[pajuŋ]
bastón (m)	tongkat jalan	[toŋkat dʒ'alan]
cepillo (m) de pelo	sikat rambut	[sikat rambut]
abanico (m)	kipas	[kipas]

corbata (f)	dasi	[dasi]
pajarita (f)	dasi kupu-kupu	[dasi kupu-kupu]
tirantes (m pl)	bretel	[bretel]
moquero (m)	sapu tangan	[sapu taŋan]

| peine (m) | sisir | [sisir] |
| pasador (m) de pelo | jepit rambut | [dʒ'epit rambut] |

| horquilla (f) | harnal | [harnal] |
| hebilla (f) | gesper | [gesper] |

| cinturón (m) | sabuk | [sabuʔ] |
| correa (f) (de bolso) | tali tas | [tali tas] |

bolsa (f)	tas	[tas]
bolso (m)	tas tangan	[tas taŋan]
mochila (f)	ransel	[ransel]

40. La ropa. Miscelánea

moda (f)	mode	[mode]
de moda (adj)	modis	[modis]
diseñador (m) de moda	perancang busana	[pərantʃaŋ busana]

cuello (m)	kerah	[kerah]
bolsillo (m)	saku	[saku]
de bolsillo (adj)	saku	[saku]
manga (f)	lengan	[leŋan]
presilla (f)	tali kait	[tali kait]
bragueta (f)	golbi	[golbi]

cremallera (f)	ritsleting	[ritsletiŋ]
cierre (m)	kancing	[kantʃiŋ]
botón (m)	kancing	[kantʃiŋ]
ojal (m)	lubang kancing	[lubaŋ kantʃiŋ]
saltar (un botón)	terlepas	[tərlepas]

coser (vi, vt)	menjahit	[məndʒʲahit]
bordar (vt)	membordir	[membordir]
bordado (m)	bordiran	[bordiran]
aguja (f)	jarum	[dʒʲarum]
hilo (m)	benang	[benaŋ]
costura (f)	setik	[setiʔ]

ensuciarse (vr)	kena kotor	[kena kotor]
mancha (f)	bercak	[bertʃaʔ]
arrugarse (vr)	kumal	[kumal]
rasgar (vt)	merobek	[merobeʔ]
polilla (f)	ngengat	[ŋeŋat]

41. Productos personales. Cosméticos

pasta (f) de dientes	pasta gigi	[pasta gigi]
cepillo (m) de dientes	sikat gigi	[sikat gigi]
limpiarse los dientes	menggosok gigi	[məŋgoso' gigi]

maquinilla (f) de afeitar	pisau cukur	[pisau tʃukur]
crema (f) de afeitar	krim cukur	[krim tʃukur]
afeitarse (vr)	bercukur	[bərtʃukur]
jabón (m)	sabun	[sabun]

champú (m)	sampo	[sampo]
tijeras (f pl)	gunting	[guntiŋ]
lima (f) de uñas	kikir kuku	[kikir kuku]
cortaúñas (m pl)	pemotong kuku	[pemotoŋ kuku]
pinzas (f pl)	pinset	[pinset]

cosméticos (m pl)	kosmetik	[kosmetiʔ]
mascarilla (f)	masker	[masker]
manicura (f)	manikur	[manikur]
hacer la manicura	melakukan manikur	[melakukan manikur]
pedicura (f)	pedi	[pedi]

bolsa (f) de maquillaje	tas kosmetik	[tas kosmetiʔ]
polvos (m pl)	bedak	[bedaʔ]
polvera (f)	kotak bedak	[kotaʔ bedaʔ]
colorete (m), rubor (m)	perona pipi	[perona pipi]

perfume (m)	parfum	[parfum]
agua (f) de tocador	minyak wangi	[minjaʔ waŋi]
loción (f)	losion	[losjon]
agua (f) de Colonia	kolonye	[kolone]

sombra (f) de ojos	pewarna mata	[pewarna mata]
lápiz (m) de ojos	pensil alis	[pensil alis]
rímel (m)	celak	[ʧelaʔ]

pintalabios (m)	lipstik	[lipstiʔ]
esmalte (m) de uñas	kuteks, cat kuku	[kuteks], [ʧat kuku]
fijador (m) para el pelo	semprotan rambut	[semprotan rambut]
desodorante (m)	deodoran	[deodoran]

crema (f)	krim	[krim]
crema (f) de belleza	krim wajah	[krim wadʒʲah]
crema (f) de manos	krim tangan	[krim taŋan]
crema (f) antiarrugas	krim antikerut	[krim antikerut]
crema (f) de día	krim siang	[krim siaŋ]
crema (f) de noche	krim malam	[krim malam]
de día (adj)	siang	[siaŋ]
de noche (adj)	malam	[malam]

tampón (m)	tampon	[tampon]
papel (m) higiénico	kertas toilet	[kertas toylet]
secador (m) de pelo	pengering rambut	[peŋeriŋ rambut]

42. Las joyas

joyas (f pl)	perhiasan	[perhiasan]
precioso (adj)	mulia, berharga	[mulia], [berharga]
contraste (m)	tanda kadar	[tanda kadar]

anillo (m)	cincin	[ʧinʧin]
anillo (m) de boda	cincin kawin	[ʧinʧin kawin]
pulsera (f)	gelang	[gelaŋ]
pendientes (m pl)	anting-anting	[antiŋ-antiŋ]

collar (m) (~ de perlas)	kalung	[kaluŋ]
corona (f)	mahkota	[mahkota]
collar (m) de abalorios	kalung manik-manik	[kaluŋ maniˀ-maniˀ]

diamante (m)	berlian	[bərlian]
esmeralda (f)	zamrud	[zamrud]
rubí (m)	batu mirah delima	[batu mirah delima]
zafiro (m)	nilakandi	[nilakandi]
perla (f)	mutiara	[mutiara]
ámbar (m)	batu amber	[batu amber]

43. Los relojes

reloj (m)	arloji	[arlodʒi]
esfera (f)	piringan jam	[piriŋan dʒʲam]
aguja (f)	jarum	[dʒʲarum]
pulsera (f)	rantai arloji	[rantaj arlodʒi]
correa (f) (del reloj)	tali arloji	[tali arlodʒi]

pila (f)	baterai	[bateraj]
descargarse (vr)	mati	[mati]
cambiar la pila	mengganti baterai	[məŋganti bateraj]
adelantarse (vr)	cepat	[tʃepat]
retrasarse (vr)	terlambat	[tərlambat]

reloj (m) de pared	jam dinding	[dʒʲam dindiŋ]
reloj (m) de arena	jam pasir	[dʒʲam pasir]
reloj (m) de sol	jam matahari	[dʒʲam matahari]
despertador (m)	weker	[weker]
relojero (m)	tukang jam	[tukaŋ dʒʲam]
reparar (vt)	mereparasi, memperbaiki	[mereparasi], [memperbajki]

La comida y la nutrición

carne (f)	daging	[dagiŋ]
gallina (f)	ayam	[ajam]
pollo (m)	anak ayam	[ana' ajam]
pato (m)	bebek	[bebe']
ganso (m)	angsa	[aŋsa]
caza (f) menor	binatang buruan	[binataŋ buruan]
pava (f)	kalkun	[kalkun]
carne (f) de cerdo	daging babi	[dagiŋ babi]
carne (f) de ternera	daging anak sapi	[dagiŋ ana' sapi]
carne (f) de carnero	daging domba	[dagiŋ domba]
carne (f) de vaca	daging sapi	[dagiŋ sapi]
conejo (m)	kelinci	[kelintʃi]
salchichón (m)	sosis	[sosis]
salchicha (f)	sosis	[sosis]
beicon (m)	bakon	[beykon]
jamón (m)	ham, daging kornet	[ham], [dagiŋ kornet]
jamón (m) fresco	ham	[ham]
paté (m)	pasta	[pasta]
hígado (m)	hati	[hati]
carne (f) picada	daging giling	[dagiŋ giliŋ]
lengua (f)	lidah	[lidah]
huevo (m)	telur	[telur]
huevos (m pl)	telur	[telur]
clara (f)	putih telur	[putih telur]
yema (f)	kuning telur	[kuniŋ telur]
pescado (m)	ikan	[ikan]
mariscos (m pl)	makanan laut	[makanan laut]
crustáceos (m pl)	krustasea	[krustasea]
caviar (m)	caviar	[kaviar]
cangrejo (m) de mar	kepiting	[kepitiŋ]
camarón (m)	udang	[udaŋ]
ostra (f)	tiram	[tiram]
langosta (f)	lobster berduri	[lobster bərduri]
pulpo (m)	gurita	[gurita]
calamar (m)	cumi-cumi	[tʃumi-tʃumi]
esturión (m)	ikan sturgeon	[ikan sturdʒʲen]
salmón (m)	salmon	[salmon]
fletán (m)	ikan turbot	[ikan turbot]
bacalao (m)	ikan kod	[ikan kod]

caballa (f)	**ikan kembung**	[ikan kembuŋ]
atún (m)	**tuna**	[tuna]
anguila (f)	**belut**	[belut]
trucha (f)	**ikan forel**	[ikan forel]
sardina (f)	**sarden**	[sarden]
lucio (m)	**ikan pike**	[ikan paik]
arenque (m)	**ikan haring**	[ikan hariŋ]
pan (m)	**roti**	[roti]
queso (m)	**keju**	[kedʒiu]
azúcar (m)	**gula**	[gula]
sal (f)	**garam**	[garam]
arroz (m)	**beras, nasi**	[beras], [nasi]
macarrones (m pl)	**makaroni**	[makaroni]
tallarines (m pl)	**mi**	[mi]
mantequilla (f)	**mentega**	[mentega]
aceite (m) vegetal	**minyak nabati**	[minjaʔ nabati]
aceite (m) de girasol	**minyak bunga matahari**	[minjaʔ buŋa matahari]
margarina (f)	**margarin**	[margarin]
olivas, aceitunas (f pl)	**buah zaitun**	[buah zajtun]
aceite (m) de oliva	**minyak zaitun**	[minjaʔ zajtun]
leche (f)	**susu**	[susu]
leche (f) condensada	**susu kental**	[susu kental]
yogur (m)	**yogurt**	[yogurt]
nata (f) agria	**krim asam**	[krim asam]
nata (f) líquida	**krim, kepala susu**	[krim], [kepala susu]
mayonesa (f)	**mayones**	[majones]
crema (f) de mantequilla	**krim**	[krim]
cereales (m pl) integrales	**menir**	[menir]
harina (f)	**tepung**	[tepuŋ]
conservas (f pl)	**makanan kalengan**	[makanan kaleŋan]
copos (m pl) de maíz	**emping jagung**	[empiŋ dʒiaguŋ]
miel (f)	**madu**	[madu]
confitura (f)	**selai**	[selaj]
chicle (m)	**permen karet**	[permen karet]

45. Las bebidas

agua (f)	**air**	[air]
agua (f) potable	**air minum**	[air minum]
agua (f) mineral	**air mineral**	[air mineral]
sin gas	**tanpa gas**	[tanpa gas]
gaseoso (adj)	**berkarbonasi**	[berkarbonasi]
con gas	**bergas**	[bergas]
hielo (m)	**es**	[es]

con hielo	dengan es	[deŋan es]
sin alcohol	tanpa alkohol	[tanpa alkohol]
bebida (f) sin alcohol	minuman ringan	[minuman riŋan]
refresco (m)	minuman penygar	[minuman penigar]
limonada (f)	limun	[limun]

bebidas (f pl) alcohólicas	minoman beralkohol	[minoman beralkohol]
vino (m)	anggur	[aŋgur]
vino (m) blanco	anggur putih	[aŋgur putih]
vino (m) tinto	anggur merah	[aŋgur merah]

licor (m)	likeur	[likeur]
champaña (f)	sampanye	[sampanje]
vermú (m)	vermouth	[vermut]

whisky (m)	wiski	[wiski]
vodka (m)	vodka	[vodka]
ginebra (f)	jin, jenewer	[dʒin], [dʒʲenewer]
coñac (m)	konyak	[konjaˀ]
ron (m)	rum	[rum]

café (m)	kopi	[kopi]
café (m) solo	kopi pahit	[kopi pahit]
café (m) con leche	kopi susu	[kopi susu]
capuchino (m)	cappuccino	[kaputʃino]
café (m) soluble	kopi instan	[kopi instan]

leche (f)	susu	[susu]
cóctel (m)	koktail	[koktajl]
batido (m)	susu kocok	[susu kotʃoˀ]

zumo (m), jugo (m)	jus	[dʒʲus]
jugo (m) de tomate	jus tomat	[dʒʲus tomat]
zumo (m) de naranja	jus jeruk	[dʒʲus dʒʲeruˀ]
zumo (m) fresco	jus peras	[dʒʲus peras]

cerveza (f)	bir	[bir]
cerveza (f) rubia	bir putih	[bir putih]
cerveza (f) negra	bir hitam	[bir hitam]

té (m)	teh	[teh]
té (m) negro	teh hitam	[teh hitam]
té (m) verde	teh hijau	[teh hidʒʲau]

46. Las verduras

| legumbres (f pl) | sayuran | [sajuran] |
| verduras (f pl) | sayuran hijau | [sajuran hidʒʲau] |

tomate (m)	tomat	[tomat]
pepino (m)	mentimun, ketimun	[mentimun], [ketimun]
zanahoria (f)	wortel	[wortel]
patata (f)	kentang	[kentaŋ]
cebolla (f)	bawang	[bawaŋ]

ajo (m)	**bawang putih**	[bawaŋ putih]
col (f)	**kol**	[kol]
coliflor (f)	**kembang kol**	[kembaŋ kol]
col (f) de Bruselas	**kol Brussels**	[kol brusels]
brócoli (m)	**brokoli**	[brokoli]
remolacha (f)	**ubi bit merah**	[ubi bit merah]
berenjena (f)	**terung, terong**	[teruŋ], [teroŋ]
calabacín (m)	**labu siam**	[labu siam]
calabaza (f)	**labu**	[labu]
nabo (m)	**turnip**	[turnip]
perejil (m)	**peterseli**	[peterseli]
eneldo (m)	**adas sowa**	[adas sowa]
lechuga (f)	**selada**	[selada]
apio (m)	**seledri**	[seledri]
espárrago (m)	**asparagus**	[asparagus]
espinaca (f)	**bayam**	[bajam]
guisante (m)	**kacang polong**	[katʃaŋ poloŋ]
habas (f pl)	**kacang-kacangan**	[katʃaŋ-katʃaŋan]
maíz (m)	**jagung**	[dʒʲaguŋ]
fréjol (m)	**kacang buncis**	[katʃaŋ buntʃis]
pimiento (m) dulce	**cabai**	[tʃabaj]
rábano (m)	**radis**	[radis]
alcachofa (f)	**artisyok**	[artiʃoʔ]

47. Las frutas. Las nueces

fruto (m)	**buah**	[buah]
manzana (f)	**apel**	[apel]
pera (f)	**pir**	[pir]
limón (m)	**jeruk sitrun**	[dʒʲeruʔ sitrun]
naranja (f)	**jeruk manis**	[dʒʲeruʔ manis]
fresa (f)	**stroberi**	[stroberi]
mandarina (f)	**jeruk mandarin**	[dʒʲeruʔ mandarin]
ciruela (f)	**plum**	[plum]
melocotón (m)	**persik**	[persiʔ]
albaricoque (m)	**aprikot**	[aprikot]
frambuesa (f)	**buah frambus**	[buah frambus]
piña (f)	**nanas**	[nanas]
banana (f)	**pisang**	[pisaŋ]
sandía (f)	**semangka**	[semaŋka]
uva (f)	**buah anggur**	[buah aŋgur]
guinda (f)	**buah ceri asam**	[buah tʃeri asam]
cereza (f)	**buah ceri manis**	[buah tʃeri manis]
melón (m)	**melon**	[melon]
pomelo (m)	**jeruk Bali**	[dʒʲeruʔ bali]
aguacate (m)	**avokad**	[avokad]
papaya (f)	**pepaya**	[pepaja]

| mango (m) | mangga | [maŋga] |
| granada (f) | buah delima | [buah delima] |

grosella (f) roja	redcurrant	[redkaren]
grosella (f) negra	blackcurrant	[ble'karen]
grosella (f) espinosa	buah arbei hijau	[buah arbei hidʒiau]
arándano (m)	buah bilberi	[buah bilberi]
zarzamoras (f pl)	beri hitam	[beri hitam]

pasas (f pl)	kismis	[kismis]
higo (m)	buah ara	[buah ara]
dátil (m)	buah kurma	[buah kurma]

cacahuete (m)	kacang tanah	[katʃaŋ tanah]
almendra (f)	badam	[badam]
nuez (f)	buah walnut	[buah walnut]
avellana (f)	kacang hazel	[katʃaŋ hazel]
nuez (f) de coco	buah kelapa	[buah kelapa]
pistachos (m pl)	badam hijau	[badam hidʒiau]

48. El pan. Los dulces

pasteles (m pl)	kue-mue	[kue-mue]
pan (m)	roti	[roti]
galletas (f pl)	biskuit	[biskuit]

chocolate (m)	cokelat	[tʃokelat]
de chocolate (adj)	cokelat	[tʃokelat]
caramelo (m)	permen	[pərmen]
tarta (f) (pequeña)	kue	[kue]
tarta (f) (~ de cumpleaños)	kue tar	[kue tar]

| tarta (f) (~ de manzana) | pai | [pai] |
| relleno (m) | inti | [inti] |

confitura (f)	selai buah utuh	[selaj buah utuh]
mermelada (f)	marmelade	[marmelade]
gofre (m)	wafel	[wafel]
helado (m)	es krim	[es krim]
pudin (m)	puding	[pudiŋ]

49. Los platos

plato (m)	masakan, hidangan	[masakan], [hidaŋan]
cocina (f)	masakan	[masakan]
receta (f)	resep	[resep]
porción (f)	porsi	[porsi]

ensalada (f)	salada	[salada]
sopa (f)	sup	[sup]
caldo (m)	kaldu	[kaldu]
bocadillo (m)	roti lapis	[roti lapis]

huevos (m pl) fritos	telur mata sapi	[telur mata sapi]
hamburguesa (f)	hamburger	[hamburger]
bistec (m)	bistik	[bisti']

guarnición (f)	lauk	[lau']
espagueti (m)	spageti	[spageti]
puré (m) de patatas	kentang tumbuk	[kentaŋ tumbu']
pizza (f)	piza	[piza]
gachas (f pl)	bubur	[bubur]
tortilla (f) francesa	telur dadar	[telur dadar]

cocido en agua (adj)	rebus	[rebus]
ahumado (adj)	asap	[asap]
frito (adj)	goreng	[goreŋ]
seco (adj)	kering	[keriŋ]
congelado (adj)	beku	[beku]
marinado (adj)	marinade	[marinade]

azucarado, dulce (adj)	manis	[manis]
salado (adj)	asin	[asin]
frío (adj)	dingin	[diŋin]
caliente (adj)	panas	[panas]
amargo (adj)	pahit	[pahit]
sabroso (adj)	enak	[ena']

cocer en agua	merebus	[merebus]
preparar (la cena)	memasak	[memasa']
freír (vt)	menggoreng	[məŋgoreŋ]
calentar (vt)	memanaskan	[memanaskan]

salar (vt)	menggarami	[məŋgarami]
poner pimienta	membubuh merica	[membubuh meritʃa]
rallar (vt)	memarut	[memarut]
piel (f)	kulit	[kulit]
pelar (vt)	mengupas	[məŋupas]

50. Las especias

sal (f)	garam	[garam]
salado (adj)	asin	[asin]
salar (vt)	menggarami	[məŋgarami]

pimienta (f) negra	merica	[meritʃa]
pimienta (f) roja	cabai merah	[tʃabaj merah]
mostaza (f)	mustar	[mustar]
rábano (m) picante	lobak pedas	[loba' pedas]

condimento (m)	bumbu	[bumbu]
especia (f)	rempah-rempah	[rempah-rempah]
salsa (f)	saus	[saus]
vinagre (m)	cuka	[tʃuka]

| anís (m) | adas manis | [adas manis] |
| albahaca (f) | selasih | [selasih] |

clavo (m)	cengkih	[ʧeŋkih]
jengibre (m)	jahe	[ʤʲahe]
cilantro (m)	ketumbar	[ketumbar]
canela (f)	kayu manis	[kaju manis]
sésamo (m)	wijen	[wiʤʲen]
hoja (f) de laurel	daun salam	[daun salam]
paprika (f)	cabai	[ʧabaj]
comino (m)	jintan	[ʤintan]
azafrán (m)	kuma-kuma	[kuma-kuma]

51. Las comidas

comida (f)	makanan	[makanan]
comer (vi, vt)	makan	[makan]
desayuno (m)	makan pagi, sarapan	[makan pagi], [sarapan]
desayunar (vi)	sarapan	[sarapan]
almuerzo (m)	makan siang	[makan siaŋ]
almorzar (vi)	makan siang	[makan siaŋ]
cena (f)	makan malam	[makan malam]
cenar (vi)	makan malam	[makan malam]
apetito (m)	nafsu makan	[nafsu makan]
¡Que aproveche!	Selamat makan!	[selamat makan!]
abrir (vt)	membuka	[membuka]
derramar (líquido)	menumpahkan	[mənumpahkan]
hervir (vi)	mendidih	[məndidih]
hervir (vt)	mendidihkan	[məndidihkan]
hervido (agua ~a)	masak	[masaʔ]
enfriar (vt)	mendinginkan	[məndiŋinkan]
enfriarse (vr)	mendingin	[məndiŋin]
sabor (m)	rasa	[rasa]
regusto (m)	nuansa rasa	[nuansa rasa]
adelgazar (vi)	berdiet	[berdiet]
dieta (f)	diet, pola makan	[diet], [pola makan]
vitamina (f)	vitamin	[vitamin]
caloría (f)	kalori	[kalori]
vegetariano (m)	vegetarian	[vegetarian]
vegetariano (adj)	vegetarian	[vegetarian]
grasas (f pl)	lemak	[lemaʔ]
proteínas (f pl)	protein	[protein]
carbohidratos (m pl)	karbohidrat	[karbohidrat]
loncha (f)	irisan	[irisan]
pedazo (m)	potongan	[potoŋan]
miga (f)	remah	[remah]

52. Los cubiertos

cuchara (f)	**sendok**	[sendoˀ]
cuchillo (m)	**pisau**	[pisau]
tenedor (m)	**garpu**	[garpu]
taza (f)	**cangkir**	[ʧaŋkir]
plato (m)	**piring**	[piriŋ]
platillo (m)	**alas cangkir**	[alas ʧaŋkir]
servilleta (f)	**serbet**	[serbet]
mondadientes (m)	**tusuk gigi**	[tusuˀ gigi]

53. El restaurante

restaurante (m)	**restoran**	[restoran]
cafetería (f)	**warung kopi**	[waruŋ kopi]
bar (m)	**bar**	[bar]
salón (m) de té	**warung teh**	[waruŋ teh]
camarero (m)	**pelayan lelaki**	[pelajan lelaki]
camarera (f)	**pelayan perempuan**	[pelajan perempuan]
barman (m)	**pelayan bar**	[pelajan bar]
carta (f), menú (m)	**menu**	[menu]
carta (f) de vinos	**daftar anggur**	[daftar aŋgur]
reservar una mesa	**memesan meja**	[memesan medʒˈa]
plato (m)	**masakan, hidangan**	[masakan], [hidaŋan]
pedir (vt)	**memesan**	[memesan]
hacer un pedido	**memesan**	[memesan]
aperitivo (m)	**aperitif**	[aperitif]
entremés (m)	**makanan ringan**	[makanan riŋan]
postre (m)	**hidangan penutup**	[hidaŋan penutup]
cuenta (f)	**bon**	[bon]
pagar la cuenta	**membayar bon**	[membajar bon]
dar la vuelta	**memberikan uang kembalian**	[memberikan uaŋ kembalian]
propina (f)	**tip**	[tip]

La familia nuclear, los parientes y los amigos

54. La información personal. Los formularios

nombre (m)	nama, nama depan	[nama], [nama depan]
apellido (m)	nama keluarga	[nama keluarga]
fecha (f) de nacimiento	tanggal lahir	[taŋgal lahir]
lugar (m) de nacimiento	tempat lahir	[tempat lahir]
nacionalidad (f)	kebangsaan	[kebaŋsa'an]
domicilio (m)	tempat tinggal	[tempat tiŋgal]
país (m)	negara, negeri	[negara], [negeri]
profesión (f)	profesi	[profesi]
sexo (m)	jenis kelamin	[dʒenis kelamin]
estatura (f)	tinggi badan	[tiŋgi badan]
peso (m)	berat	[berat]

55. Los familiares. Los parientes

madre (f)	ibu	[ibu]
padre (m)	ayah	[ajah]
hijo (m)	anak lelaki	[ana' lelaki]
hija (f)	anak perempuan	[ana' perempuan]
hija (f) menor	anak perempuan bungsu	[ana' perempuan buŋsu]
hijo (m) menor	anak lelaki bungsu	[ana' lelaki buŋsu]
hija (f) mayor	anak perempuan sulung	[ana' perempuan suluŋ]
hijo (m) mayor	anak lelaki sulung	[ana' lelaki suluŋ]
hermano (m)	saudara lelaki	[saudara lelaki]
hermano (m) mayor	kakak lelaki	[kaka' lelaki]
hermano (m) menor	adik lelaki	[adi' lelaki]
hermana (f)	saudara perempuan	[saudara perempuan]
hermana (f) mayor	kakak perempuan	[kaka' perempuan]
hermana (f) menor	adik perempuan	[adi' perempuan]
primo (m)	sepupu lelaki	[sepupu lelaki]
prima (f)	sepupu perempuan	[sepupu perempuan]
mamá (f)	mama, ibu	[mama], [ibu]
papá (m)	papa, ayah	[papa], [ajah]
padres (pl)	orang tua	[oraŋ tua]
niño -a (m, f)	anak	[ana']
niños (pl)	anak-anak	[ana'-ana']
abuela (f)	nenek	[nene']
abuelo (m)	kakek	[kake']

nieto (m)	cucu laki-laki	[ʧuʧu laki-laki]
nieta (f)	cucu perempuan	[ʧuʧu pərempuan]
nietos (pl)	cucu	[ʧuʧu]

tío (m)	paman	[paman]
tía (f)	bibi	[bibi]
sobrino (m)	keponakan laki-laki	[keponakan laki-laki]
sobrina (f)	keponakan perempuan	[keponakan pərempuan]

suegra (f)	ibu mertua	[ibu mertua]
suegro (m)	ayah mertua	[ajah mertua]
yerno (m)	menantu laki-laki	[mənantu laki-laki]
madrastra (f)	ibu tiri	[ibu tiri]
padrastro (m)	ayah tiri	[ajah tiri]

niño (m) de pecho	bayi	[baji]
bebé (m)	bayi	[baji]
chico (m)	bocah cilik	[boʧah ʧiliʔ]

mujer (f)	istri	[istri]
marido (m)	suami	[suami]
esposo (m)	suami	[suami]
esposa (f)	istri	[istri]

casado (adj)	menikah, beristri	[mənikah], [bəristri]
casada (adj)	menikah, bersuami	[mənikah], [bərsuami]
soltero (adj)	bujang	[budʒʲaŋ]
soltero (m)	bujang	[budʒʲaŋ]
divorciado (adj)	bercerai	[bərʧeraj]
viuda (f)	janda	[dʒʲanda]
viudo (m)	duda	[duda]

pariente (m)	kerabat	[kerabat]
pariente (m) cercano	kerabat dekat	[kerabat dekat]
pariente (m) lejano	kerabat jauh	[kerabat dʒʲauh]
parientes (pl)	kerabat, sanak saudara	[kerabat], [sanaʔ saudara]

huérfano (m), huérfana (f)	yatim piatu	[yatim piatu]
tutor (m)	wali	[wali]
adoptar (un niño)	mengadopsi	[məŋadopsi]
adoptar (una niña)	mengadopsi	[məŋadopsi]

56. Los amigos. Los compañeros del trabajo

amigo (m)	sahabat	[sahabat]
amiga (f)	sahabat	[sahabat]
amistad (f)	persahabatan	[pərsahabatan]
ser amigo	bersahabat	[bərsahabat]

amigote (m)	teman	[teman]
amiguete (f)	teman	[teman]
compañero (m)	mitra	[mitra]
jefe (m)	atasan	[atasan]
superior (m)	atasan	[atasan]

propietario (m)	pemilik	[pemili']
subordinado (m)	bawahan	[bawahan]
colega (m, f)	kolega	[kolega]

conocido (m)	kenalan	[kenalan]
compañero (m) de viaje	rekan seperjalanan	[rekan seperdʒ'alanan]
condiscípulo (m)	teman sekelas	[teman sekelas]

vecino (m)	tetangga	[tetaŋga]
vecina (f)	tetangga	[tetaŋga]
vecinos (pl)	para tetangga	[para tetaŋga]

57. El hombre. La mujer

mujer (f)	perempuan, wanita	[pərempuan], [wanita]
muchacha (f)	gadis	[gadis]
novia (f)	mempelai perempuan	[mempelaj pərempuan]

guapa (adj)	cantik	[tʃanti']
alta (adj)	tinggi	[tiŋgi]
esbelta (adj)	ramping	[rampiŋ]
de estatura mediana	pendek	[pende']

rubia (f)	orang berambut pirang	[oraŋ bərambut piraŋ]
morena (f)	orang berambut cokelat	[oraŋ bərambut tʃokelat]

de señora (adj)	wanita	[wanita]
virgen (f)	perawan	[pərawan]
embarazada (adj)	hamil	[hamil]

hombre (m) (varón)	laki-laki, pria	[laki-laki], [pria]
rubio (m)	orang berambut pirang	[oraŋ bərambut piraŋ]
moreno (m)	orang berambut cokelat	[oraŋ bərambut tʃokelat]
alto (adj)	tinggi	[tiŋgi]
de estatura mediana	pendek	[pende']

grosero (adj)	kasar	[kasar]
rechoncho (adj)	kekar	[kekar]
robusto (adj)	tegap	[tegap]
fuerte (adj)	kuat	[kuat]
fuerza (f)	kekuatan	[kekuatan]

gordo (adj)	gemuk	[gemu']
moreno (adj)	berkulit hitam	[bərkulit hitam]
esbelto (adj)	ramping	[rampiŋ]
elegante (adj)	anggun	[aŋgun]

58. La edad

edad (f)	umur	[umur]
juventud (f)	usia muda	[usia muda]
joven (adj)	muda	[muda]

| menor (adj) | lebih muda | [lebih muda] |
| mayor (adj) | lebih tua | [lebih tua] |

joven (m)	pemuda	[pemuda]
adolescente (m)	remaja	[remadʒʲa]
muchacho (m)	cowok	[ʧowo⁊]

| anciano (m) | lelaki tua | [lelaki tua] |
| anciana (f) | perempuan tua | [pərempuan tua] |

adulto	dewasa	[dewasa]
de edad media (adj)	paruh baya	[paruh baja]
anciano, mayor (adj)	lansia	[lansia]
viejo (adj)	tua	[tua]

jubilación (f)	pensiun	[pensiun]
jubilarse	pensiun	[pensiun]
jubilado (m)	pensiunan	[pensiunan]

59. Los niños

niño -a (m, f)	anak	[ana⁊]
niños (pl)	anak-anak	[ana⁊-ana⁊]
gemelos (pl)	kembar	[kembar]

cuna (f)	buaian	[buajan]
sonajero (m)	ocehan	[oʧehan]
pañal (m)	popok	[popo⁊]

chupete (m)	dot	[dot]
cochecito (m)	kereta bayi	[kereta baji]
jardín (m) de infancia	taman kanak-kanak	[taman kana⁊-kana⁊]
niñera (f)	pengasuh anak	[peŋasuh ana⁊]

infancia (f)	masa kanak-kanak	[masa kana⁊-kana⁊]
muñeca (f)	boneka	[boneka]
juguete (m)	mainan	[majnan]
mecano (m)	alat permainan bongkah	[alat pərmajnan boŋkah]

bien criado (adj)	beradab	[bəradab]
mal criado (adj)	biadab	[biadab]
mimado (adj)	manja	[mandʒʲa]

hacer travesuras	nakal	[nakal]
travieso (adj)	nakal	[nakal]
travesura (f)	kenakalan	[kenakalan]
travieso (m)	anak nakal	[ana⁊ nakal]

| obediente (adj) | patuh | [patuh] |
| desobediente (adj) | tidak patuh | [tida⁊ patuh] |

dócil (adj)	penurut	[penurut]
inteligente (adj)	pandai, pintar	[pandaj], [pintar]
niño (m) prodigio	anak ajaib	[ana⁊ adʒʲajb]

60. El matrimonio. La vida familiar

besar (vt)	mencium	[mənʧium]
besarse (vr)	berciuman	[bərʧiuman]
familia (f)	keluarga	[keluarga]
familiar (adj)	keluarga	[keluarga]
pareja (f)	pasangan	[pasaŋan]
matrimonio (m)	pernikahan	[pərnikahan]
hogar (m) familiar	rumah tangga	[rumah taŋga]
dinastía (f)	dinasti	[dinasti]
cita (f)	kencan	[kenʧan]
beso (m)	ciuman	[ʧiuman]
amor (m)	cinta	[ʧinta]
querer (amar)	mencintai	[mənʧintaj]
querido (adj)	kekasih	[kekasih]
ternura (f)	kelembutan	[kelembutan]
tierno (afectuoso)	lembut	[lembut]
fidelidad (f)	kesetiaan	[kesetia'an]
fiel (adj)	setia	[setia]
cuidado (m)	perhatian	[pərhatian]
cariñoso (un padre ~)	penuh perhatian	[penuh pərhatian]
recién casados (pl)	pengantin baru	[peŋantin baru]
luna (f) de miel	bulan madu	[bulan madu]
estar casada	menikah, bersuami	[mənikah], [bərsuami]
casarse (con una mujer)	menikah, beristri	[mənikah], [bəristri]
boda (f)	pernikahan	[pərnikahan]
bodas (f pl) de oro	pernikahan emas	[pərnikahan emas]
aniversario (m)	hari jadi, HUT	[hari dʒ'adi], [ha-u-te]
amante (m)	pria idaman lain	[pria idaman lajn]
amante (f)	wanita idaman lain	[wanita idaman lajn]
adulterio (m)	perselingkuhan	[pərseliŋkuhan]
cometer adulterio	berselingkuh dari ...	[bərseliŋkuh dari ...]
celoso (adj)	cemburu	[ʧemburu]
tener celos	cemburu	[ʧemburu]
divorcio (m)	perceraian	[pərʧerajan]
divorciarse (vr)	bercerai	[bərʧeraj]
reñir (vi)	bertengkar	[bərteŋkar]
reconciliarse (vr)	berdamai	[bərdamaj]
juntos (adv)	bersama	[bərsama]
sexo (m)	seks	[seks]
felicidad (f)	kebahagiaan	[kebahagia'an]
feliz (adj)	berbahagia	[bərbahagia]
desgracia (f)	kemalangan	[kemalaŋan]
desgraciado (adj)	malang	[malaŋ]

Las características de personalidad. Los sentimientos

61. Los sentimientos. Las emociones

sentimiento (m)	**perasaan**	[pərasa'an]
sentimientos (m pl)	**perasaan**	[pərasa'an]
sentir (vt)	**merasa**	[merasa]
hambre (f)	**kelaparan**	[kelaparan]
tener hambre	**lapar**	[lapar]
sed (f)	**kehausan**	[kehausan]
tener sed	**haus**	[haus]
somnolencia (f)	**kantuk**	[kantu']
tener sueño	**mengantuk**	[məŋantu']
cansancio (m)	**rasa lelah**	[rasa lelah]
cansado (adj)	**lelah**	[lelah]
estar cansado	**lelah**	[lelah]
humor (m) (de buen ~)	**suasana hati**	[suasana hati]
aburrimiento (m)	**kebosanan**	[kebosanan]
aburrirse (vr)	**bosan**	[bosan]
soledad (f)	**kesendirian**	[kesendirian]
aislarse (vr)	**menyendiri**	[mənjendiri]
inquietar (vt)	**membuat khawatir**	[membuat hawatir]
inquietarse (vr)	**khawatir**	[hawatir]
inquietud (f)	**kekhawatiran**	[kehawatiran]
preocupación (f)	**kegelisahan**	[kegelisahan]
preocupado (adj)	**prihatin**	[prihatin]
estar nervioso	**gugup, gelisah**	[gugup], [gelisah]
darse al pánico	**panik**	[pani']
esperanza (f)	**harapan**	[harapan]
esperar (tener esperanza)	**berharap**	[bərharap]
seguridad (f)	**kepastian**	[kepastian]
seguro (adj)	**pasti**	[pasti]
inseguridad (f)	**ketidakpastian**	[ketidakpastian]
inseguro (adj)	**tidak pasti**	[tida' pasti]
borracho (adj)	**mabuk**	[mabu']
sobrio (adj)	**sadar, tidak mabuk**	[sadar], [tida' mabu']
débil (adj)	**lemah**	[lemah]
feliz (adj)	**berbahagia**	[bərbahagia]
asustar (vt)	**menakuti**	[mənakuti]
furia (f)	**kemarahan**	[kemarahan]
rabia (f)	**kemarahan**	[kemarahan]
depresión (f)	**depresi**	[depresi]
incomodidad (f)	**ketidaknyamanan**	[ketidaknjamanan]

comodidad (f)	kenyamanan	[kenjamanan]
arrepentirse (vr)	menyesal	[mənjesal]
arrepentimiento (m)	penyesalan	[penjesalan]
mala suerte (f)	kesialan	[kesialan]
tristeza (f)	kekesalan	[kekesalan]

vergüenza (f)	rasa malu	[rasa malu]
júbilo (m)	kegirangan	[kegiraŋan]
entusiasmo (m)	antusiasme	[antusiasme]
entusiasta (m)	antusias	[antusias]
mostrar entusiasmo	memperlihatkan antusiasme	[memperlihatkan antusiasme]

62. El carácter. La personalidad

carácter (m)	watak	[wataʔ]
defecto (m)	kepincangan	[kepintʃaŋan]
mente (f)	otak	[otaʔ]
razón (f)	akal	[akal]

consciencia (f)	nurani	[nurani]
hábito (m)	kebiasaan	[kebiasaʔan]
habilidad (f)	kemampuan, bakat	[kemampuan], [bakat]
poder (~ nadar, etc.)	dapat	[dapat]

paciente (adj)	sabar	[sabar]
impaciente (adj)	tidak sabar	[tidaʔ sabar]
curioso (adj)	ingin tahu	[iŋin tahu]
curiosidad (f)	rasa ingin tahu	[rasa iŋin tahu]

modestia (f)	kerendahan hati	[kerendahan hati]
modesto (adj)	rendah hati	[rendah hati]
inmodesto (adj)	tidak tahu malu	[tidaʔ tahu malu]

pereza (f)	kemalasan	[kemalasan]
perezoso (adj)	malas	[malas]
perezoso (m)	pemalas	[pemalas]

astucia (f)	kelicikan	[kelitʃikan]
astuto (adj)	licik	[litʃiʔ]
desconfianza (f)	ketidakpercayaan	[ketidakpertʃajaʔan]
desconfiado (adj)	tidak percaya	[tidaʔ pərtʃaja]

generosidad (f)	kemurahan hati	[kemurahan hati]
generoso (adj)	murah hati	[murah hati]
talentoso (adj)	berbakat	[bərbakat]
talento (m)	bakat	[bakat]

valiente (adj)	berani	[bərani]
coraje (m)	keberanian	[keberanian]
honesto (adj)	jujur	[dʒʲudʒʲur]
honestidad (f)	kejujuran	[kedʒʲudʒʲuran]
prudente (adj)	berhati-hati	[bərhati-hati]
valeroso (adj)	berani	[bərani]

| serio (adj) | serius | [serius] |
| severo (adj) | keras | [keras] |

decidido (adj)	tegas	[tegas]
indeciso (adj)	ragu-ragu	[ragu-ragu]
tímido (adj)	malu	[malu]
timidez (f)	sifat pemalu	[sifat pemalu]

confianza (f)	kepercayaan	[kepertʃajaʔan]
creer (créeme)	percaya	[pərtʃaja]
confiado (crédulo)	mudah percaya	[mudah pərtʃaja]

sinceramente (adv)	ikhlas	[ihlas]
sincero (adj)	ikhlas	[ihlas]
sinceridad (f)	keikhlasan	[keihlasan]
abierto (adj)	terbuka	[tərbuka]

calmado (adj)	tenang	[tenaŋ]
franco (sincero)	terus terang	[terus təraŋ]
ingenuo (adj)	naif	[naif]
distraído (adj)	lalai	[lalaj]
gracioso (adj)	lucu	[lutʃu]

avaricia (f)	kerakusan	[kerakusan]
avaro (adj)	rakus	[rakus]
tacaño (adj)	pelit, kikir	[pelit], [kikir]
malvado (adj)	jahat	[dʒʲahat]
terco (adj)	keras kepala, degil	[keras kepala], [degil]
desagradable (adj)	tidak menyenangkan	[tidaʔ menjenaŋkan]

egoísta (m)	egois	[egois]
egoísta (adj)	egoistis	[egoistis]
cobarde (m)	penakut	[penakut]
cobarde (adj)	penakut	[penakut]

63. El sueño. Los sueños

dormir (vi)	tidur	[tidur]
sueño (m) (estado)	tidur	[tidur]
sueño (m) (dulces ~s)	mimpi	[mimpi]
soñar (vi)	bermimpi	[bərmimpi]
adormilado (adj)	mengantuk	[məŋantuʔ]

cama (f)	ranjang	[randʒʲaŋ]
colchón (m)	kasur	[kasur]
manta (f)	selimut	[selimut]
almohada (f)	bantal	[bantal]
sábana (f)	seprai	[sepraj]

insomnio (m)	insomnia	[insomnia]
de insomnio (adj)	tanpa tidur	[tanpa tidur]
somnífero (m)	obat tidur	[obat tidur]
tomar el somnífero	meminum obat tidur	[meminum obat tidur]
tener sueño	mengantuk	[məŋantuʔ]

bostezar (vi)	menguap	[məŋuap]
irse a la cama	tidur	[tidur]
hacer la cama	menyiapkan ranjang	[mənjiapkan randʒian]
dormirse (vr)	tertidur	[tərtidur]

pesadilla (f)	mimpi buruk	[mimpi buru']
ronquido (m)	dengkuran	[deŋkuran]
roncar (vi)	berdengkur	[bərdeŋkur]

despertador (m)	weker	[weker]
despertar (vt)	membangunkan	[membaŋunkan]
despertarse (vr)	bangun	[baŋun]
levantarse (vr)	bangun	[baŋun]
lavarse (vr)	mencuci muka	[məntʃutʃi muka]

64. El humor. La risa. La alegría

humor (m)	humor	[humor]
sentido (m) del humor	rasa humor	[rasa humor]
divertirse (vr)	bersukaria	[bərsukaria]
alegre (adj)	riang, gembira	[riaŋ], [gembira]
júbilo (m)	keriangan, kegembiraan	[kerianan], [kegembira'an]

sonrisa (f)	senyuman	[senyuman]
sonreír (vi)	tersenyum	[tərsenyum]
echarse a reír	tertawa	[tərtawa]
reírse (vr)	tertawa	[tərtawa]
risa (f)	gelak tawa	[gela' tawa]

anécdota (f)	anekdot, lelucon	[anekdot], [lelutʃon]
gracioso (adj)	lucu	[lutʃu]
ridículo (adj)	lucu	[lutʃu]

bromear (vi)	bergurau	[bərgurau]
broma (f)	lelucon	[lelutʃon]
alegría (f) (emoción)	kegembiraan	[kegembira'an]
alegrarse (vr)	bergembira	[bərgembira]
alegre (~ de que ...)	gembira	[gembira]

65. La discusión y la conversación. Unidad 1

| comunicación (f) | komunikasi | [komunikasi] |
| comunicarse (vr) | berkomunikasi | [bərkomunikasi] |

conversación (f)	pembicaraan	[pembitʃara'an]
diálogo (m)	dialog	[dialog]
discusión (f) (debate)	diskusi	[diskusi]
debate (m)	perdebatan	[pərdebatan]
debatir (vi)	berdebat	[bərdebat]

| interlocutor (m) | lawan bicara | [lawan bitʃara] |
| tema (m) | topik, tema | [topik], [tema] |

punto (m) de vista	sudut pandang	[sudut pandaŋ]
opinión (f)	opini, pendapat	[opini], [pendapat]
discurso (m)	pidato, tuturan	[pidato], [tuturan]

discusión (f) (del informe, etc.)	pembicaraan	[pembitʃara'an]
discutir (vt)	membicarakan	[membitʃarakan]
conversación (f)	pembicaraan	[pembitʃara'an]
conversar (vi)	berbicara	[bərbitʃara]
reunión (f)	pertemuan	[pərtemuan]
encontrarse (vr)	bertemu	[bərtemu]

proverbio (m)	peribahasa	[pəribahasa]
dicho (m)	peribahasa	[pəribahasa]
adivinanza (f)	teka-teki	[teka-teki]
contar una adivinanza	memberi teka-teki	[memberi teka-teki]
contraseña (f)	kata sandi	[kata sandi]
secreto (m)	rahasia	[rahasia]

juramento (m)	sumpah	[sumpah]
jurar (vt)	bersumpah	[bərsumpah]
promesa (f)	janji	[dʒ'andʒi]
prometer (vt)	berjanji	[bərdʒ'andʒi]

consejo (m)	nasihat	[nasihat]
aconsejar (vt)	menasihati	[mənasihati]
seguir el consejo	mengikuti nasihat	[məŋikuti nasihat]
escuchar (a los padres)	mendengar ...	[məndeŋar ...]

noticias (f pl)	berita	[berita]
sensación (f)	sensasi	[sensasi]
información (f)	data, informasi	[data], [informasi]
conclusión (f)	kesimpulan	[kesimpulan]
voz (f)	suara	[suara]
cumplido (m)	pujian	[pudʒian]
amable (adj)	ramah	[ramah]

palabra (f)	kata	[kata]
frase (f)	frasa	[frasa]
respuesta (f)	jawaban	[dʒ'awaban]

| verdad (f) | kebenaran | [kebenaran] |
| mentira (f) | kebohongan | [kebohoŋan] |

pensamiento (m)	pikiran	[pikiran]
idea (f)	ide	[ide]
fantasía (f)	fantasi	[fantasi]

66. La discusión y la conversación. Unidad 2

respetado (adj)	terhormat	[tərhormat]
respetar (vt)	menghormati	[məŋhormati]
respeto (m)	penghormatan	[peŋhormatan]
Estimado ...	Yth. ... (Yang Terhormat)	[yaŋ tərhormat]
presentar (~ a sus padres)	memperkenalkan	[memperkenalkan]

conocer a alguien	berkenalan	[bərkenalan]
intención (f)	niat	[niat]
tener intención (de …)	berniat	[bərniat]
deseo (m)	pengharapan	[peŋharapan]
desear (vt) (~ buena suerte)	mengharapkan	[məŋharapkan]
sorpresa (f)	keheranan	[keheranan]
sorprender (vt)	mengherankan	[məŋherankan]
sorprenderse (vr)	heran	[heran]
dar (vt)	memberi	[memberi]
tomar (vt)	mengambil	[məŋambil]
devolver (vt)	mengembalikan	[məŋembalikan]
retornar (vt)	mengembalikan	[məŋembalikan]
disculparse (vr)	meminta maaf	[meminta maʔaf]
disculpa (f)	permintaan maaf	[pərmintaʔan maʔaf]
perdonar (vt)	memaafkan	[memaʔafkan]
hablar (vi)	berbicara	[bərbitʃara]
escuchar (vt)	mendengarkan	[məndeŋarkan]
escuchar hasta el final	mendengar	[məndeŋar]
comprender (vt)	mengerti	[məŋerti]
mostrar (vt)	menunjukkan	[mənundʒ'uʔkan]
mirar a …	melihat …	[melihat …]
llamar (vt)	memanggil	[memaŋgil]
distraer (molestar)	mengganggu	[məŋgaŋgu]
molestar (vt)	mengganggu	[məŋgaŋgu]
pasar (~ un mensaje)	menyampaikan	[mənjampajkan]
petición (f)	permintaan	[pərmintaʔan]
pedir (vt)	meminta	[meminta]
exigencia (f)	tuntutan	[tuntutan]
exigir (vt)	menuntut	[mənuntut]
motejar (vr)	mengejek	[məŋedʒ'eʔ]
burlarse (vr)	mencemooh	[məntʃemooh]
burla (f)	cemoohan	[tʃemoohan]
apodo (m)	nama panggilan	[nama paŋgilan]
alusión (f)	isyarat	[iʃarat]
aludir (vi)	mengisyaratkan	[məŋiʃaratkan]
sobrentender (vt)	berarti	[bərarti]
descripción (f)	penggambaran	[peŋgambaran]
describir (vt)	menggambarkan	[məŋgambarkan]
elogio (m)	pujian	[pudʒian]
elogiar (vt)	memuji	[memudʒi]
decepción (f)	kekecewaan	[keketʃewaʔan]
decepcionar (vt)	mengecewakan	[mənetʃewakan]
estar decepcionado	kecewa	[ketʃewa]
suposición (f)	dugaan	[dugaʔan]
suponer (vt)	menduga	[mənduga]

advertencia (f)	peringatan	[pəriŋatan]
prevenir (vt)	memperingatkan	[memperiŋatkan]

67. La discusión y la conversación. Unidad 3

convencer (vt)	meyakinkan	[meyakinkan]
calmar (vt)	menenangkan	[mənenaŋkan]

silencio (m) (~ es oro)	kebisuan	[kebisuan]
callarse (vr)	membisu	[membisu]
susurrar (vi, vt)	berbisik	[bərbisiʔ]
susurro (m)	bisikan	[bisikan]

francamente (adv)	terus terang	[terus təraŋ]
en mi opinión ...	menurut saya ...	[mənurut saja ...]

detalle (m) (de la historia)	detail, perincian	[detajl], [pərintʃian]
detallado (adj)	mendetail	[məndetajl]
detalladamente (adv)	dengan mendetail	[deŋan mendetajl]

pista (f)	petunjuk	[petundʒiuʔ]
dar una pista	memberi petunjuk	[memberi petundʒiuʔ]

mirada (f)	melihat	[melihat]
echar una mirada	melihat	[melihat]
fija (mirada ~)	kaku	[kaku]
parpadear (vi)	berkedip	[bərkedip]
guiñar un ojo	mengedipkan mata	[mənedipkan mata]
asentir con la cabeza	mengangguk	[mənaŋguʔ]

suspiro (m)	desah	[desah]
suspirar (vi)	mendesah	[məndesah]
estremecerse (vr)	tersentak	[tərsentaʔ]
gesto (m)	gerak tangan	[gera' taŋan]
tocar (con la mano)	menyentuh	[mənjentuh]
asir (~ de la mano)	memegang	[memegaŋ]
palmear (~ la espalda)	menepuk	[mənepuʔ]

¡Cuidado!	Awas! Hati-hati!	[awas!], [hati-hati!]
¿De veras?	Sungguh?	[suŋguh?]
¿Estás seguro?	Kamu yakin?	[kamu yakin?]
¡Suerte!	Semoga behasil!	[semoga behasil!]
¡Ya veo!	Begitu!	[begitu!]
¡Es una lástima!	Sayang sekali!	[sajaŋ sekali!]

68. El acuerdo. El rechazo

acuerdo (m)	persetujuan	[pərsetudʒiuan]
estar de acuerdo	setuju, ijin	[setudʒiu], [idʒin]
aprobación (f)	persetujuan	[pərsetudʒiuan]
aprobar (vt)	menyetujui	[mənjetudʒiui]
rechazo (m)	penolakan	[penolakan]

negarse (vr)	menolak	[mənolaʔ]
¡Excelente!	Bagus!	[bagus!]
¡De acuerdo!	Baiklah! Baik!	[bajklah!], [bajʔ!]
¡Vale!	Baiklah! Baik!	[bajklah!], [bajʔ!]

prohibido (adj)	larangan	[laraŋan]
está prohibido	dilarang	[dilaraŋ]
es imposible	mustahil	[mustahil]
incorrecto (adj)	salah	[salah]

rechazar (vt)	menolak	[mənolaʔ]
apoyar (la decisión)	mendukung	[məndukuŋ]
aceptar (vt)	menerima	[mənerima]

confirmar (vt)	mengonfirmasi	[məŋonfirmasi]
confirmación (f)	konfirmasi	[konfirmasi]
permiso (m)	izin	[izin]
permitir (vt)	mengizinkan	[məŋizinkan]
decisión (f)	keputusan	[keputusan]
no decir nada	membisu	[membisu]

condición (f)	syarat	[ʃarat]
excusa (f) (pretexto)	alasan, dalih	[alasan], [dalih]
elogio (m)	pujian	[pudʒian]
elogiar (vt)	memuji	[memudʒi]

69. El éxito. La buena suerte. El fracaso

éxito (m)	sukses, berhasil	[sukses], [bərhasil]
con éxito (adv)	dengan sukses	[deŋan sukses]
exitoso (adj)	sukses, berhasil	[sukses], [bərhasil]

suerte (f)	keberuntungan	[keberuntuŋan]
¡Suerte!	Semoga behasil!	[semoga behasil!]
de suerte (día ~)	beruntung	[bəruntuŋ]
afortunado (adj)	beruntung	[bəruntuŋ]

fiasco (m)	kegagalan	[kegagalan]
infortunio (m)	kesialan	[kesialan]
mala suerte (f)	kesialan	[kesialan]

| fracasado (adj) | gagal | [gagal] |
| catástrofe (f) | gagal total | [gagal total] |

orgullo (m)	kebanggaan	[kebaŋgaʔan]
orgulloso (adj)	bangga	[baŋga]
estar orgulloso	bangga	[baŋga]

ganador (m)	pemenang	[pemenaŋ]
ganar (vi)	menang	[menaŋ]
perder (vi)	kalah	[kalah]
tentativa (f)	percobaan	[pərtʃobaʔan]
intentar (tratar)	mencoba	[məntʃoba]
chance (f)	kans, peluang	[kans], [peluaŋ]

70. Las discusiones. Las emociones negativas

grito (m)	teriakan	[təriakan]
gritar (vi)	berteriak	[bərteria']
comenzar a gritar	berteriak	[bərteria']

disputa (f), riña (f)	pertengkaran	[pərteŋkaran]
reñir (vi)	bertengkar	[bərteŋkar]
escándalo (m) (riña)	pertengkaran	[pərteŋkaran]
causar escándalo	bertengkar	[bərteŋkar]
conflicto (m)	konflik	[konfli']
malentendido (m)	kesalahpahaman	[kesalahpahaman]

insulto (m)	penghinaan	[peɲhina'an]
insultar (vt)	menghina	[məɲhina]
insultado (adj)	terhina	[tərhina]
ofensa (f)	perasaan tersinggung	[pərasa'an tərsiŋguŋ]
ofender (vt)	menyinggung	[məɲjiŋguŋ]
ofenderse (vr)	tersinggung	[tərsiŋguŋ]

indignación (f)	kemarahan	[kemarahan]
indignarse (vr)	marah	[marah]
queja (f)	komplain, pengaduan	[kompleyn], [peɲaduan]
quejarse (vr)	mengeluh	[məŋeluh]

disculpa (f)	permintaan maaf	[pərminta'an ma'af]
disculparse (vr)	meminta maaf	[meminta ma'af]
pedir perdón	minta maaf	[minta ma'af]

crítica (f)	kritik	[kriti']
criticar (vt)	mengkritik	[məŋkriti']
acusación (f)	tuduhan	[tuduhan]
acusar (vt)	menuduh	[mənuduh]

venganza (f)	dendam	[dendam]
vengar (vt)	membalas dendam	[membalas dendam]
pagar (vt)	membalas	[membalas]

desprecio (m)	penghinaan	[peɲhina'an]
despreciar (vt)	benci, membenci	[bentʃi], [membentʃi]
odio (m)	rasa benci	[rasa bentʃi]
odiar (vt)	membenci	[membentʃi]

nervioso (adj)	gugup, grogi	[gugup], [grogi]
estar nervioso	gugup, gelisah	[gugup], [gelisah]
enfadado (adj)	marah	[marah]
enfadar (vt)	membuat marah	[membuat marah]

humillación (f)	penghinaan	[peɲhina'an]
humillar (vt)	merendahkan	[merendahkan]
humillarse (vr)	merendahkan diri sendiri	[merendahkan diri sendiri]

choque (m)	keterkejutan	[keterkedʒutan]
chocar (vi)	mengejutkan	[məŋedʒutkan]
molestia (f) (problema)	kesulitan	[kesulitan]

desagradable (adj)	tidak menyenangkan	[tida' menjenaŋkan]
miedo (m)	ketakutan	[ketakutan]
terrible (tormenta, etc.)	dahsyat	[dahʃat]
de miedo (historia ~)	menakutkan	[mənakutkan]
horror (m)	horor, ketakutan	[horor], [ketakutan]
horrible (adj)	buruk, parah	[buruk], [parah]

empezar a temblar	gemetar	[gemetar]
llorar (vi)	menangis	[mənaŋis]
comenzar a llorar	menangis	[mənaŋis]
lágrima (f)	air mata	[air mata]

culpa (f)	kesalahan	[kesalahan]
remordimiento (m)	rasa bersalah	[rasa bərsalah]
deshonra (f)	aib	[aib]
protesta (f)	protes	[protes]
estrés (m)	stres	[stres]

molestar (vt)	mengganggu	[məŋgaŋgu]
estar furioso	marah	[marah]
enfadado (adj)	marah	[marah]
terminar (vt)	menghentikan	[məɲhentikan]
regañar (vt)	menyumpahi	[mənyumpahi]

asustarse (vr)	takut	[takut]
golpear (vt)	memukul	[memukul]
pelear (vi)	berkelahi	[bərkelahi]

resolver (~ la discusión)	menyelesaikan	[mənjelesajkan] ·
descontento (adj)	tidak puas	[tida' puas]
furioso (adj)	garam	[garam]

| ¡No está bien! | Tidak baik! | [tida' bai'!] |
| ¡Está mal! | Jelek! Buruk! | [dʒielek'!], [buru'!] |

La medicina

71. Las enfermedades

enfermedad (f)	penyakit	[penjakit]
estar enfermo	sakit	[sakit]
salud (f)	kesehatan	[kesehatan]
resfriado (m) (coriza)	hidung meler	[hiduŋ meler]
angina (f)	radang tonsil	[radaŋ tonsil]
resfriado (m)	pilek, selesma	[pilek], [selesma]
resfriarse (vr)	masuk angin	[masu' aŋin]
bronquitis (f)	bronkitis	[bronkitis]
pulmonía (f)	radang paru-paru	[radaŋ paru-paru]
gripe (f)	flu	[flu]
miope (adj)	rabun jauh	[rabun dʒiauh]
présbita (adj)	rabun dekat	[rabun dekat]
estrabismo (m)	mata juling	[mata dʒiuliŋ]
estrábico (m) (adj)	bermata juling	[bermata dʒiuliŋ]
catarata (f)	katarak	[katara']
glaucoma (m)	glaukoma	[glaukoma]
insulto (m)	stroke	[stroke]
ataque (m) cardiaco	infark	[infar']
infarto (m) de miocardio	serangan jantung	[seraŋan dʒiantuŋ]
parálisis (f)	kelumpuhan	[kelumpuhan]
paralizar (vt)	melumpuhkan	[melumpuhkan]
alergia (f)	alergi	[alergi]
asma (f)	asma	[asma]
diabetes (f)	diabetes	[diabetes]
dolor (m) de muelas	sakit gigi	[sakit gigi]
caries (f)	karies	[karies]
diarrea (f)	diare	[diare]
estreñimiento (m)	konstipasi, sembelit	[konstipasi], [sembelit]
molestia (f) estomacal	gangguan pencernaan	[gaŋuan pentʃarna'an]
envenenamiento (m)	keracunan makanan	[keratʃunan makanan]
envenenarse (vr)	keracunan makanan	[keratʃunan makanan]
artritis (f)	artritis	[artritis]
raquitismo (m)	rakitis	[rakitis]
reumatismo (m)	rematik	[remati']
ateroesclerosis (f)	aterosklerosis	[aterosklerosis]
gastritis (f)	radang perut	[radaŋ perut]
apendicitis (f)	apendisitis	[apendisitis]

| colecistitis (f) | radang pundi empedu | [radaŋ pundi empedu] |
| úlcera (f) | tukak lambung | [tuka' lambuŋ] |

sarampión (m)	penyakit campak	[penjakit ʧampa']
rubeola (f)	penyakit campak Jerman	[penjakit ʧampa' dʒ'erman]
ictericia (f)	sakit kuning	[sakit kuniŋ]
hepatitis (f)	hepatitis	[hepatitis]

esquizofrenia (f)	skizofrenia	[skizofrenia]
rabia (f) (hidrofobia)	rabies	[rabies]
neurosis (f)	neurosis	[neurosis]
conmoción (f) cerebral	gegar otak	[gegar ota']

cáncer (m)	kanker	[kanker]
esclerosis (f)	sklerosis	[sklerosis]
esclerosis (m) múltiple	sklerosis multipel	[sklerosis multipel]

alcoholismo (m)	alkoholisme	[alkoholisme]
alcohólico (m)	alkoholik	[alkoholi']
sífilis (f)	sifilis	[sifilis]
SIDA (m)	AIDS	[ajds]

tumor (m)	tumor	[tumor]
maligno (adj)	ganas	[ganas]
benigno (adj)	jinak	[dʒina']

fiebre (f)	demam	[demam]
malaria (f)	malaria	[malaria]
gangrena (f)	gangren	[gaŋren]
mareo (m)	mabuk laut	[mabu' laut]
epilepsia (f)	epilepsi	[epilepsi]

epidemia (f)	epidemi	[epidemi]
tifus (m)	tifus	[tifus]
tuberculosis (f)	tuberkulosis	[tuberkulosis]
cólera (f)	kolera	[kolera]
peste (f)	penyakit pes	[penjakit pes]

72. Los síntomas. Los tratamientos. Unidad 1

síntoma (m)	gejala	[gedʒ'ala]
temperatura (f)	temperatur, suhu	[temperatur], [suhu]
fiebre (f)	temperatur tinggi	[temperatur tiŋgi]
pulso (m)	denyut nadi	[denyut nadi]

mareo (m) (vértigo)	rasa pening	[rasa peniŋ]
caliente (adj)	panas	[panas]
escalofrío (m)	menggigil	[məŋgigil]
pálido (adj)	pucat	[puʧat]

tos (f)	batuk	[batu']
toser (vi)	batuk	[batu']
estornudar (vi)	bersin	[bersin]
desmayo (m)	pingsan	[piŋsan]

69

desmayarse (vr)	**jatuh pingsan**	[ʤatuh piŋsan]
moradura (f)	**luka memar**	[luka memar]
chichón (m)	**bengkak**	[beŋkaʔ]
golpearse (vr)	**terantuk**	[tərantuʔ]
magulladura (f)	**luka memar**	[luka memar]
magullarse (vr)	**kena luka memar**	[kena luka memar]
cojear (vi)	**pincang**	[pintʃaŋ]
dislocación (f)	**keseleo**	[keseleo]
dislocar (vt)	**keseleo**	[keseleo]
fractura (f)	**fraktura, patah tulang**	[fraktura], [patah tulaŋ]
tener una fractura	**patah tulang**	[patah tulaŋ]
corte (m) (tajo)	**teriris**	[təriris]
cortarse (vr)	**teriris**	[təriris]
hemorragia (f)	**perdarahan**	[pərdarahan]
quemadura (f)	**luka bakar**	[luka bakar]
quemarse (vr)	**menderita luka bakar**	[mənderita luka bakar]
pincharse (~ el dedo)	**menusuk**	[mənusuʔ]
pincharse (vr)	**tertusuk**	[tərtusuʔ]
herir (vt)	**melukai**	[melukaj]
herida (f)	**cedera**	[tʃedera]
lesión (f) (herida)	**luka**	[luka]
trauma (m)	**trauma**	[trauma]
delirar (vi)	**mengigau**	[məŋigau]
tartamudear (vi)	**gagap**	[gagap]
insolación (f)	**sengatan matahari**	[səŋatan matahari]

73. Los síntomas. Los tratamientos. Unidad 2

dolor (m)	**sakit**	[sakit]
astilla (f)	**selumbar**	[selumbar]
sudor (m)	**keringat**	[keriŋat]
sudar (vi)	**berkeringat**	[bərkeriŋat]
vómito (m)	**muntah**	[muntah]
convulsiones (f pl)	**kram**	[kram]
embarazada (adj)	**hamil**	[hamil]
nacer (vi)	**lahir**	[lahir]
parto (m)	**persalinan**	[pərsalinan]
dar a luz	**melahirkan**	[melahirkan]
aborto (m)	**aborsi**	[aborsi]
respiración (f)	**pernapasan**	[pərnapasan]
inspiración (f)	**tarikan napas**	[tarikan napas]
espiración (f)	**napas keluar**	[napas keluar]
espirar (vi)	**mengembuskan napas**	[məŋembuskan napas]
inspirar (vi)	**menarik napas**	[mənariʔ napas]
inválido (m)	**penderita cacat**	[penderita tʃatʃat]
mutilado (m)	**penderita cacat**	[penderita tʃatʃat]

drogadicto (m)	pecandu narkoba	[peʧandu narkoba]
sordo (adj)	tunarungu	[tunaruŋu]
mudo (adj)	tunawicara	[tunawiʧara]
sordomudo (adj)	tunarungu-wicara	[tunaruŋu-wiʧara]

loco (adj)	gila	[gila]
loco (m)	lelaki gila	[lelaki gila]
loca (f)	perempuan gila	[pərempuan gila]
volverse loco	menggila	[məŋgila]

gen (m)	gen	[gen]
inmunidad (f)	imunitas	[imunitas]
hereditario (adj)	turun-temurun	[turun-temurun]
de nacimiento (adj)	bawaan	[bawaʼan]

virus (m)	virus	[virus]
microbio (m)	mikroba	[mikroba]
bacteria (f)	bakteri	[bakteri]
infección (f)	infeksi	[infeksi]

74. Los síntomas. Los tratamientos. Unidad 3

| hospital (m) | rumah sakit | [rumah sakit] |
| paciente (m) | pasien | [pasien] |

diagnosis (f)	diagnosis	[diagnosis]
cura (f)	perawatan	[pərawatan]
tratamiento (m)	pengobatan medis	[peŋobatan medis]
curarse (vr)	berobat	[bərobat]
tratar (vt)	merawat	[merawat]
cuidar (a un enfermo)	merawat	[merawat]
cuidados (m pl)	pengasuhan	[peŋasuhan]

operación (f)	operasi, pembedahan	[operasi], [pembedahan]
vendar (vt)	membalut	[membalut]
vendaje (m)	pembalutan	[pembalutan]

vacunación (f)	vaksinasi	[vaksinasi]
vacunar (vt)	memvaksinasi	[memvaksinasi]
inyección (f)	suntikan	[suntikan]
aplicar una inyección	menyuntik	[mənyuntiʼ]

ataque (m)	serangan	[seraŋan]
amputación (f)	amputasi	[amputasi]
amputar (vt)	mengamputasi	[məŋamputasi]
coma (m)	koma	[koma]
estar en coma	dalam keadaan koma	[dalam keadaʼan koma]
revitalización (f)	perawatan intensif	[pərawatan intensif]

recuperarse (vr)	sembuh	[sembuh]
estado (m) (de salud)	keadaan	[keadaʼan]
consciencia (f)	kesadaran	[kesadaran]
memoria (f)	memori, daya ingat	[memori], [daja iŋat]
extraer (un diente)	mencabut	[mənʧabut]

| empaste (m) | tambalan | [tambalan] |
| empastar (vt) | menambal | [mənambal] |

| hipnosis (f) | hipnosis | [hipnosis] |
| hipnotizar (vt) | menghipnosis | [məŋhipnosis] |

75. Los médicos

médico (m)	dokter	[dokter]
enfermera (f)	suster, juru rawat	[suster], [dʒ'uru rawat]
médico (m) personal	dokter pribadi	[dokter pribadi]

dentista (m)	dokter gigi	[dokter gigi]
oftalmólogo (m)	dokter mata	[dokter mata]
internista (m)	ahli penyakit dalam	[ahli penjakit dalam]
cirujano (m)	dokter bedah	[dokter bedah]

psiquiatra (m)	psikiater	[psikiater]
pediatra (m)	dokter anak	[dokter ana']
psicólogo (m)	psikolog	[psikolog]
ginecólogo (m)	ginekolog	[ginekolog]
cardiólogo (m)	kardiolog	[kardiolog]

76. La medicina. Las drogas. Los accesorios

medicamento (m), droga (f)	obat	[obat]
remedio (m)	obat	[obat]
prescribir (vt)	meresepkan	[meresepkan]
receta (f)	resep	[resep]

tableta (f)	pil, tablet	[pil], [tablet]
ungüento (m)	salep	[salep]
ampolla (f)	ampul	[ampul]
mixtura (f), mezcla (f)	obat cair	[obat tʃajr]
sirope (m)	sirop	[sirop]
píldora (f)	pil	[pil]
polvo (m)	bubuk	[bubu']

venda (f)	perban	[perban]
algodón (m) (discos de ~)	kapas	[kapas]
yodo (m)	iodium	[iodium]

tirita (f), curita (f)	plester obat	[plester obat]
pipeta (f)	tetes mata	[tetes mata]
termómetro (m)	termometer	[tərmometər]
jeringa (f)	alat suntik	[alat sunti']

| silla (f) de ruedas | kursi roda | [kursi roda] |
| muletas (f pl) | kruk | [kru'] |

| anestésico (m) | obat bius | [obat bius] |
| purgante (m) | laksatif, obat pencuci perut | [laksatif], [obat pentʃutʃi pərut] |

alcohol (m)	spiritus, alkohol	[spiritus], [alkohol]
hierba (f) medicinal	tanaman obat	[tanaman obat]
de hierbas (té ~)	herbal	[herbal]

77. El tabaquismo. Los productos del tabaco

tabaco (m)	tembakau	[tembakau]
cigarrillo (m)	rokok	[roko⁷]
cigarro (m)	cerutu	[ʧerutu]
pipa (f)	pipa	[pipa]
paquete (m)	bungkus	[buŋkus]

cerillas (f pl)	korek api	[kore⁷ api]
caja (f) de cerillas	kotak korek api	[kota⁷ kore⁷ api]
encendedor (m)	pemantik	[pemanti⁷]
cenicero (m)	asbak	[asba⁷]
pitillera (f)	selepa	[selepa]

| boquilla (f) | pemegang rokok | [pemegaŋ roko⁷] |
| filtro (m) | filter | [filter] |

fumar (vi, vt)	merokok	[meroko⁷]
encender un cigarrillo	menyulut rokok	[mənyulut roko⁷]
tabaquismo (m)	merokok	[meroko⁷]
fumador (m)	perokok	[pəroko⁷]

colilla (f)	puntung rokok	[puntuŋ roko⁷]
humo (m)	asap	[asap]
ceniza (f)	abu	[abu]

EL AMBIENTE HUMANO

La ciudad

78. La ciudad. La vida en la ciudad

ciudad (f)	kota	[kota]
capital (f)	ibu kota	[ibu kota]
aldea (f)	desa	[desa]
plano (m) de la ciudad	peta kota	[peta kota]
centro (m) de la ciudad	pusat kota	[pusat kota]
suburbio (m)	pinggir kota	[piŋgir kota]
suburbano (adj)	pinggir kota	[piŋgir kota]
arrabal (m)	pinggir	[piŋgir]
afueras (f pl)	daerah sekitarnya	[daerah sekitarnja]
barrio (m)	blok	[bloʔ]
zona (f) de viviendas	blok perumahan	[bloʔ pərumahan]
tráfico (m)	lalu lintas	[lalu lintas]
semáforo (m)	lampu lalu lintas	[lampu lalu lintas]
transporte (m) urbano	angkot	[aŋkot]
cruce (m)	persimpangan	[pərsimpaŋan]
paso (m) de peatones	penyeberangan	[penjeberaŋan]
paso (m) subterráneo	terowongan penyeberangan	[tərowoŋan penjeberaŋan]
cruzar (vt)	menyeberang	[mənjeberaŋ]
peatón (m)	pejalan kaki	[pedʒ'alan kaki]
acera (f)	trotoar	[trotoar]
puente (m)	jembatan	[dʒ'embatan]
muelle (m)	tepi sungai	[tepi suŋaj]
fuente (f)	air mancur	[air mantʃur]
alameda (f)	jalan kecil	[dʒ'alan ketʃil]
parque (m)	taman	[taman]
bulevar (m)	bulevar, adimarga	[bulevar], [adimarga]
plaza (f)	lapangan	[lapaŋan]
avenida (f)	jalan raya	[dʒ'alan raja]
calle (f)	jalan	[dʒ'alan]
callejón (m)	gang	[gaŋ]
callejón (m) sin salida	jalan buntu	[dʒ'alan buntu]
casa (f)	rumah	[rumah]
edificio (m)	gedung	[geduŋ]
rascacielos (m)	pencakar langit	[pentʃakar laŋit]
fachada (f)	bagian depan	[bagian depan]

techo (m)	atap	[atap]
ventana (f)	jendela	[dʒiendela]
arco (m)	lengkungan	[leŋkuŋan]
columna (f)	pilar	[pilar]
esquina (f)	sudut	[sudut]
escaparate (f)	etalase	[etalase]
letrero (m) (~ luminoso)	papan nama	[papan nama]
cartel (m)	poster	[poster]
cartel (m) publicitario	poster iklan	[poster iklan]
valla (f) publicitaria	papan iklan	[papan iklan]
basura (f)	sampah	[sampah]
cajón (m) de basura	tong sampah	[toŋ sampah]
tirar basura	menyampah	[mənjampah]
basurero (m)	tempat pemrosesan akhir (TPA)	[tempat pemrosesan ahir]
cabina (f) telefónica	gardu telepon umum	[gardu telepon umum]
farola (f)	tiang lampu	[tiaŋ lampu]
banco (m) (del parque)	bangku	[baŋku]
policía (m)	polisi	[polisi]
policía (f) (~ nacional)	polisi, kepolisian	[polisi], [kepolisian]
mendigo (m)	pengemis	[peŋemis]
persona (f) sin hogar	tuna wisma	[tuna wisma]

79. Las instituciones urbanas

tienda (f)	toko	[toko]
farmacia (f)	apotek, toko obat	[apotek], [toko obat]
óptica (f)	optik	[optiʔ]
centro (m) comercial	toserba	[toserba]
supermercado (m)	pasar swalayan	[pasar swalajan]
panadería (f)	toko roti	[toko roti]
panadero (m)	pembuat roti	[pembuat roti]
pastelería (f)	toko kue	[toko kue]
tienda (f) de comestibles	toko pangan	[toko paŋan]
carnicería (f)	toko daging	[toko dagiŋ]
verdulería (f)	toko sayur	[toko sajur]
mercado (m)	pasar	[pasar]
cafetería (f)	warung kopi	[waruŋ kopi]
restaurante (m)	restoran	[restoran]
cervecería (f)	kedai bir	[kedaj bir]
pizzería (f)	kedai piza	[kedaj piza]
peluquería (f)	salon rambut	[salon rambut]
oficina (f) de correos	kantor pos	[kantor pos]
tintorería (f)	penatu kimia	[penatu kimia]
estudio (m) fotográfico	studio foto	[studio foto]
zapatería (f)	toko sepatu	[toko sepatu]

librería (f)	toko buku	[toko buku]
tienda (f) deportiva	toko alat olahraga	[toko alat olahraga]
arreglos (m pl) de ropa	reparasi pakaian	[reparasi pakajan]
alquiler (m) de ropa	rental pakaian	[rental pakajan]
videoclub (m)	rental film	[rental film]
circo (m)	sirkus	[sirkus]
zoológico (m)	kebun binatang	[kebun binataŋ]
cine (m)	bioskop	[bioskop]
museo (m)	museum	[museum]
biblioteca (f)	perpustakaan	[pərpustaka'an]
teatro (m)	teater	[teater]
ópera (f)	opera	[opera]
club (m) nocturno	klub malam	[klub malam]
casino (m)	kasino	[kasino]
mezquita (f)	masjid	[masdʒid]
sinagoga (f)	sinagoga, kanisah	[sinagoga], [kanisah]
catedral (f)	katedral	[katedral]
templo (m)	kuil, candi	[kuil], [tʃandi]
iglesia (f)	gereja	[geredʒʲa]
instituto (m)	institut, perguruan tinggi	[institut], [pərguruan tiŋgi]
universidad (f)	universitas	[universitas]
escuela (f)	sekolah	[sekolah]
prefectura (f)	prefektur, distrik	[prefektur], [distri']
alcaldía (f)	balai kota	[balaj kota]
hotel (m)	hotel	[hotel]
banco (m)	bank	[ban']
embajada (f)	kedutaan besar	[keduta'an besar]
agencia (f) de viajes	kantor pariwisata	[kantor pariwisata]
oficina (f) de información	kantor penerangan	[kantor peneraŋan]
oficina (f) de cambio	kantor penukaran uang	[kantor penukaran uaŋ]
metro (m)	kereta api bawah tanah	[kereta api bawah tanah]
hospital (m)	rumah sakit	[rumah sakit]
gasolinera (f)	SPBU, stasiun bensin	[es-pe-be-u], [stasjun bensin]
aparcamiento (m)	tempat parkir	[tempat parkir]

80. Los avisos

letrero (m) (~ luminoso)	papan nama	[papan nama]
cartel (m) (texto escrito)	tulisan	[tulisan]
pancarta (f)	poster	[poster]
señal (m) de dirección	penunjuk arah	[penundʒʲu' arah]
flecha (f) (signo)	anak panah	[ana' panah]
advertencia (f)	peringatan	[pəriŋatan]
aviso (m)	tanda peringatan	[tanda pəriŋatan]

advertir (vt)	memperingatkan	[memperiŋatkan]
día (m) de descanso	hari libur	[hari libur]
horario (m)	jadwal	[dʒ'adwal]
horario (m) de apertura	jam buka	[dʒ'am buka]

¡BIENVENIDOS!	SELAMAT DATANG!	[selamat dataŋ!]
ENTRADA	MASUK	[masu']
SALIDA	KELUAR	[keluar]

EMPUJAR	DORONG	[doroŋ]
TIRAR	TARIK	[tari']
ABIERTO	BUKA	[buka]
CERRADO	TUTUP	[tutup]

| MUJERES | WANITA | [wanita] |
| HOMBRES | PRIA | [pria] |

REBAJAS	DISKON	[diskon]
SALDOS	OBRAL	[obral]
NOVEDAD	BARU!	[baru!]
GRATIS	GRATIS	[gratis]

¡ATENCIÓN!	PERHATIAN!	[pərhatian!]
COMPLETO	PENUH	[penuh]
RESERVADO	DIRESERVASI	[direservasi]

| ADMINISTRACIÓN | ADMINISTRASI | [administrasi] |
| SÓLO PERSONAL AUTORIZADO | KHUSUS STAF | [husus staf] |

CUIDADO CON EL PERRO	AWAS, ANJING GALAK!	[awas], [andʒiŋ gala'!]
PROHIBIDO FUMAR	DILARANG MEROKOK!	[dilaraŋ meroko'!]
NO TOCAR	JANGAN SENTUH!	[dʒ'aŋan sentuh!]

PELIGROSO	BERBAHAYA	[bərbahaja]
PELIGRO	BAHAYA	[bahaja]
ALTA TENSIÓN	TEGANGAN TINGGI	[tegaŋan tiŋgi]
PROHIBIDO BAÑARSE	DILARANG BERENANG!	[dilaraŋ bərenaŋ!]
NO FUNCIONA	RUSAK	[rusa']

INFLAMABLE	BAHAN MUDAH TERBAKAR	[bahan mudah tərbakar]
PROHIBIDO	DILARANG	[dilaraŋ]
PROHIBIDO EL PASO	DILARANG MASUK!	[dilaraŋ masu'!]
RECIÉN PINTADO	AWAS CAT BASAH	[awas tʃat basah]

81. El transporte urbano

autobús (m)	bus	[bus]
tranvía (m)	trem	[trem]
trolebús (m)	bus listrik	[bus listri']
itinerario (m)	trayek	[trae']
número (m)	nomor	[nomor]
ir en …	naik …	[nai' …]

tomar (~ el autobús)	naik	[nai?]
bajar (~ del tren)	turun …	[turun …]

parada (f)	halte, pemberhentian	[halte], [pemberhentian]
próxima parada (f)	halte berikutnya	[halte bərikutnja]
parada (f) final	halte terakhir	[halte tərahir]
horario (m)	jadwal	[dʒʲadwal]
esperar (aguardar)	menunggu	[mənuŋgu]

billete (m)	tiket	[tiket]
precio (m) del billete	harga karcis	[harga kartʃis]

cajero (m)	kasir	[kasir]
control (m) de billetes	pemeriksaan tiket	[pemeriksa'an tiket]
revisor (m)	kondektur	[kondektur]

llegar tarde (vi)	terlambat …	[tərlambat …]
perder (~ el tren)	ketinggalan	[ketiŋgalan]
tener prisa	tergesa-gesa	[tərgesa-gesa]

taxi (m)	taksi	[taksi]
taxista (m)	sopir taksi	[sopir taksi]
en taxi	naik taksi	[nai? taksi]
parada (f) de taxi	pangkalan taksi	[paŋkalan taksi]
llamar un taxi	memanggil taksi	[memaŋgil taksi]
tomar un taxi	menaiki taksi	[mənajki taksi]

tráfico (m)	lalu lintas	[lalu lintas]
atasco (m)	kemacetan lalu lintas	[kematʃetan lalu lintas]
horas (f pl) de punta	jam sibuk	[dʒʲam sibu?]
aparcar (vi)	parkir	[parkir]
aparcar (vt)	memarkir	[memarkir]
aparcamiento (m)	tempat parkir	[tempat parkir]

metro (m)	kereta api bawah tanah	[kereta api bawah tanah]
estación (f)	stasiun	[stasiun]
ir en el metro	naik kereta api bawah tanah	[nai? kereta api bawah tanah]
tren (m)	kereta api	[kereta api]
estación (f)	stasiun kereta api	[stasiun kereta api]

82. El turismo. La excursión

monumento (m)	monumen, patung	[monumen], [patuŋ]
fortaleza (f)	benteng	[benteŋ]
palacio (m)	istana	[istana]
castillo (m)	kastil	[kastil]
torre (f)	menara	[mənara]
mausoleo (m)	mausoleum	[mausoleum]

arquitectura (f)	arsitektur	[arsitektur]
medieval (adj)	abad pertengahan	[abad pərteŋahan]
antiguo (adj)	kuno	[kuno]
nacional (adj)	nasional	[nasional]

conocido (adj)	terkenal	[tərkenal]
turista (m)	turis, wisatawan	[turis], [wisatawan]
guía (m) (persona)	pemandu wisata	[pemandu wisata]
excursión (f)	ekskursi	[ekskursi]
mostrar (vt)	menunjukkan	[mənundʒʲuˀkan]
contar (una historia)	menceritakan	[mənt͡ʃeritakan]

encontrar (hallar)	mendapatkan	[məndapatkan]
perderse (vr)	tersesat	[tərsesat]
plano (m) (~ de metro)	denah	[denah]
mapa (m) (~ de la ciudad)	peta	[peta]

recuerdo (m)	suvenir	[suvenir]
tienda (f) de regalos	toko suvenir	[toko suvenir]
hacer fotos	memotret	[memotret]
fotografiarse (vr)	berfoto	[bərfoto]

83. Las compras

comprar (vt)	membeli	[membeli]
compra (f)	belanjaan	[belandʒʲaˀan]
hacer compras	berbelanja	[bərbelandʒʲa]
compras (f pl)	berbelanja	[bərbelandʒʲa]

| estar abierto (tienda) | buka | [buka] |
| estar cerrado | tutup | [tutup] |

calzado (m)	sepatu	[sepatu]
ropa (f)	pakaian	[pakajan]
cosméticos (m pl)	kosmetik	[kosmetiˀ]
productos alimenticios	produk makanan	[produˀ makanan]
regalo (m)	hadiah	[hadiah]

| vendedor (m) | pramuniaga | [pramuniaga] |
| vendedora (f) | pramuniaga perempuan | [pramuniaga pərempuan] |

caja (f)	kas	[kas]
espejo (m)	cermin	[t͡ʃermin]
mostrador (m)	konter	[konter]
probador (m)	kamar pas	[kamar pas]

probar (un vestido)	mengepas	[məŋepas]
quedar (una ropa, etc.)	pas, cocok	[pas], [t͡ʃot͡ʃoˀ]
gustar (vi)	suka	[suka]

precio (m)	harga	[harga]
etiqueta (f) de precio	label harga	[label harga]
costar (vt)	berharga	[bərharga]
¿Cuánto?	Berapa?	[bərapa?]
descuento (m)	diskon	[diskon]

no costoso (adj)	tidak mahal	[tidaˀ mahal]
barato (adj)	murah	[murah]
caro (adj)	mahal	[mahal]

Es caro	Ini mahal	[ini mahal]
alquiler (m)	rental, persewaan	[rental], [pərsewa'an]
alquilar (vt)	menyewa	[mənjewa]
crédito (m)	kredit	[kredit]
a crédito (adv)	secara kredit	[setʃara kredit]

84. El dinero

dinero (m)	uang	[uaŋ]
cambio (m)	pertukaran mata uang	[pərtukaran mata uaŋ]
curso (m)	nilai tukar	[nilaj tukar]
cajero (m) automático	Anjungan Tunai Mandiri, ATM	[andʒʲuŋan tunaj mandiri], [a-te-em]
moneda (f)	koin	[koin]

dólar (m)	dolar	[dolar]
euro (m)	euro	[euro]

lira (f)	lira	[lira]
marco (m) alemán	Mark Jerman	[mar' dʒʲerman]
franco (m)	franc	[frantʃ]
libra esterlina (f)	poundsterling	[paundsterliŋ]
yen (m)	yen	[yen]

deuda (f)	utang	[utaŋ]
deudor (m)	pengutang	[pəŋutaŋ]
prestar (vt)	meminjamkan	[memindʒʲamkan]
tomar prestado	meminjam	[memindʒʲam]

banco (m)	bank	[ban']
cuenta (f)	rekening	[rekeniŋ]
ingresar (~ en la cuenta)	memasukkan	[memasu'kan]
ingresar en la cuenta	memasukkan ke rekening	[memasu'kan ke rekeniŋ]
sacar de la cuenta	menarik uang	[mənari' uaŋ]

tarjeta (f) de crédito	kartu kredit	[kartu kredit]
dinero (m) en efectivo	uang kontan, uang tunai	[uaŋ kontan], [uaŋ tunaj]
cheque (m)	cek	[tʃe']
sacar un cheque	menulis cek	[mənulis tʃe']
talonario (m)	buku cek	[buku tʃe']

cartera (f)	dompet	[dompet]
monedero (m)	dompet, pundi-pundi	[dompet], [pundi-pundi]
caja (f) fuerte	brankas	[brankas]

heredero (m)	pewaris	[pewaris]
herencia (f)	warisan	[warisan]
fortuna (f)	kekayaan	[kekaja'an]

arriendo (m)	sewa	[sewa]
alquiler (m) (dinero)	uang sewa	[uaŋ sewa]
alquilar (~ una casa)	menyewa	[mənjewa]
precio (m)	harga	[harga]
coste (m)	harga	[harga]

suma (f)	jumlah	[dʒ	umlah]
gastar (vt)	menghabiskan	[mənhabiskan]
gastos (m pl)	ongkos	[oŋkos]
economizar (vi, vt)	menghemat	[mənhemat]
económico (adj)	hemat	[hemat]

pagar (vi, vt)	membayar	[membajar]
pago (m)	pembayaran	[pembajaran]
cambio (m) (devolver el ~)	kembalian	[kembalian]

impuesto (m)	pajak	[padʒ	a']
multa (f)	denda	[denda]
multar (vt)	mendenda	[məndenda]

85. La oficina de correos

oficina (f) de correos	kantor pos	[kantor pos]
correo (m) (cartas, etc.)	surat	[surat]
cartero (m)	tukang pos	[tukaŋ pos]
horario (m) de apertura	jam buka	[dʒ|am buka]

carta (f)	surat	[surat]
carta (f) certificada	surat tercatat	[surat tərtʃatat]
tarjeta (f) postal	kartu pos	[kartu pos]
telegrama (m)	telegram	[telegram]
paquete (m) postal	parsel, paket pos	[parsel], [paket pos]
giro (m) postal	wesel pos	[wesel pos]

recibir (vt)	menerima	[mənerima]
enviar (vt)	mengirim	[məŋirim]
envío (m)	pengiriman	[peŋiriman]

dirección (f)	alamat	[alamat]
código (m) postal	kode pos	[kode pos]
expedidor (m)	pengirim	[peŋirim]
destinatario (m)	penerima	[penerima]

| nombre (m) | nama | [nama] |
| apellido (m) | nama keluarga | [nama keluarga] |

tarifa (f)	tarif	[tarif]
ordinario (adj)	biasa, standar	[biasa], [standar]
económico (adj)	ekonomis	[ekonomis]

peso (m)	berat	[berat]
pesar (~ una carta)	menimbang	[mənimbaŋ]
sobre (m)	amplop	[amplop]
sello (m)	prangko	[praŋko]
poner un sello	menempelkan prangko	[mənempelkan praŋko]

La vivienda. La casa. El hogar

86. La casa. La vivienda

casa (f)	rumah	[rumah]
en casa (adv)	di rumah	[di rumah]
patio (m)	pekarangan	[pekaraŋan]
verja (f)	pagar	[pagar]
ladrillo (m)	bata, batu bata	[bata], [batu bata]
de ladrillo (adj)	bata, batu bata	[bata], [batu bata]
piedra (f)	batu	[batu]
de piedra (adj)	batu	[batu]
hormigón (m)	beton	[beton]
de hormigón (adj)	beton	[beton]
nuevo (adj)	baru	[baru]
viejo (adj)	tua	[tua]
deteriorado (adj)	reyot	[reyot]
moderno (adj)	modern	[modern]
de muchos pisos	susun	[susun]
alto (adj)	tinggi	[tiŋgi]
piso (m), planta (f)	lantai	[lantaj]
de una sola planta	berlantai satu	[bərlantaj satu]
piso (m) bajo	lantai bawah	[lantaj bawah]
piso (m) alto	lantai atas	[lantaj atas]
techo (m)	atap	[atap]
chimenea (f)	cerobong	[tʃeroboŋ]
tejas (f pl)	genting	[gentiŋ]
de tejas (adj)	bergenting	[bərgentiŋ]
desván (m)	loteng	[loteŋ]
ventana (f)	jendela	[dʒ'endela]
vidrio (m)	kaca	[katʃa]
alféizar (m)	ambang jendela	[ambaŋ dʒ'endela]
contraventanas (f pl)	daun jendela	[daun dʒ'endela]
pared (f)	dinding	[dindiŋ]
balcón (m)	balkon	[balkon]
gotera (f)	pipa talang	[pipa talaŋ]
arriba (estar ~)	di atas	[di atas]
subir (vi)	naik	[nai']
descender (vi)	turun	[turun]
mudarse (vr)	pindah	[pindah]

87. La casa. La entrada. El ascensor

entrada (f)	pintu masuk	[pintu masuʔ]
escalera (f)	tangga	[taŋga]
escalones (m pl)	anak tangga	[anaʔ taŋga]
baranda (f)	pegangan tangan	[pegaŋan taŋan]
vestíbulo (m)	lobi, ruang depan	[lobi], [ruaŋ depan]
buzón (m)	kotak pos	[kotaʔ pos]
contenedor (m) de basura	tong sampah	[toŋ sampah]
bajante (f) de basura	saluran pembuangan sampah	[saluran pembuaŋan sampah]
ascensor (m)	elevator	[elevator]
ascensor (m) de carga	lift barang	[lift baraŋ]
cabina (f)	kabin lift	[kabin lift]
ir en el ascensor	naik elevator	[naiʔ elevator]
apartamento (m)	apartemen	[apartemen]
inquilinos (pl)	penghuni	[peɲhuni]
vecino (m)	tetangga	[tetaŋga]
vecina (f)	tetangga	[tetaŋga]
vecinos (pl)	para tetangga	[para tetaŋga]

88. La casa. La electricidad

electricidad (f)	listrik	[listriʔ]
bombilla (f)	bohlam	[bohlam]
interruptor (m)	sakelar	[sakelar]
fusible (m)	sekring	[sekriŋ]
cable, hilo (m)	kabel, kawat	[kabel], [kawat]
instalación (f) eléctrica	rangkaian kabel	[raŋkajan kabel]
contador (m) de luz	meteran listrik	[meteran listriʔ]
lectura (f) (~ del contador)	pencatatan	[pentʃatatan]

89. La casa. La puerta. La cerradura

puerta (f)	pintu	[pintu]
portón (m)	pintu gerbang	[pintu gerbaŋ]
tirador (m)	gagang pintu	[gagaŋ pintu]
abrir el cerrojo	membuka kunci	[membuka kuntʃi]
abrir (vt)	membuka	[membuka]
cerrar (vt)	menutup	[menutup]
llave (f)	kunci	[kuntʃi]
manojo (m) de llaves	serangkaian kunci	[seraŋkajan kuntʃi]
crujir (vi)	bergerit	[bergerit]
crujido (m)	gerit	[gerit]
gozne (m)	engsel	[eŋsel]
felpudo (m)	tikar	[tikar]

cerradura (f)	kunci pintu	[kunʧi pintu]
ojo (m) de cerradura	lubang kunci	[lubaŋ kunʧi]
cerrojo (m)	gerendel	[gerendel]
pestillo (m)	gerendel	[gerendel]
candado (m)	gembok	[gemboˀ]

tocar el timbre	membunyikan	[membunjikan]
campanillazo (m)	dering	[deriŋ]
timbre (m)	bel	[bel]
botón (m)	kenop	[kenop]
toque (m) a la puerta	ketukan	[ketukan]
tocar la puerta	mengetuk	[məŋetuˀ]

código (m)	kode	[kode]
cerradura (f) de contraseña	gembok berkode	[gemboˀ bərkode]
telefonillo (m)	interkom	[interkom]
número (m)	nomor	[nomor]
placa (f) de puerta	papan tanda	[papan tanda]
mirilla (f)	lubang intip	[lubaŋ intip]

90. La casa de campo

aldea (f)	desa	[desa]
huerta (f)	kebun sayur	[kebun sajur]
empalizada (f)	pagar	[pagar]
valla (f)	pagar	[pagar]
puertecilla (f)	pintu pagar	[pintu pagar]

granero (m)	lumbung	[lumbuŋ]
sótano (m)	kelder	[kelder]
cobertizo (m)	gubuk	[gubuˀ]
pozo (m)	sumur	[sumur]

estufa (f)	tungku	[tuŋku]
calentar la estufa	menyalakan tungku	[mənjalakan tuŋku]
leña (f)	kayu bakar	[kaju bakar]
leño (m)	potongan kayu bakar	[potoŋan kaju bakar]

veranda (f)	beranda	[bəranda]
terraza (f)	teras	[teras]
porche (m)	anjungan depan	[anʤⁱuŋan depan]
columpio (m)	ayunan	[ajunan]

91. La villa. La mansión

casa (f) de campo	rumah luar kota	[rumah luar kota]
villa (f)	vila	[vila]
ala (f)	sayap	[sajap]

jardín (m)	kebun	[kebun]
parque (m)	taman	[taman]
invernadero (m) tropical	rumah kaca	[rumah kaʧa]

cuidar (~ el jardín, etc.)	memelihara	[memelihara]
piscina (f)	kolam renang	[kolam renaŋ]
gimnasio (m)	gym	[dʒim]
cancha (f) de tenis	lapangan tenis	[lapaŋan tenis]
sala (f) de cine	bioskop rumah	[bioskop rumah]
garaje (m)	garasi	[garasi]
propiedad (f) privada	milik pribadi	[mili' pribadi]
terreno (m) privado	tanah pribadi	[tanah pribadi]
advertencia (f)	peringatan	[pəriŋatan]
letrero (m) de aviso	tanda peringatan	[tanda pəriŋatan]
seguridad (f)	keamanan	[keamanan]
guardia (m) de seguridad	satpam, pengawal	[satpam], [peŋawal]
alarma (f) antirrobo	alarm antirampok	[alarm antirampo']

92. El castillo. El palacio

castillo (m)	kastil	[kastil]
palacio (m)	istana	[istana]
fortaleza (f)	benteng	[bentəŋ]
muralla (f)	tembok	[tembo']
torre (f)	menara	[mənara]
torre (f) principal	menara utama	[mənara utama]
rastrillo (m)	jeruji pintu kota	[dʒʲerudʒi pintu kota]
pasaje (m) subterráneo	jalan bawah tanah	[dʒʲalan bawah tanah]
foso (m) del castillo	parit	[parit]
cadena (f)	rantai	[rantaj]
aspillera (f)	laras panah, lop panah	[laras panah], [lop panah]
magnífico (adj)	megah	[megah]
majestuoso (adj)	megah sekali	[megah sekali]
inexpugnable (adj)	sulit dicapai	[sulit ditʃapaj]
medieval (adj)	abad pertengahan	[abad pərteŋahan]

93. El apartamento

apartamento (m)	apartemen	[apartemen]
habitación (f)	kamar	[kamar]
dormitorio (m)	kamar tidur	[kamar tidur]
comedor (m)	ruang makan	[ruaŋ makan]
salón (m)	ruang tamu	[ruaŋ tamu]
despacho (m)	ruang kerja	[ruaŋ kerdʒʲa]
antecámara (f)	ruang depan	[ruaŋ depan]
cuarto (m) de baño	kamar mandi	[kamar mandi]
servicio (m)	kamar kecil	[kamar ketʃil]
techo (m)	plafon, langit-langit	[plafon], [laŋit-laŋit]
suelo (m)	lantai	[lantaj]
rincón (m)	sudut	[sudut]

94. El apartamento. La limpieza

hacer la limpieza	**membereskan**	[membereskan]
quitar (retirar)	**meletakkan**	[meletaˀkan]
polvo (m)	**debu**	[debu]
polvoriento (adj)	**debu**	[debu]
limpiar el polvo	**menyapu debu**	[mənjapu debu]
aspirador (m), aspiradora (f)	**pengisap debu**	[peɲisap debu]
limpiar con la aspiradora	**membersihkan dengan pengisap debu**	[membersihkan deŋan peɲisap debu]
barrer (vi, vt)	**menyapu**	[mənjapu]
barreduras (f pl)	**sampah**	[sampah]
orden (m)	**kerapian**	[kerapian]
desorden (m)	**berantakan**	[bərantakan]
fregona (f)	**kain pel**	[kain pel]
trapo (m)	**lap**	[lap]
escoba (f)	**sapu lidi**	[sapu lidi]
cogedor (m)	**pengki**	[peŋki]

95. Los muebles. El interior

muebles (m pl)	**mebel**	[mebel]
mesa (f)	**meja**	[medʒia]
silla (f)	**kursi**	[kursi]
cama (f)	**ranjang**	[randʒiaŋ]
sofá (m)	**dipan**	[dipan]
sillón (m)	**kursi malas**	[kursi malas]
librería (f)	**lemari buku**	[lemari buku]
estante (m)	**rak**	[raˀ]
armario (m)	**lemari pakaian**	[lemari pakajan]
percha (f)	**kapstok**	[kapstoˀ]
perchero (m) de pie	**kapstok berdiri**	[kapstoˀ bərdiri]
cómoda (f)	**lemari laci**	[lemari latʃi]
mesa (f) de café	**meja kopi**	[medʒia kopi]
espejo (m)	**cermin**	[tʃermin]
tapiz (m)	**permadani**	[pərmadani]
alfombra (f)	**karpet kecil**	[karpet ketʃil]
chimenea (f)	**perapian**	[pərapian]
vela (f)	**lilin**	[lilin]
candelero (m)	**kaki lilin**	[kaki lilin]
cortinas (f pl)	**gorden**	[gorden]
empapelado (m)	**kertas dinding**	[kertas dindiŋ]
estor (m) de láminas	**kerai**	[keraj]
lámpara (f) de mesa	**lampu meja**	[lampu medʒia]

aplique (m)	lampu dinding	[lampu dindiŋ]
lámpara (f) de pie	lampu lantai	[lampu lantaj]
lámpara (f) de araña	lampu bercabang	[lampu bərʧabaŋ]

pata (f) (~ de la mesa)	kaki	[kaki]
brazo (m)	lengan	[leŋan]
espaldar (m)	sandaran	[sandaran]
cajón (m)	laci	[laʧi]

96. Los accesorios de cama

ropa (f) de cama	kain kasur	[kain kasur]
almohada (f)	bantal	[bantal]
funda (f)	sarung bantal	[saruŋ bantal]
manta (f)	selimut	[selimut]
sábana (f)	seprai	[sepraj]
sobrecama (f)	selubung kasur	[selubuŋ kasur]

97. La cocina

cocina (f)	dapur	[dapur]
gas (m)	gas	[gas]
cocina (f) de gas	kompor gas	[kompor gas]
cocina (f) eléctrica	kompor listrik	[kompor listriʔ]
horno (m)	oven	[oven]
horno (m) microondas	microwave	[majkrowav]

frigorífico (m)	lemari es, kulkas	[lemari es], [kulkas]
congelador (m)	lemari pembeku	[lemari pembeku]
lavavajillas (m)	mesin pencuci piring	[mesin penʧuʧi piriŋ]

picadora (f) de carne	alat pelumat daging	[alat pelumat dagiŋ]
exprimidor (m)	mesin sari buah	[mesin sari buah]
tostador (m)	alat pemanggang roti	[alat pemaŋaŋ roti]
batidora (f)	pencampur	[penʧampur]

cafetera (f) (aparato de cocina)	mesin pembuat kopi	[mesin pembuat kopi]
cafetera (f) (para servir)	teko kopi	[teko kopi]
molinillo (m) de café	mesin penggiling kopi	[mesin peŋgiliŋ kopi]

hervidor (m) de agua	cerek	[ʧereʔ]
tetera (f)	teko	[teko]
tapa (f)	tutup	[tutup]
colador (m) de té	saringan teh	[sariŋan teh]

cuchara (f)	sendok	[sendoʔ]
cucharilla (f)	sendok teh	[sendo' teh]
cuchara (f) de sopa	sendok makan	[sendo' makan]
tenedor (m)	garpu	[garpu]
cuchillo (m)	pisau	[pisau]
vajilla (f)	piring mangkuk	[piriŋ maŋkuʔ]

| plato (m) | piring | [piriŋ] |
| platillo (m) | alas cangkir | [alas tʃaŋkir] |

vaso (m) de chupito	seloki	[seloki]
vaso (m) (~ de agua)	gelas	[gelas]
taza (f)	cangkir	[tʃaŋkir]

azucarera (f)	wadah gula	[wadah gula]
salero (m)	wadah garam	[wadah garam]
pimentero (m)	wadah merica	[wadah meritʃa]
mantequera (f)	wadah mentega	[wadah mentega]

cacerola (f)	panci	[pantʃi]
sartén (f)	kuali	[kuali]
cucharón (m)	sudu	[sudu]
colador (m)	saringan	[sariŋan]
bandeja (f)	talam	[talam]

botella (f)	botol	[botol]
tarro (m) de vidrio	gelas	[gelas]
lata (f)	kaleng	[kaleŋ]

abrebotellas (m)	pembuka botol	[pembuka botol]
abrelatas (m)	pembuka kaleng	[pembuka kaleŋ]
sacacorchos (m)	kotrek	[kotre']
filtro (m)	saringan	[sariŋan]
filtrar (vt)	saringan	[sariŋan]

| basura (f) | sampah | [sampah] |
| cubo (m) de basura | tong sampah | [toŋ sampah] |

98. El baño

cuarto (m) de baño	kamar mandi	[kamar mandi]
agua (f)	air	[air]
grifo (m)	keran	[keran]
agua (f) caliente	air panas	[air panas]
agua (f) fría	air dingin	[air diŋin]

pasta (f) de dientes	pasta gigi	[pasta gigi]
limpiarse los dientes	menggosok gigi	[məŋgoso' gigi]
cepillo (m) de dientes	sikat gigi	[sikat gigi]

afeitarse (vr)	bercukur	[bərtʃukur]
espuma (f) de afeitar	busa cukur	[busa tʃukur]
maquinilla (f) de afeitar	pisau cukur	[pisau tʃukur]

lavar (vt)	mencuci	[məntʃutʃi]
darse un baño	mandi	[mandi]
ducha (f)	pancuran	[pantʃuran]
darse una ducha	mandi pancuran	[mandi pantʃuran]

| bañera (f) | bak mandi | [ba' mandi] |
| inodoro (m) | kloset | [kloset] |

lavabo (m)	wastafel	[wastafel]
jabón (m)	sabun	[sabun]
jabonera (f)	wadah sabun	[wadah sabun]

esponja (f)	spons	[spons]
champú (m)	sampo	[sampo]
toalla (f)	handuk	[handuʔ]
bata (f) de baño	jubah mandi	[dʒˈubah mandi]

colada (f), lavado (m)	pencucian	[pentʃutʃian]
lavadora (f)	mesin cuci	[mesin tʃutʃi]
lavar la ropa	mencuci	[məntʃutʃi]
detergente (m) en polvo	deterjen cuci	[deterdʒˈen tʃutʃi]

99. Los aparatos domésticos

televisor (m)	pesawat TV	[pesawat ti-vi]
magnetófono (m)	alat perekam	[alat pərekam]
vídeo (m)	video, VCR	[vidio], [vi-si-er]
radio (m)	radio	[radio]
reproductor (m) (~ MP3)	pemutar	[pemutar]

proyector (m) de vídeo	proyektor video	[proektor video]
sistema (m) home cinema	bioskop rumah	[bioskop rumah]
reproductor (m) de DVD	pemutar DVD	[pemutar di-vi-di]
amplificador (m)	penguat	[peŋuat]
videoconsola (f)	konsol permainan video	[konsol pərmajnan video]

cámara (f) de vídeo	kamera video	[kamera video]
cámara (f) fotográfica	kamera	[kamera]
cámara (f) digital	kamera digital	[kamera digital]

aspirador (m), aspiradora (f)	pengisap debu	[peŋisap debu]
plancha (f)	setrika	[setrika]
tabla (f) de planchar	papan setrika	[papan setrika]
teléfono (m)	telepon	[telepon]
teléfono (m) móvil	ponsel	[ponsel]
máquina (f) de escribir	mesin ketik	[mesin ketiʔ]
máquina (f) de coser	mesin jahit	[mesin dʒˈahit]

micrófono (m)	mikrofon	[mikrofon]
auriculares (m pl)	headphone, fonkepala	[headphone], [fonkepala]
mando (m) a distancia	panel kendali	[panel kendali]

CD (m)	cakram kompak	[tʃakram kompaʔ]
casete (m)	kaset	[kaset]
disco (m) de vinilo	piringan hitam	[piriŋan hitam]

100. Los arreglos. La renovación

| renovación (f) | renovasi | [renovasi] |
| renovar (vt) | merenovasi | [merenovasi] |

reparar (vt)	mereparasi, memperbaiki	[mereparasi], [memperbajki]
poner en orden	membereskan	[membereskan]
rehacer (vt)	mengulangi	[məŋulaŋi]

pintura (f)	cat	[ʧat]
pintar (las paredes)	mengecat	[məŋeʧat]
pintor (m)	tukang cat	[tukaŋ ʧat]
brocha (f)	kuas	[kuas]

| cal (f) | cat kapur | [ʧat kapur] |
| encalar (vt) | mengapur | [məŋapur] |

empapelado (m)	kertas dinding	[kertas dindiŋ]
empapelar (vt)	memasang kertas dinding	[memasaŋ kertas dindiŋ]
barniz (m)	pernis	[pernis]
cubrir con barniz	memernis	[memernis]

101. La plomería

agua (f)	air	[air]
agua (f) caliente	air panas	[air panas]
agua (f) fría	air dingin	[air diŋin]
grifo (m)	keran	[keran]

gota (f)	tetes	[tetes]
gotear (el grifo)	menetes	[mənetes]
gotear (cañería)	bocor	[boʧor]
escape (m) de agua	kebocoran	[keboʧoran]
charco (m)	kubangan	[kubaŋan]

tubo (m)	pipa	[pipa]
válvula (f)	katup	[katup]
estar atascado	tersumbat	[tərsumbat]

instrumentos (m pl)	peralatan	[pəralatan]
llave (f) inglesa	kunci inggris	[kunʧi iŋgris]
destornillar (vt)	mengendurkan	[məŋendurkan]
atornillar (vt)	mengencangkan	[məŋenʧaŋkan]

desatascar (vt)	membersihkan	[membersihkan]
fontanero (m)	tukang pipa	[tukaŋ pipa]
sótano (m)	rubanah	[rubanah]
alcantarillado (m)	riol	[riol]

102. El fuego. El incendio

incendio (m)	kebakaran	[kebakaran]
llama (f)	nyala api	[njala api]
chispa (f)	percikan api	[pərʧikan api]
humo (m)	asap	[asap]
antorcha (f)	obor	[obor]
hoguera (f)	api unggun	[api uŋgun]

gasolina (f)	bensin	[bensin]
queroseno (m)	minyak tanah	[minja' tanah]
inflamable (adj)	mudah terbakar	[mudah tərbakar]
explosivo (adj)	mudah meledak	[mudah meleda']
PROHIBIDO FUMAR	DILARANG MEROKOK!	[dilaraŋ meroko'!]

seguridad (f)	keamanan	[keamanan]
peligro (m)	bahaya	[bahaja]
peligroso (adj)	berbahaya	[bərbahaja]

prenderse fuego	menyala	[mənjala]
explosión (f)	ledakan	[ledakan]
incendiar (vt)	membakar	[membakar]
incendiario (m)	pelaku pembakaran	[pelaku pembakaran]
incendio (m) provocado	pembakaran	[pembakaran]

estar en llamas	berkobar	[bərkobar]
arder (vi)	menyala	[mənjala]
incendiarse (vr)	terbakar	[tərbakar]

llamar a los bomberos	memanggil pemadam kebakaran	[memaŋgil pemadam kebakaran]
bombero (m)	pemadam kebakaran	[pemadam kebakaran]
coche (m) de bomberos	branwir	[branwir]
cuerpo (m) de bomberos	pemadam kebakaran	[pemadam kebakaran]
escalera (f) telescópica	tangga branwir	[taŋga branwir]

manguera (f)	selang pemadam	[selaŋ pemadam]
extintor (m)	pemadam api	[pemadam api]
casco (m)	helm	[helm]
sirena (f)	sirene	[sirene]

gritar (vi)	berteriak	[bərteria']
pedir socorro	meminta pertolongan	[meminta pərtoloŋan]
socorrista (m)	penyelamat	[penjelamat]
salvar (vt)	menyelamatkan	[mənjelamatkan]

llegar (vi)	datang	[dataŋ]
apagar (~ el incendio)	memadamkan	[memadamkan]
agua (f)	air	[air]
arena (f)	pasir	[pasir]

ruinas (f pl)	reruntuhan	[reruntuhan]
colapsarse (vr)	runtuh	[runtuh]
hundirse (vr)	roboh	[roboh]
derrumbarse (vr)	roboh	[roboh]

| trozo (m) (~ del muro) | serpihan | [serpihan] |
| ceniza (f) | abu | [abu] |

| morir asfixiado | mati lemas | [mati lemas] |
| perecer (vi) | mati, tewas | [mati], [tewas] |

LAS ACTIVIDADES DE LA GENTE

El trabajo. Los negocios. Unidad 1

103. La oficina. El trabajo de oficina

oficina (f)	kantor	[kantor]
despacho (m)	ruang kerja	[ruaŋ kerdʒ'a]
recepción (f)	resepsionis kantor	[resepsionis kantor]
secretario (m)	sekretaris	[sekretaris]
secretaria (f)	sekretaris	[sekretaris]
director (m)	direktur	[direktur]
manager (m)	manajer	[manadʒ'er]
contable (m)	akuntan	[akuntan]
colaborador (m)	karyawan	[karjawan]
muebles (m pl)	mebel	[mebel]
escritorio (m)	meja	[medʒ'a]
silla (f)	kursi malas	[kursi malas]
cajonera (f)	meja samping ranjang	[medʒ'a sampiŋ randʒ'aŋ]
perchero (m) de pie	kapstok berdiri	[kapsto' berdiri]
ordenador (m)	komputer	[komputer]
impresora (f)	printer, pencetak	[printer], [pentʃeta']
fax (m)	mesin faks	[mesin faks]
fotocopiadora (f)	mesin fotokopi	[mesin fotokopi]
papel (m)	kertas	[kertas]
papelería (f)	alat tulis kantor	[alat tulis kantor]
alfombrilla (f) para ratón	bantal tetikus	[bantal tetikus]
hoja (f) de papel	lembar	[lembar]
carpeta (f)	map	[map]
catálogo (m)	katalog	[katalog]
directorio (m) telefónico	buku telepon	[buku telepon]
documentación (f)	dokumentasi	[dokumentasi]
folleto (m)	brosur	[brosur]
prospecto (m)	selebaran	[selebaran]
muestra (f)	sampel, contoh	[sampel], [tʃontoh]
reunión (f) de formación	latihan	[latihan]
reunión (f)	rapat	[rapat]
pausa (f) del almuerzo	waktu makan siang	[waktu makan siaŋ]
hacer una copia	membuat salinan	[membuat salinan]
hacer copias	memperbanyak	[memperbanja']
recibir un fax	menerima faks	[mənerima faks]
enviar un fax	mengirim faks	[məŋirim faks]

llamar por teléfono	menelepon	[mənelepon]
responder (vi, vt)	menjawab	[mənʤawab]
poner en comunicación	menyambungkan	[mənjambuŋkan]

fijar (~ una reunión)	menetapkan	[mənetapkan]
demostrar (vt)	memeragakan	[memeragakan]
estar ausente	absen, tidak hadir	[absen], [tida' hadir]
ausencia (f)	absensi, ketidakhadiran	[absensi], [ketidahadiran]

104. Los procesos de negocio. Unidad 1

negocio (m), comercio (m)	bisnis	[bisnis]
ocupación (f)	urusan	[urusan]

firma (f)	firma	[firma]
compañía (f)	maskapai	[maskapaj]
corporación (f)	korporasi	[korporasi]
empresa (f)	perusahaan	[pərusaha'an]
agencia (f)	biro, kantor	[biro], [kantor]

acuerdo (m)	perjanjian	[pərʤanʤian]
contrato (m)	kontrak	[kontra']
trato (m), acuerdo (m)	transaksi	[transaksi]
pedido (m)	pesanan	[pesanan]
condición (f) del contrato	syarat	[ʃarat]

al por mayor (adv)	grosir	[grosir]
al por mayor (adj)	grosir	[grosir]
venta (f) al por mayor	penjualan grosir	[pənʤualan grosir]
al por menor (adj)	eceran	[etʃeran]
venta (f) al por menor	pengeceran	[pəŋetʃeran]

competidor (m)	kompetitor, pesaing	[kompetitor], [pesajŋ]
competencia (f)	kompetisi, persaingan	[kompetisi], [pərsajŋan]
competir (vi)	bersaing	[bərsajŋ]

socio (m)	mitra	[mitra]
sociedad (f)	kemitraan	[kemitra'an]

crisis (f)	krisis	[krisis]
bancarrota (f)	kebangkrutan	[kebaŋkrutan]
ir a la bancarrota	jatuh bangkrut	[ʤatuh baŋkrut]
dificultad (f)	kesukaran	[kesukaran]
problema (m)	masalah	[masalah]
catástrofe (f)	gagal total	[gagal total]

economía (f)	ekonomi	[ekonomi]
económico (adj)	ekonomi	[ekonomi]
recesión (f) económica	resesi ekonomi	[resesi ekonomi]

meta (f)	tujuan	[tuʤuan]
objetivo (m)	tugas	[tugas]
comerciar (vi)	berdagang	[bərdagaŋ]
red (f) (~ comercial)	jaringan	[ʤariŋan]

| existencias (f pl) | inventaris | [inventaris] |
| surtido (m) | penyortiran | [penjortiran] |

líder (m)	pemimpin	[pemimpin]
grande (empresa ~)	besar	[besar]
monopolio (m)	monopoli	[monopoli]

teoría (f)	teori	[teori]
práctica (f)	praktik	[prakti']
experiencia (f)	pengalaman	[peŋalaman]
tendencia (f)	tendensi	[tendensi]
desarrollo (m)	perkembangan	[pərkembaŋan]

105. Los procesos de negocio. Unidad 2

| rentabilidad (f) | keuntungan | [keuntuŋan] |
| rentable (adj) | menguntungkan | [məŋuntuŋkan] |

delegación (f)	delegasi	[delegasi]
salario (m)	gaji, upah	[gadʒi], [upah]
corregir (un error)	mengoreksi	[məŋoreksi]
viaje (m) de negocios	perjalanan dinas	[pərdʒ'alanan dinas]
comisión (f)	panitia	[panitia]

controlar (vt)	mengontrol	[məŋontrol]
conferencia (f)	konferensi	[konferensi]
licencia (f)	lisensi, izin	[lisensi], [izin]
fiable (socio ~)	yang bisa dipercaya	[yaŋ bisa dipertʃaja]

iniciativa (f)	inisiatif	[inisiatif]
norma (f)	norma	[norma]
circunstancia (f)	keadaan sekitar	[keada'an sekitar]
deber (m)	tugas	[tugas]

empresa (f)	organisasi	[organisasi]
organización (f) (proceso)	pengurusan	[peŋurusan]
organizado (adj)	terurus	[tərurus]
anulación (f)	pembatalan	[pembatalan]
anular (vt)	membatalkan	[membatalkan]
informe (m)	laporan	[laporan]

patente (m)	paten	[paten]
patentar (vt)	mematenkan	[mematenkan]
planear (vt)	merencanakan	[merentʃanakan]

premio (m)	bonus	[bonus]
profesional (adj)	profesional	[profesional]
procedimiento (m)	prosedur	[prosedur]

examinar (vt)	mempertimbangkan	[mempertimbaŋkan]
cálculo (m)	perhitungan	[pərhituŋan]
reputación (f)	reputasi	[reputasi]
riesgo (m)	risiko	[risiko]
dirigir (administrar)	memimpin	[memimpin]

información (f)	data, informasi	[data], [informasi]
propiedad (f)	milik	[mili']
unión (f)	persatuan, serikat	[pərsatuan], [serikat]

seguro (m) de vida	asuransi jiwa	[asuransi dʒiwa]
asegurar (vt)	mengasuransikan	[məŋasuransikan]
seguro (m)	asuransi	[asuransi]

subasta (f)	lelang	[lelaŋ]
notificar (informar)	memberitahu	[memberitahu]
gestión (f)	manajemen	[manadʒˈemen]
servicio (m)	jasa	[dʒˈasa]

foro (m)	forum	[forum]
funcionar (vi)	berfungsi	[bərfuŋsi]
etapa (f)	tahap	[tahap]
jurídico (servicios ~s)	hukum	[hukum]
jurista (m)	ahli hukum	[ahli hukum]

106. La producción. Los trabajos

planta (f)	pabrik	[pabri']
fábrica (f)	pabrik	[pabri']
taller (m)	bengkel	[beŋkel]
planta (f) de producción	perusahaan	[pərusaha'an]

industria (f)	industri	[industri]
industrial (adj)	industri	[industri]
industria (f) pesada	industri berat	[industri bərat]
industria (f) ligera	industri ringan	[industri riŋan]

producción (f)	produksi	[produksi]
producir (vt)	memproduksi	[memproduksi]
materias (f pl) primas	bahan baku	[bahan baku]

jefe (m) de brigada	mandor	[mandor]
brigada (f)	regu pekerja	[regu pekerdʒˈa]
obrero (m)	buruh, pekerja	[buruh], [pekerdʒˈa]

día (m) de trabajo	hari kerja	[hari kerdʒˈa]
descanso (m)	perhentian	[pərhentian]
reunión (f)	rapat	[rapat]
discutir (vt)	membicarakan	[membitʃarakan]

plan (m)	rencana	[rentʃana]
cumplir el plan	melaksanakan rencana	[melaksanakan rentʃana]
tasa (f) de producción	kecepatan produksi	[ketʃepatan produksi]
calidad (f)	kualitas, mutu	[kualitas], [mutu]
control (m)	kontrol, kendali	[kontrol], [kendali]
control (m) de calidad	kendali mutu	[kendali mutu]

seguridad (f) de trabajo	keselamatan kerja	[keselamatan kerdʒˈa]
disciplina (f)	disiplin	[disiplin]
infracción (f)	pelanggaran	[pelaŋgaran]

violar (las reglas)	melanggar	[melaŋgar]
huelga (f)	pemogokan	[pemogokan]
huelguista (m)	pemogok	[pemogoʔ]
estar en huelga	mogok	[mogoʔ]
sindicato (m)	serikat pekerja	[serikat pekerdʒʲa]

inventar (máquina, etc.)	menemukan	[mənemukan]
invención (f)	penemuan	[penemuan]
investigación (f)	riset, penelitian	[riset], [penelitian]
mejorar (vt)	memperbaiki	[memperbajki]
tecnología (f)	teknologi	[teknologi]
dibujo (m) técnico	gambar teknik	[gambar tekniʔ]

cargamento (m)	muatan	[muatan]
cargador (m)	kuli	[kuli]
cargar (camión, etc.)	memuat	[memuat]
carga (f) (proceso)	pemuatan	[pemuatan]
descargar (vt)	membongkar	[memboŋkar]
descarga (f)	pembongkaran	[pemboŋkaran]

transporte (m)	transportasi, angkutan	[transportasi], [aŋkutan]
compañía (f) de transporte	perusahaan transportasi	[pərusahaʔan transportasi]
transportar (vt)	mengangkut	[mənaŋkut]

vagón (m)	gerbong barang	[gerboŋ baraŋ]
cisterna (f)	tangki	[taŋki]
camión (m)	truk	[truʔ]

| máquina (f) herramienta | mesin | [mesin] |
| mecanismo (m) | mekanisme | [mekanisme] |

desperdicios (m pl)	limbah industri	[limbah industri]
empaquetado (m)	pengemasan	[peŋemasan]
empaquetar (vt)	mengemas	[məŋemas]

107. El contrato. El acuerdo

contrato (m)	kontrak	[kontraʔ]
acuerdo (m)	perjanjian	[pərdʒʲandʒian]
anexo (m)	lampiran	[lampiran]

firmar un contrato	menandatangani kontrak	[mənandataŋani kontraʔ]
firma (f) (nombre)	tanda tangan	[tanda taŋan]
firmar (vt)	menandatangani	[mənandataŋani]
sello (m)	cap	[t͡ʃap]

objeto (m) del acuerdo	subjek perjanjian	[subdʒʲeʔ pərdʒʲandʒian]
cláusula (f)	ayat, pasal	[ajat], [pasal]
partes (f pl)	pihak	[pihaʔ]
domicilio (m) legal	alamat sah	[alamat sah]

violar el contrato	melanggar kontrak	[melaŋgar kontraʔ]
obligación (f)	komitmen, kewajiban	[komitmen], [kewadʒiban]
responsabilidad (f)	tanggung jawab	[taŋguŋ dʒʲawab]

fuerza mayor (f)	keadaan kahar	[keada'an kahar]
disputa (f)	sengketa	[seŋketa]
penalidades (f pl)	sanksi, penalti	[sanksi], [penalti]

108. Importación y exportación

importación (f)	impor	[impor]
importador (m)	importir	[importir]
importar (vt)	mengimpor	[məŋimpor]
de importación (adj)	impor	[impor]

exportación (f)	ekspor	[ekspor]
exportador (m)	eksportir	[eksportir]
exportar (vt)	mengekspor	[məŋekspor]
de exportación (adj)	ekspor	[ekspor]

| mercancía (f) | barang dagangan | [baraŋ dagaŋan] |
| lote (m) de mercancías | partai | [partaj] |

peso (m)	berat	[berat]
volumen (m)	volume, isi	[volume], [isi]
metro (m) cúbico	meter kubik	[meter kubi']

productor (m)	produsen	[produsen]
compañía (f) de transporte	perusahaan transportasi	[pərusaha'an transportasi]
contenedor (m)	peti kemas	[peti kemas]

frontera (f)	perbatasan	[pərbatasan]
aduana (f)	pabean	[pabean]
derechos (m pl) arancelarios	bea cukai	[bea tʃukaj]
aduanero (m)	petugas pabean	[petugas pabean]
contrabandismo (m)	penyelundupan	[penjelundupan]
contrabando (m)	barang-barang selundupan	[baraŋ-baraŋ selundupan]

109. Las finanzas

acción (f)	saham	[saham]
bono (m), obligación (f)	obligasi	[obligasi]
letra (f) de cambio	wesel	[wesel]

| bolsa (f) | bursa efek | [bursa efe'] |
| cotización (f) de valores | kurs saham | [kurs saham] |

| abaratarse (vr) | menjadi murah | [məndʒ'adi murah] |
| encarecerse (vr) | menjadi mahal | [məndʒ'adi mahal] |

| parte (f) | kepemilikan saham | [kepemilikan saham] |
| interés (m) mayoritario | mayoritas saham | [majoritas saham] |

inversiones (f pl)	investasi	[investasi]
invertir (vi, vt)	berinvestasi	[bərinvestasi]
porcentaje (m)	persen	[pərsen]

interés (m)	suku bunga	[suku buŋa]
beneficio (m)	profit, untung	[profit], [untuŋ]
beneficioso (adj)	beruntung	[bəruntuŋ]
impuesto (m)	pajak	[padʒʲaʔ]

divisa (f)	valas	[valas]
nacional (adj)	nasional	[nasional]
cambio (m)	pertukaran	[pərtukaran]

| contable (m) | akuntan | [akuntan] |
| contaduría (f) | akuntansi | [akuntansi] |

bancarrota (f)	kebangkrutan	[kebaŋkrutan]
quiebra (f)	keruntuhan	[keruntuhan]
ruina (f)	kebangkrutan	[kebaŋkrutan]
arruinarse (vr)	bangkrut	[baŋkrut]
inflación (f)	inflasi	[inflasi]
devaluación (f)	devaluasi	[devaluasi]

capital (m)	modal	[modal]
ingresos (m pl)	pendapatan	[pendapatan]
volumen (m) de negocio	omzet	[omzet]
recursos (m pl)	sumber daya	[sumber daja]
recursos (m pl) monetarios	dana	[dana]

| gastos (m pl) accesorios | beaya umum | [beaja umum] |
| reducir (vt) | mengurangi | [məŋuraŋi] |

110. La mercadotecnia

mercadotecnia (f)	pemasaran	[pemasaran]
mercado (m)	pasar	[pasar]
segmento (m) del mercado	segmen pasar	[segmen pasar]
producto (m)	produk	[produʔ]
mercancía (f)	barang dagangan	[baraŋ dagaŋan]

marca (f)	merek	[mereʔ]
marca (f) comercial	merek dagang	[mereʔ dagaŋ]
logotipo (m)	logo dagang	[logo dagaŋ]
logo (m)	logo	[logo]

demanda (f)	permintaan	[pərmintaʔan]
oferta (f)	penawaran	[penawaran]
necesidad (f)	kebutuhan	[kebutuhan]
consumidor (m)	konsumen	[konsumen]

análisis (m)	analisis	[analisis]
analizar (vt)	menganalisis	[məŋanalisis]
posicionamiento (m)	pemosisian	[pemosisian]
posicionar (vt)	memosisikan	[memosisikan]

precio (m)	harga	[harga]
política (f) de precios	politik harga	[politiʔ harga]
formación (f) de precios	penentuan harga	[penentuan harga]

111. La publicidad

publicidad (f)	iklan	[iklan]
publicitar (vt)	mengiklankan	[məŋiklankan]
presupuesto (m)	anggaran belanja	[aŋgaran belandʒⁱa]
anuncio (m) publicitario	iklan	[iklan]
publicidad (f) televisiva	iklan TV	[iklan ti-vi]
publicidad (f) radiofónica	iklan radio	[iklan radio]
publicidad (f) exterior	iklan luar ruangan	[iklan luar ruaŋan]
medios (m pl) de comunicación de masas	media massa	[media massa]
periódico (m)	terbitan berkala	[tərbitan bərkala]
imagen (f)	citra	[tʃitra]
consigna (f)	slogan, semboyan	[slogan], [semboyan]
divisa (f)	moto	[moto]
campaña (f)	kampanye	[kampanje]
campaña (f) publicitaria	kampanye iklan	[kampanje iklan]
auditorio (m) objetivo	khalayak sasaran	[halaja' sasaran]
tarjeta (f) de visita	kartu nama	[kartu nama]
prospecto (m)	selebaran	[selebaran]
folleto (m)	brosur	[brosur]
panfleto (m)	pamflet	[pamflet]
boletín (m)	buletin	[buletin]
letrero (m) (~ luminoso)	papan nama	[papan nama]
pancarta (f)	poster	[poster]
valla (f) publicitaria	papan iklan	[papan iklan]

112. La banca

banco (m)	bank	[ban']
sucursal (f)	cabang	[tʃabaŋ]
consultor (m)	konsultan	[konsultan]
gerente (m)	manajer	[manadʒⁱer]
cuenta (f)	rekening	[rekeniŋ]
numero (m) de la cuenta	nomor rekening	[nomor rekeniŋ]
cuenta (f) corriente	rekening koran	[rekeniŋ koran]
cuenta (f) de ahorros	rekening simpanan	[rekeniŋ simpanan]
abrir una cuenta	membuka rekening	[membuka rekeniŋ]
cerrar la cuenta	menutup rekening	[mənutup rekeniŋ]
ingresar en la cuenta	memasukkan ke rekening	[memasu'kan ke rekeniŋ]
sacar de la cuenta	menarik uang	[mənari' uaŋ]
depósito (m)	deposito	[deposito]
hacer un depósito	melakukan setoran	[melakukan setoran]

giro (m) bancario	transfer kawat	[transfer kawat]
hacer un giro	mentransfer	[məntransfer]
suma (f)	jumlah	[dʒⁱumlah]
¿Cuánto?	Berapa?	[bərapa?]
firma (f) (nombre)	tanda tangan	[tanda taŋan]
firmar (vt)	menandatangani	[mənandataŋani]
tarjeta (f) de crédito	kartu kredit	[kartu kredit]
código (m)	kode	[kode]
número (m) de tarjeta de crédito	nomor kartu kredit	[nomor kartu kredit]
cajero (m) automático	Anjungan Tunai Mandiri, ATM	[andʒⁱuŋan tunaj mandiri], [a-te-em]
cheque (m)	cek	[tʃe?]
sacar un cheque	menulis cek	[mənulis tʃe?]
talonario (m)	buku cek	[buku tʃe?]
crédito (m)	kredit, pinjaman	[kredit], [pindʒⁱaman]
pedir el crédito	meminta kredit	[meminta kredit]
obtener un crédito	mendapatkan kredit	[məndapatkan kredit]
conceder un crédito	memberikan kredit	[memberikan kredit]
garantía (f)	jaminan	[dʒⁱaminan]

113. El teléfono. Las conversaciones telefónicas

teléfono (m)	telepon	[telepon]
teléfono (m) móvil	ponsel	[ponsel]
contestador (m)	mesin penjawab panggilan	[mesin pendʒⁱawab paŋgilan]
llamar, telefonear	menelepon	[mənelepon]
llamada (f)	panggilan telepon	[paŋgilan telepon]
marcar un número	memutar nomor telepon	[memutar nomor telepon]
¿Sí?, ¿Dígame?	Halo!	[halo!]
preguntar (vt)	bertanya	[bərtanja]
responder (vi, vt)	menjawab	[məndʒⁱawab]
oír (vt)	mendengar	[məndeŋar]
bien (adv)	baik	[baj?]
mal (adv)	buruk, jelek	[buruk], [dʒⁱele?]
ruidos (m pl)	bising, gangguan	[bisin], [gaŋguan]
auricular (m)	gagang	[gagaŋ]
descolgar (el teléfono)	mengangkat telepon	[məŋaŋkat telepon]
colgar el auricular	menutup telepon	[mənutup telepon]
ocupado (adj)	sibuk	[sibu?]
sonar (teléfono)	berdering	[bərderiŋ]
guía (f) de teléfonos	buku telepon	[buku telepon]
local (adj)	lokal	[lokal]
llamada (f) local	panggilan lokal	[paŋgilan lokal]

de larga distancia	interlokal	[interlokal]
llamada (f) de larga distancia	panggilan interlokal	[paŋgilan interlokal]
internacional (adj)	internasional	[internasional]
llamada (f) internacional	panggilan internasional	[paŋgilan internasional]

114. El teléfono celular

teléfono (m) móvil	ponsel	[ponsel]
pantalla (f)	layar	[lajar]
botón (m)	kenop	[kenop]
tarjeta SIM (f)	kartu SIM	[kartu sim]
pila (f)	baterai	[bateraj]
descargarse (vr)	mati	[mati]
cargador (m)	pengisi baterai, pengecas	[peŋisi bateraj], [peŋetʃas]
menú (m)	menu	[menu]
preferencias (f pl)	penyetelan	[penjetelan]
melodía (f)	nada panggil	[nada paŋgil]
seleccionar (vt)	memilih	[memilih]
calculadora (f)	kalkulator	[kalkulator]
contestador (m)	penjawab telepon	[pendʒ'awab telepon]
despertador (m)	weker	[weker]
contactos (m pl)	buku telepon	[buku telepon]
mensaje (m) de texto	pesan singkat	[pesan siŋkat]
abonado (m)	pelanggan	[pelaŋgan]

115. Los artículos de escritorio. La papelería

bolígrafo (m)	bolpen	[bolpen]
pluma (f) estilográfica	pena celup	[pena tʃelup]
lápiz (m)	pensil	[pensil]
marcador (m)	spidol	[spidol]
rotulador (m)	spidol	[spidol]
bloc (m) de notas	buku catatan	[buku tʃatatan]
agenda (f)	agenda	[agenda]
regla (f)	mistar, penggaris	[mistar], [peŋgaris]
calculadora (f)	kalkulator	[kalkulator]
goma (f) de borrar	karet penghapus	[karet peɲhapus]
chincheta (f)	paku payung	[paku pajuŋ]
clip (m)	penjepit kertas	[pendʒ'epit kertas]
cola (f), pegamento (m)	lem	[lem]
grapadora (f)	stapler	[stapler]
perforador (m)	alat pelubang kertas	[alat pelubaŋ kertas]
sacapuntas (m)	rautan pensil	[rautan pensil]

116. Diversos tipos de documentación

informe (m)	laporan	[laporan]
acuerdo (m)	perjanjian	[pərdʒ'andʒian]
formulario (m) de solicitud	formulir pendaftaran	[formulir pendaftaran]
auténtico (adj)	otentik, asli	[otentik], [asli]
tarjeta (f) de identificación	label identitas	[label identitas]
tarjeta (f) de visita	kartu nama	[kartu nama]
certificado (m)	sertifikat	[sertifikat]
cheque (m) bancario	cek	[t͡ʃeʔ]
cuenta (f) (restaurante)	bon	[bon]
constitución (f)	Konstitusi, Undang-Undang Dasar	[konstitusi], [undaŋ-undaŋ dasar]
contrato (m)	perjanjian	[pərdʒ'andʒian]
copia (f)	salinan, tembusan	[salinan], [tembusan]
ejemplar (m)	eksemplar	[eksemplar]
declaración (f) de aduana	pernyataan pabean	[pərnjata'an pabean]
documento (m)	dokumen	[dokumen]
permiso (m) de conducir	Surat Izin Mengemudi, SIM	[surat izin məŋemudi], [sim]
anexo (m)	lampiran	[lampiran]
cuestionario (m)	formulir	[formulir]
carnet (m) de identidad	kartu identitas	[kartu identitas]
solicitud (f) de información	pertanyaan	[pertanja'an]
tarjeta (f) de invitación	surat undangan	[surat undaŋan]
factura (f)	faktur, tagihan	[faktur], [tagihan]
ley (f)	undang-undang	[undaŋ-undaŋ]
carta (f)	surat	[surat]
hoja (f) membretada	kop surat	[kop surat]
lista (f) (de nombres, etc.)	daftar	[daftar]
manuscrito (m)	manuskrip	[manuskrip]
boletín (m)	buletin	[buletin]
nota (f) (mensaje)	nota, catatan	[nota], [t͡ʃatatan]
pase (m) (permiso)	pas masuk	[pas masuʔ]
pasaporte (m)	paspor	[paspor]
permiso (m)	surat izin	[surat izin]
curriculum vitae (m)	resume	[resume]
pagaré (m)	kuitansi	[kuitansi]
recibo (m)	kuitansi	[kuitansi]
ticket (m) de compra	slip penjualan	[slip pendʒ'ualan]
informe (m)	laporan	[laporan]
presentar (identificación)	memperlihatkan	[memperlihatkan]
firmar (vt)	menandatangani	[mənandataŋani]
firma (f) (nombre)	tanda tangan	[tanda taŋan]
sello (m)	cap	[t͡ʃap]
texto (m)	teks	[teks]
billete (m)	tiket	[tiket]
tachar (vt)	mencoret	[mənt͡ʃoret]
rellenar (vt)	mengisi	[məŋisi]

guía (f) de embarque	faktur	[faktur]
testamento (m)	surat wasiat	[surat wasiat]

117. Tipos de negocios

agencia (f) de empleo	biro tenaga kerja	[biro tenaga kerdʒˈa]
agencia (f) de información	kantor berita	[kantor berita]
agencia (f) de publicidad	biro periklanan	[biro periklanan]
agencia (f) de seguridad	biro keamanan	[biro keamanan]

almacén (m)	gudang	[gudaŋ]
antigüedad (f)	antikuariat	[antikuariat]
asesoría (f) jurídica	penasihat hukum	[penasihat hukum]
servicios (m pl) de auditoría	jasa audit	[dʒˈasa audit]

bar (m)	bar	[bar]
bebidas (f pl) alcohólicas	minuman beralkohol	[minuman beralkohol]
bolsa (f) de comercio	bursa efek	[bursa efeʔ]

casino (m)	kasino	[kasino]
centro (m) de negocios	pusat bisnis	[pusat bisnis]
fábrica (f) de cerveza	pabrik bir	[pabriʔ bir]
cine (m) (iremos al ~)	bioskop	[bioskop]
climatizadores (m pl)	penyejuk udara	[penjedʒˈuʔ udara]
club (m) nocturno	klub malam	[klub malam]

comercio (m)	perdagangan	[pərdagaŋan]
productos alimenticios	produk makanan	[produʔ makanan]
compañía (f) aérea	maskapai penerbangan	[maskapaj penerbaŋan]
construcción (f)	pembangunan	[pembaŋunan]
contabilidad (f)	jasa akuntansi	[dʒˈasa akuntansi]

deporte (m)	olahraga	[olahraga]
diseño (m)	desain	[desajn]

editorial (f)	penerbit	[penerbit]
escuela (f) de negocios	sekolah bisnis	[sekolah bisnis]
estomatología (f)	klinik gigi	[kliniʔ gigi]

farmacia (f)	apotek, toko obat	[apotek], [toko obat]
industria (f) farmacéutica	farmasi	[farmasi]
funeraria (f)	rumah duka	[rumah duka]
galería (f) de arte	galeri seni	[galeri seni]
helado (m)	es krim	[es krim]
hotel (m)	hotel	[hotel]

industria (f)	industri	[industri]
industria (f) ligera	industri ringan	[industri riŋan]
inmueble (m)	properti, lahan yasan	[properti], [lahan yasan]
internet (m), red (f)	Internet	[internet]
inversiones (f pl)	investasi	[investasi]
joyería (f)	perhiasan	[pərhiasan]
joyero (m)	tukang perhiasan	[tukaŋ pərhiasan]
lavandería (f)	penatu	[penatu]

librería (f)	**toko buku**	[toko buku]
medicina (f)	**kedokteran**	[kedokteran]
muebles (m pl)	**mebel**	[mebel]
museo (m)	**museum**	[museum]
negocio (m) bancario	**industri perbankan**	[industri pərbankan]
periódico (m)	**koran**	[koran]
petróleo (m)	**petroleum, minyak**	[petroleum], [minjaˀ]
piscina (f)	**kolam renang**	[kolam renaŋ]
poligrafía (f)	**percetakan**	[pərʧetakan]
publicidad (f)	**periklanan**	[pəriklanan]
radio (f)	**radio**	[radio]
recojo (m) de basura	**pemungutan sampah**	[pemuŋutan sampah]
restaurante (m)	**restoran**	[restoran]
revista (f)	**majalah**	[maʤʲalah]
ropa (f)	**pakaian, busana**	[pakajan], [busana]
salón (m) de belleza	**salon kecantikan**	[salon keʧantikan]
seguro (m)	**asuransi**	[asuransi]
servicio (m) de entrega	**jasa kurir**	[ʤʲasa kurir]
servicios (m pl) financieros	**jasa finansial**	[ʤʲasa finansial]
supermercado (m)	**pasar swalayan**	[pasar swalajan]
taller (m)	**rumah jahit**	[rumah ʤʲahit]
teatro (m)	**teater**	[teater]
televisión (f)	**televisi**	[televisi]
tienda (f)	**toko**	[toko]
tintorería (f)	**penatu kimia**	[penatu kimia]
servicios de transporte	**transportasi, angkutan**	[transportasi], [aŋkutan]
turismo (m)	**pariwisata**	[pariwisata]
venta (f) por catálogo	**perniagaan pesanan pos**	[pərniagaˀan pesanan pos]
veterinario (m)	**dokter hewan**	[dokter hewan]
consultoría (f)	**jasa konsultasi**	[ʤʲasa konsultasi]

El trabajo. Los negocios. Unidad 2

118. La exhibición. La feria comercial

exposición, feria (f)	pameran	[pameran]
feria (f) comercial	pameran perdagangan	[pameran pərdagaŋan]
participación (f)	partisipasi	[partisipasi]
participar (vi)	turut serta	[turut serta]
participante (m)	partisipan, peserta	[partisipan], [peserta]
director (m)	direktur	[direktur]
dirección (f)	biro penyelenggara kegiatan	[biro peneleŋgara kegiatan]
organizador (m)	penyelenggara	[penjeleŋgara]
organizar (vt)	menyelenggarakan	[mənjeleŋgarakan]
solicitud (f) de participación	formulir keikutsertaan	[formulir keikutserta'an]
rellenar (vt)	mengisi	[məŋisi]
detalles (m pl)	detail	[detajl]
información (f)	informasi	[informasi]
precio (m)	harga	[harga]
incluso	termasuk	[tərmasu']
incluir (vt)	mencakup	[məntʃakup]
pagar (vi, vt)	membayar	[membajar]
cuota (f) de registro	biaya pendaftaran	[biaja pendaftaran]
entrada (f)	masuk	[masu']
pabellón (m)	paviliun	[paviliun]
registrar (vt)	mendaftar	[məndaftar]
tarjeta (f) de identificación	label identitas	[label identitas]
stand (m) de feria	stand	[stand]
reservar (vt)	memesan	[memesan]
vitrina (f)	dagang layar kaca	[dagaŋ lajar katʃa]
lámpara (f)	lampu	[lampu]
diseño (m)	desain	[desajn]
poner (colocar)	menempatkan	[mənempatkan]
situarse (vr)	diletakkan	[dileta'kan]
distribuidor (m)	penyalur	[penjalur]
proveedor (m)	penyuplai	[penyuplaj]
suministrar (vt)	menyuplai	[mənyuplaj]
país (m)	negara, negeri	[negara], [negeri]
extranjero (adj)	asing	[asiŋ]
producto (m)	produk	[produ']
asociación (f)	asosiasi, perhimpunan	[asosiasi], [pərhimpunan]

sala (f) de conferencias	gedung pertemuan	[geduŋ pərtemuan]
congreso (m)	kongres	[koŋres]
concurso (m)	kontes	[kontes]

visitante (m)	pengunjung	[peŋundʒⁱuŋ]
visitar (vt)	mendatangi	[məndataŋi]
cliente (m)	pelanggan	[pelaŋgan]

119. Medios de comunicación de masas

periódico (m)	koran	[koran]
revista (f)	majalah	[madʒⁱalah]
prensa (f)	pers	[pers]
radio (f)	radio	[radio]
estación (f) de radio	stasiun radio	[stasiun radio]
televisión (f)	televisi	[televisi]

presentador (m)	pembawa acara	[pembawa atʃara]
presentador (m) de noticias	penyiar	[penjiar]
comentarista (m)	komentator	[komentator]

periodista (m)	wartawan	[wartawan]
corresponsal (m)	koresponden	[koresponden]
corresponsal (m) fotográfico	fotografer pers	[fotografer pərs]
reportero (m)	reporter, pewarta	[reporter], [pewarta]

| redactor (m) | editor, penyunting | [editor], [penyuntiŋ] |
| redactor jefe (m) | editor kepala | [editor kepala] |

suscribirse (vr)	berlangganan ...	[bərlaŋganan ...]
suscripción (f)	langganan	[laŋganan]
suscriptor (m)	pelanggan	[pelaŋgan]
leer (vi, vt)	membaca	[membatʃa]
lector (m)	pembaca	[pembatʃa]

tirada (f)	oplah	[oplah]
mensual (adj)	bulanan	[bulanan]
semanal (adj)	mingguan	[miŋguan]
número (m)	edisi	[edisi]
nuevo (~ número)	baru	[baru]

titular (m)	kepala berita	[kepala bərita]
noticia (f)	artikel singkat	[artikel siŋkat]
columna (f)	kolom	[kolom]
artículo (m)	artikel	[artikel]
página (f)	halaman	[halaman]

reportaje (m)	reportase	[reportase]
evento (m)	peristiwa, kejadian	[pəristiwa], [kedʒⁱadian]
sensación (f)	sensasi	[sensasi]
escándalo (m)	skandal	[skandal]
escandaloso (adj)	penuh skandal	[penuh skandal]
gran (~ escándalo)	besar	[besar]
emisión (f)	program	[program]

entrevista (f)	wawancara	[wawantʃara]
transmisión (f) en vivo	siaran langsung	[siaran laŋsuŋ]
canal (m)	saluran	[saluran]

120. La agricultura

agricultura (f)	pertanian	[pərtanian]
campesino (m)	petani	[petani]
campesina (f)	petani	[petani]
granjero (m)	petani	[petani]

| tractor (m) | traktor | [traktor] |
| cosechadora (f) | mesin pemanen | [mesin pemanen] |

arado (m)	bajak	[badʒaʔ]
arar (vi, vt)	membajak, menenggala	[membadʒʲak], [menengala]
labrado (m)	tanah garapan	[tanah garapan]
surco (m)	alur	[alur]

sembrar (vi, vt)	menanam	[mənanam]
sembradora (f)	mesin penanam	[mesin penanam]
siembra (f)	penanaman	[penanaman]

| guadaña (f) | sabit | [sabit] |
| segar (vi, vt) | menyabit | [mənjabit] |

| pala (f) | sekop | [sekop] |
| layar (vt) | menggali | [məngali] |

azada (f)	cangkul	[tʃaŋkul]
sachar, escardar	menyiangi	[mənjiaɲi]
mala hierba (f)	gulma	[gulma]

regadera (f)	kaleng penyiram	[kaleŋ penjiram]
regar (plantas)	menyiram	[mənjiram]
riego (m)	penyiraman	[penjiraman]

| horquilla (f) | garpu ramput | [garpu ramput] |
| rastrillo (m) | penggaruk | [penggaruʔ] |

fertilizante (m)	pupuk	[pupuʔ]
abonar (vt)	memupuk	[memupuʔ]
estiércol (m)	pupuk kandang	[pupuʔ kandaŋ]

campo (m)	ladang	[ladaŋ]
prado (m)	padang rumput	[padaŋ rumput]
huerta (f)	kebun sayur	[kebun sajur]
jardín (m)	kebun buah	[kebun buah]

pacer (vt)	menggembalakan	[məngembalakan]
pastor (m)	penggembala	[penggembala]
pastadero (m)	padang penggembalaan	[padaŋ pengembalaʔan]
ganadería (f)	peternakan	[peternakan]
cría (f) de ovejas	peternakan domba	[peternakan domba]

plantación (f)	perkebunan	[pərkebunan]
hilera (f) (~ de cebollas)	bedeng	[bedeŋ]
invernadero (m)	rumah kaca	[rumah katʃa]

sequía (f)	musim kering	[musim keriŋ]
seco, árido (adj)	kering	[keriŋ]

grano (m)	biji	[bidʒi]
cereales (m pl)	serealia	[serealia]
recolectar (vt)	memanen	[memanen]

molinero (m)	penggiling	[peŋgiliŋ]
molino (m)	kincir	[kintʃir]
moler (vt)	menggiling	[məŋgiliŋ]
harina (f)	tepung	[tepuŋ]
paja (f)	jerami	[dʒ'erami]

121. La construcción. El proceso de construcción

obra (f)	lokasi pembangunan	[lokasi pembaŋunan]
construir (vt)	membangun	[membaŋun]
albañil (m)	buruh bangunan	[buruh baŋunan]

proyecto (m)	proyek	[proeʔ]
arquitecto (m)	arsitek	[arsiteʔ]
obrero (m)	buruh, pekerja	[buruh], [pekerdʒ'a]

cimientos (m pl)	fondasi	[fondasi]
techo (m)	atap	[atap]
pila (f) de cimentación	tiang fondasi	[tiaŋ fondasi]
muro (m)	dinding	[dindiŋ]

armadura (f)	kerangka besi	[keraŋka besi]
andamio (m)	perancah	[pərantʃah]

hormigón (m)	beton	[beton]
granito (m)	granit	[granit]
piedra (f)	batu	[batu]
ladrillo (m)	bata, batu bata	[bata], [batu bata]

arena (f)	pasir	[pasir]
cemento (m)	semen	[semen]
estuco (m)	lepa, plester	[lepa], [plester]
estucar (vt)	melepa	[melepa]
pintura (f)	cat	[tʃat]
pintar (las paredes)	mengecat	[məɲetʃat]
barril (m)	tong	[toŋ]

grúa (f)	derek	[dereʔ]
levantar (vt)	menaikkan	[mənajʔkan]
bajar (vt)	menurunkan	[mənurunkan]

bulldózer (m)	buldoser	[buldozer]
excavadora (f)	ekskavator	[ekskavator]

cuchara (f)	sudu pengeruk	[sudu peŋeru']
cavar (vt)	menggali	[məŋgali]
casco (m)	topi baja	[topi badʒ'a]

122. La ciencia. La investigación. Los científicos

ciencia (f)	ilmu	[ilmu]
científico (adj)	ilmiah	[ilmiah]
científico (m)	ilmuwan	[ilmuwan]
teoría (f)	teori	[teori]

axioma (m)	aksioma	[aksioma]
análisis (m)	analisis	[analisis]
analizar (vt)	menganalisis	[məŋanalisis]
argumento (m)	argumen	[argumen]
sustancia (f) (materia)	zat, bahan	[zat], [bahan]

hipótesis (f)	hipotesis	[hipotesis]
dilema (m)	dilema	[dilema]
tesis (f) de grado	disertasi	[disertasi]
dogma (m)	dogma	[dogma]

doctrina (f)	doktrin	[doktrin]
investigación (f)	riset, penelitian	[riset], [penelitian]
investigar (vt)	penelitian	[penelitian]
prueba (f)	pengujian	[peŋudʒian]
laboratorio (m)	laboratorium	[laboratorium]

método (m)	metode	[metode]
molécula (f)	molekul	[molekul]
seguimiento (m)	pemonitoran	[pemonitoran]
descubrimiento (m)	penemuan	[penemuan]

postulado (m)	postulat	[postulat]
principio (m)	prinsip	[prinsip]
pronóstico (m)	prakiraan	[prakira'an]
pronosticar (vt)	memprakirakan	[memprakirakan]

síntesis (f)	sintesis	[sintesis]
tendencia (f)	tendensi	[tendensi]
teorema (m)	teorema	[teorema]

| enseñanzas (f pl) | ajaran | [adʒ'aran] |
| hecho (m) | fakta | [fakta] |

| expedición (f) | ekspedisi | [ekspedisi] |
| experimento (m) | eksperimen | [eksperimen] |

académico (m)	akademikus	[akademikus]
bachiller (m)	sarjana	[sardʒ'ana]
doctorado (m)	doktor	[doktor]
docente (m)	Profesor Madya	[profesor madja]
Master (m) (~ en Letras)	Master	[master]
profesor (m)	profesor	[profesor]

Las profesiones y los oficios

123. La búsqueda de trabajo. El despido

trabajo (m)	kerja, pekerjaan	[kerdʒʲa], [pekerdʒʲa'an]
empleados (pl)	staf, personalia	[staf], [pərsonalia]
personal (m)	staf, personel	[staf], [pərsonel]
carrera (f)	karier	[karier]
perspectiva (f)	perspektif	[pərspektif]
maestría (f)	keterampilan	[keterampilan]
selección (f)	pilihan	[pilihan]
agencia (f) de empleo	biro tenaga kerja	[biro tenaga kerdʒʲa]
curriculum vitae (m)	resume	[resume]
entrevista (f)	wawancara kerja	[wawantʃara kerdʒʲa]
vacancia (f)	lowongan	[lowoŋan]
salario (m)	gaji, upah	[gadʒi], [upah]
salario (m) fijo	gaji tetap	[gadʒi tetap]
remuneración (f)	bayaran	[bajaran]
puesto (m) (trabajo)	jabatan	[dʒʲabatan]
deber (m)	tugas	[tugas]
gama (f) de deberes	bidang tugas	[bidaŋ tugas]
ocupado (adj)	sibuk	[sibu']
despedir (vt)	memecat	[memetʃat]
despido (m)	pemecatan	[pemetʃatan]
desempleo (m)	pengangguran	[peŋaŋguran]
desempleado (m)	pengganggur	[peŋgaŋgur]
jubilación (f)	pensiun	[pensiun]
jubilarse	pensiun	[pensiun]

124. Los negociantes

director (m)	direktur	[direktur]
gerente (m)	manajer	[manadʒʲer]
jefe (m)	bos, atasan	[bos], [atasan]
superior (m)	atasan	[atasan]
superiores (m pl)	atasan	[atasan]
presidente (m)	presiden	[presiden]
presidente (m) (de compañía)	ketua, dirut	[ketua], [dirut]
adjunto (m)	wakil	[wakil]
asistente (m)	asisten	[asisten]

| secretario, -a (m, f) | sekretaris | [sekretaris] |
| secretario (m) particular | asisten pribadi | [asisten pribadi] |

hombre (m) de negocios	pengusaha, pebisnis	[peŋusaha], [pebisnis]
emprendedor (m)	pengusaha	[peŋusaha]
fundador (m)	pendiri	[pendiri]
fundar (vt)	mendirikan	[məndirikan]

institutor (m)	pendiri	[pendiri]
socio (m)	mitra	[mitra]
accionista (m)	pemegang saham	[pemegaŋ saham]

millonario (m)	jutawan	[dʒˑutawan]
multimillonario (m)	miliarder	[miliarder]
propietario (m)	pemilik	[pemiliˀ]
terrateniente (m)	tuan tanah	[tuan tanah]

cliente (m)	klien	[klien]
cliente (m) habitual	klien tetap	[klien tetap]
comprador (m)	pembeli	[pembeli]
visitante (m)	tamu	[tamu]

profesional (m)	profesional	[profesional]
experto (m)	pakar, ahli	[pakar], [ahli]
especialista (m)	spesialis, ahli	[spesialis], [ahli]

| banquero (m) | bankir | [bankir] |
| broker (m) | broker, pialang | [broker], [pialaŋ] |

cajero (m)	kasir	[kasir]
contable (m)	akuntan	[akuntan]
guardia (m) de seguridad	satpam, pengawal	[satpam], [peŋawal]

inversionista (m)	investor	[investor]
deudor (m)	debitur	[debitur]
acreedor (m)	kreditor	[kreditor]
prestatario (m)	peminjam	[pemindʒˑam]

| importador (m) | importir | [importir] |
| exportador (m) | eksportir | [eksportir] |

productor (m)	produsen	[produsen]
distribuidor (m)	penyalur	[penjalur]
intermediario (m)	perantara	[pərantara]

asesor (m) (~ fiscal)	konsultan	[konsultan]
representante (m)	perwakilan penjualan	[pərwakilan pendʒˑualan]
agente (m)	agen	[agen]
agente (m) de seguros	agen asuransi	[agen asuransi]

125. Los trabajos de servicio

| cocinero (m) | koki, juru masak | [koki], [dʒˑuru masaˀ] |
| jefe (m) de cocina | koki kepala | [koki kepala] |

panadero (m)	pembuat roti	[pembuat roti]
barman (m)	pelayan bar	[pelajan bar]
camarero (m)	pelayan lelaki	[pelajan lelaki]
camarera (f)	pelayan perempuan	[pelajan perempuan]

abogado (m)	advokat, pengacara	[advokat], [peɲatʃara]
jurista (m)	ahli hukum	[ahli hukum]
notario (m)	notaris	[notaris]

electricista (m)	tukang listrik	[tukaŋ listriʔ]
fontanero (m)	tukang pipa	[tukaŋ pipa]
carpintero (m)	tukang kayu	[tukaŋ kaju]

masajista (m)	tukang pijat lelaki	[tukaŋ pidʒ'at lelaki]
masajista (f)	tukang pijat perempuan	[tukaŋ pidʒ'at perempuan]
médico (m)	dokter	[dokter]

taxista (m)	sopir taksi	[sopir taksi]
chofer (m)	sopir	[sopir]
repartidor (m)	kurir	[kurir]

camarera (f)	pelayan kamar	[pelajan kamar]
guardia (m) de seguridad	satpam, pengawal	[satpam], [peɲawal]
azafata (f)	pramugari	[pramugari]

profesor (m) (~ de baile, etc.)	guru	[guru]
bibliotecario (m)	pustakawan	[pustakawan]
traductor (m)	penerjemah	[penerdʒ'emah]
intérprete (m)	juru bahasa	[dʒ'uru bahasa]
guía (m)	pemandu wisata	[pemandu wisata]

peluquero (m)	tukang cukur	[tukaŋ tʃukur]
cartero (m)	tukang pos	[tukaŋ pos]
vendedor (m)	pramuniaga	[pramuniaga]

jardinero (m)	tukang kebun	[tukaŋ kebun]
servidor (m)	pramuwisma	[pramuwisma]
criada (f)	pramuwisma	[pramuwisma]
mujer (f) de la limpieza	pembersih ruangan	[pembersih ruaŋan]

126. La profesión militar y los rangos

soldado (m) raso	prajurit	[pradʒ'urit]
sargento (m)	sersan	[sersan]
teniente (m)	letnan	[letnan]
capitán (m)	kapten	[kapten]

mayor (m)	mayor	[major]
coronel (m)	kolonel	[kolonel]
general (m)	jenderal	[dʒ'enderal]
mariscal (m)	marsekal	[marsekal]
almirante (m)	laksamana	[laksamana]
militar (m)	anggota militer	[aŋota militer]
soldado (m)	tentara, serdadu	[tentara], [serdadu]

oficial (m)	perwira	[pərwira]
comandante (m)	komandan	[komandan]

guardafronteras (m)	penjaga perbatasan	[pendʒɪaga pərbatasan]
radio-operador (m)	operator radio	[operator radio]
explorador (m)	pengintai	[peɲintaj]
zapador (m)	pencari ranjau	[pentʃari randʒɪau]
tirador (m)	petembak	[petembaʔ]
navegador (m)	navigator, penavigasi	[navigator], [penavigasi]

127. Los oficiales. Los sacerdotes

rey (m)	raja	[radʒɪa]
reina (f)	ratu	[ratu]

príncipe (m)	pangeran	[paŋeran]
princesa (f)	putri	[putri]

zar (m)	tsar, raja	[tsar], [radʒɪa]
zarina (f)	tsarina, ratu	[tsarina], [ratu]

presidente (m)	presiden	[presiden]
ministro (m)	Menteri Sekretaris	[mənteri sekretaris]
primer ministro (m)	perdana menteri	[pərdana menteri]
senador (m)	senator	[senator]

diplomático (m)	diplomat	[diplomat]
cónsul (m)	konsul	[konsul]
embajador (m)	duta besar	[duta besar]
consejero (m)	penasihat	[penasihat]

funcionario (m)	petugas	[petugas]
prefecto (m)	prefek	[prefeʔ]
alcalde (m)	walikota	[walikota]

juez (m)	hakim	[hakim]
fiscal (m)	kejaksaan negeri	[kedʒɪaksaʔan negeri]

misionero (m)	misionaris	[misionaris]
monje (m)	biarawan, rahib	[biarawan], [rahib]
abad (m)	abbas	[abbas]
rabino (m)	rabbi	[rabbi]

visir (m)	wazir	[wazir]
sha (m)	syah	[ʃah]
jeque (m)	syeikh	[ʃejh]

128. Las profesiones agrícolas

apicultor (m)	peternak lebah	[peternaʔ lebah]
pastor (m)	penggembala	[peŋgembala]
agrónomo (m)	agronom	[agronom]

ganadero (m)	peternak	[peterna']
veterinario (m)	dokter hewan	[dokter hewan]
granjero (m)	petani	[petani]
vinicultor (m)	pembuat anggur	[pembuat aŋgur]
zoólogo (m)	zoolog	[zoolog]
vaquero (m)	koboi	[koboi]

129. Las profesiones artísticas

actor (m)	aktor	[aktor]
actriz (f)	aktris	[aktris]
cantante (m)	biduan	[biduan]
cantante (f)	biduanita	[biduanita]
bailarín (m)	penari lelaki	[penari lelaki]
bailarina (f)	penari perempuan	[penari pərempuan]
artista (m)	artis	[artis]
artista (f)	artis	[artis]
músico (m)	musisi, musikus	[musisi], [musikus]
pianista (m)	pianis	[pianis]
guitarrista (m)	pemain gitar	[pemajn gitar]
director (m) de orquesta	konduktor	[konduktor]
compositor (m)	komposer, komponis	[komposer], [komponis]
empresario (m)	impresario	[impresario]
director (m) de cine	sutradara	[sutradara]
productor (m)	produser	[produser]
guionista (m)	penulis skenario	[penulis skenario]
crítico (m)	kritikus	[kritikus]
escritor (m)	penulis	[penulis]
poeta (m)	penyair	[penjajr]
escultor (m)	pematung	[pematuŋ]
pintor (m)	perupa	[pərupa]
malabarista (m)	juggler	[dʒ'uggler]
payaso (m)	badut	[badut]
acróbata (m)	akrobat	[akrobat]
ilusionista (m)	pesulap	[pesulap]

130. Profesiones diversas

médico (m)	dokter	[dokter]
enfermera (f)	suster, juru rawat	[suster], [dʒ'uru rawat]
psiquiatra (m)	psikiater	[psikiater]
dentista (m)	dokter gigi	[dokter gigi]
cirujano (m)	dokter bedah	[dokter bedah]

astronauta (m)	astronaut	[astronaut]
astrónomo (m)	astronom	[astronom]
piloto (m)	pilot	[pilot]

conductor (m) (chófer)	sopir	[sopir]
maquinista (m)	masinis	[masinis]
mecánico (m)	mekanik	[mekaniʔ]

minero (m)	penambang	[penambaŋ]
obrero (m)	buruh, pekerja	[buruh], [pekerdʒʲa]
cerrajero (m)	tukang kikir	[tukaŋ kikir]
carpintero (m)	tukang kayu	[tukaŋ kaju]
tornero (m)	tukang bubut	[tukaŋ bubut]
albañil (m)	buruh bangunan	[buruh baŋunan]
soldador (m)	tukang las	[tukaŋ las]

profesor (m) (título)	profesor	[profesor]
arquitecto (m)	arsitek	[arsiteʔ]
historiador (m)	sejarawan	[sedʒʲarawan]
científico (m)	ilmuwan	[ilmuwan]
físico (m)	fisikawan	[fisikawan]
químico (m)	kimiawan	[kimiawan]

arqueólogo (m)	arkeolog	[arkeolog]
geólogo (m)	geolog	[geolog]
investigador (m)	periset, peneliti	[pəriset], [peneliti]

| niñera (f) | pengasuh anak | [peŋasuh anaʔ] |
| pedagogo (m) | guru, pendidik | [guru], [pendidiʔ] |

redactor (m)	editor, penyunting	[editor], [penyuntiŋ]
redactor jefe (m)	editor kepala	[editor kepala]
corresponsal (m)	koresponden	[koresponden]
mecanógrafa (f)	juru ketik	[dʒʲuru ketiʔ]

diseñador (m)	desainer, perancang	[desajner], [pərantʃaŋ]
especialista (m) en ordenadores	ahli komputer	[ahli komputer]
programador (m)	pemrogram	[pemrogram]
ingeniero (m)	insinyur	[insinyur]

marino (m)	pelaut	[pelaut]
marinero (m)	kelasi	[kelasi]
socorrista (m)	penyelamat	[penjelamat]

bombero (m)	pemadam kebakaran	[pemadam kebakaran]
policía (m)	polisi	[polisi]
vigilante (m) nocturno	penjaga	[pendʒʲaga]
detective (m)	detektif	[detektif]

aduanero (m)	petugas pabean	[petugas pabean]
guardaespaldas (m)	pengawal pribadi	[peŋawal pribadi]
guardia (m) de prisiones	sipir, penjaga penjara	[sipir], [pendʒʲaga pendʒʲara]
inspector (m)	inspektur	[inspektur]
deportista (m)	olahragawan	[olahragawan]
entrenador (m)	pelatih	[pelatih]

carnicero (m)	tukang daging	[tukaŋ dagiŋ]
zapatero (m)	tukang sepatu	[tukaŋ sepatu]
comerciante (m)	pedagang	[pedagaŋ]
cargador (m)	kuli	[kuli]

| diseñador (m) de modas | perancang busana | [pəranʧaŋ busana] |
| modelo (f) | peragawati | [pəragawati] |

131. Los trabajos. El estatus social

| escolar (m) | siswa | [siswa] |
| estudiante (m) | mahasiswa | [mahasiswa] |

filósofo (m)	filsuf	[filsuf]
economista (m)	ahli ekonomi	[ahli ekonomi]
inventor (m)	penemu	[penemu]

desempleado (m)	pengganggur	[peŋgaŋgur]
jubilado (m)	pensiunan	[pensiunan]
espía (m)	mata-mata	[mata-mata]

prisionero (m)	tahanan	[tahanan]
huelguista (m)	pemogok	[pemogoʔ]
burócrata (m)	birokrat	[birokrat]
viajero (m)	pelancong	[pelanʧoŋ]

homosexual (m)	homo, homoseksual	[homo], [homoseksual]
hacker (m)	peretas	[pəretas]
hippie (m)	hipi	[hipi]

bandido (m)	bandit	[bandit]
sicario (m)	pembunuh bayaran	[pembunuh bajaran]
drogadicto (m)	pecandu narkoba	[peʧandu narkoba]
narcotraficante (m)	pengedar narkoba	[peŋedar narkoba]
prostituta (f)	pelacur	[pelaʧur]
chulo (m), proxeneta (m)	germo	[germo]

brujo (m)	penyihir lelaki	[penjihir lelaki]
bruja (f)	penyihir perempuan	[penjihir pərempuan]
pirata (m)	bajak laut	[badʒّiaʔ laut]
esclavo (m)	budak	[budaʔ]
samurai (m)	samurai	[samuraj]
salvaje (m)	orang primitif	[oraŋ primitif]

Los deportes

deportista (m)	olahragawan	[olahragawan]
tipo (m) de deporte	jenis olahraga	[dʒʲenis olahraga]
baloncesto (m)	bola basket	[bola basket]
baloncestista (m)	pemain bola basket	[pemajn bola basket]
béisbol (m)	bisbol	[bisbol]
beisbolista (m)	pemain bisbol	[pemajn bisbol]
fútbol (m)	sepak bola	[sepaʔ bola]
futbolista (m)	pemain sepak bola	[pemajn sepaʔ bola]
portero (m)	kiper, penjaga gawang	[kiper], [pendʒʲaga gawaŋ]
hockey (m)	hoki	[hoki]
jugador (m) de hockey	pemain hoki	[pemajn hoki]
voleibol (m)	bola voli	[bola voli]
voleibolista (m)	pemain bola voli	[pemajn bola voli]
boxeo (m)	tinju	[tindʒʲu]
boxeador (m)	petinju	[petindʒʲu]
lucha (f)	gulat	[gulat]
luchador (m)	pegulat	[pegulat]
kárate (m)	karate	[karate]
karateka (m)	karateka	[karateka]
judo (m)	judo	[dʒʲudo]
judoka (m)	pejudo	[pedʒʲudo]
tenis (m)	tenis	[tenis]
tenista (m)	petenis	[petenis]
natación (f)	berenang	[bərenaŋ]
nadador (m)	perenang	[pərenaŋ]
esgrima (f)	anggar	[aŋgar]
esgrimidor (m)	pemain anggar	[pemajn aŋgar]
ajedrez (m)	catur	[tʃatur]
ajedrecista (m)	pecatur	[petʃatur]
alpinismo (m)	mendaki gunung	[məndaki gunuŋ]
alpinista (m)	pendaki gunung	[pendaki gunuŋ]
carrera (f)	lari	[lari]

corredor (m)	pelari	[pelari]
atletismo (m)	atletik	[atletiˀ]
atleta (m)	atlet	[atlet]

deporte (m) hípico	menunggang kuda	[mənuŋgaŋ kuda]
jinete (m)	penunggang kuda	[penuŋgaŋ kuda]

patinaje (m) artístico	seluncur indah	[seluntʃur indah]
patinador (m)	peseluncur indah	[peseluntʃur indah]
patinadora (f)	peseluncur indah	[peseluntʃur indah]

levantamiento (m) de pesas	angkat berat	[aŋkat bərat]
levantador (m) de pesas	atlet angkat berat	[atlet aŋkat bərat]

carreras (f pl) de coches	balapan mobil	[balapan mobil]
piloto (m) de carreras	pembalap mobil	[pembalap mobil]

ciclismo (m)	bersepeda	[bərsepeda]
ciclista (m)	atlet sepeda	[atlet sepeda]

salto (m) de longitud	lompat jauh	[lompat dʒˈauh]
salto (m) con pértiga	lompat galah	[lompat galah]
saltador (m)	atlet lompat, pelompat	[atlet lompat], [pelompat]

133. Tipos de deportes. Miscelánea

fútbol (m) americano	futbol	[futbol]
bádminton (m)	badminton, bulu tangkis	[badminton], [bulu taŋkis]
biatlón (m)	biathlon	[biatlon]
billar (m)	biliar	[biliar]

bobsleigh (m)	bobsled	[bobsled]
culturismo (m)	binaraga	[binaraga]
waterpolo (m)	polo air	[polo air]
balonmano (m)	bola tangan	[bola taŋan]
golf (m)	golf	[golf]

remo (m)	mendayung	[məndajuŋ]
buceo (m)	selam skuba	[selam skuba]
esquí (m) de fondo	ski lintas alam	[ski lintas alam]
tenis (m) de mesa	tenis meja	[tenis medʒˈa]

vela (f)	berlayar	[bərlajar]
rally (m)	balap reli	[balap reli]
rugby (m)	rugbi	[rugbi]
snowboarding (m)	seluncur salju	[seluntʃur saldʒˈu]
tiro (m) con arco	memanah	[memanah]

134. El gimnasio

barra (f) de pesas	barbel	[barbel]
pesas (f pl)	dumbel	[dumbel]

aparato (m) de ejercicios	alat senam	[alat senam]
bicicleta (f) estática	sepeda statis	[sepeda statis]
cinta (f) de correr	treadmill	[tredmil]

barra (f) fija	rekstok	[reksto']
barras (f pl) paralelas	palang sejajar	[palaŋ sedʒ'adʒ'ar]
potro (m)	kuda-kuda	[kuda-kuda]
colchoneta (f)	matras	[matras]

comba (f)	lompat tali	[lompat tali]
aeróbica (f)	aerobik	[aerobi']
yoga (m)	yoga	[yoga]

135. El hóckey

hockey (m)	hoki	[hoki]
jugador (m) de hockey	pemain hoki	[pemajn hoki]
jugar al hockey	bermain hoki	[bərmajn hoki]
hielo (m)	es	[es]

disco (m)	bola hoki es	[bola hoki es]
palo (m) de hockey	stik hoki	[sti' hoki]
patines (m pl)	sepatu es	[sepatu es]

| muro (m) | papan | [papan] |
| tiro (m) | pukulan | [pukulan] |

portero (m)	penjaga gawang	[pendʒ'aga gawaŋ]
gol (m)	gol	[gol]
marcar un gol	menjaringkan gol	[məndʒ'ariŋkan gol]

periodo (m)	babak	[baba']
segundo periodo (m)	babak kedua	[baba' kedua]
banquillo (m) de reserva	bangku pemain pengganti	[baŋku pemajn peŋganti]

136. El fútbol

fútbol (m)	sepak bola	[sepa' bola]
futbolista (m)	pemain sepak bola	[pemajn sepa' bola]
jugar al fútbol	bermain sepak bola	[bərmajn sepa' bola]

liga (f) superior	liga tertinggi	[liga tərtiŋgi]
club (m) de fútbol	klub sepak bola	[klub sepa' bola]
entrenador (m)	pelatih	[pelatih]
propietario (m)	pemilik	[pemili']

equipo (m)	tim	[tim]
capitán (m) del equipo	kapten tim	[kapten tim]
jugador (m)	pemain	[pemajn]
reserva (m)	pemain pengganti	[pemajn peŋganti]
delantero (m)	penyerang	[penjeraŋ]
delantero (m) centro	penyerang tengah	[penjeraŋ teŋah]

goleador (m)	penyerang, pencetak gol	[penjeraŋ], [pentʃeta² gol]
defensa (m)	bek, pemain bertahan	[bek], [pemajn bərtahan]
medio (m)	hafbek	[hafbe²]

match (m)	pertandingan	[pərtandiŋan]
encontrarse (vr)	bertanding	[bərtandiŋ]
final (f)	final	[final]
semifinal (f)	semifinal	[semifinal]
campeonato (m)	kejuaraan	[kedʒʲuara²an]

tiempo (m)	babak	[baba²]
primer tiempo (m)	babak pertama	[baba² pərtama]
descanso (m)	waktu istirahat	[waktu istirahat]

puerta (f)	gawang	[gawaŋ]
portero (m)	kiper, penjaga gawang	[kiper], [pendʒʲaga gawaŋ]
poste (m)	tiang gawang	[tiaŋ gawaŋ]
larguero (m)	palang gol	[palaŋ gol]
red (f)	net	[net]
recibir un gol	kebobolan	[kebobolan]

| balón (m) | bola | [bola] |
| pase (m) | operan | [operan] |

tiro (m)	tendangan	[tendaŋan]
lanzar un tiro	menendang	[mənendaŋ]
tiro (m) de castigo	tendangan bebas	[tendaŋan bebas]
saque (m) de esquina	tendangan penjuru	[tendaŋan pendʒʲuru]

ataque (m)	serangan	[seraŋan]
contraataque (m)	serangan balik	[seraŋan bali²]
combinación (f)	kombinasi	[kombinasi]

árbitro (m)	wasit	[wasit]
silbar (vi)	meniup peluit	[məniup peluit]
silbato (m)	peluit	[peluit]

infracción (f)	pelanggaran	[pelaŋgaran]
cometer una infracción	melanggar	[melaŋgar]
expulsar del campo	mengusir keluar lapangan	[məŋusir keluar lapaŋan]

tarjeta (f) amarilla	kartu kuning	[kartu kuniŋ]
tarjeta (f) roja	kartu merah	[kartu merah]
descalificación (f)	diskualifikasi	[diskualifikasi]
descalificar (vt)	mendiskualifikasi	[məndiskualifikasi]

penalti (m)	tendangan penalti	[tendaŋan penalti]
barrera (f)	tembok pemain	[tembo² pemajn]
meter un gol	menjaringkan	[məndʒʲariŋkan]
gol (m)	gol	[gol]
marcar un gol	menjaringkan gol	[məndʒʲariŋkan gol]

reemplazo (m)	penggantian	[peŋgantian]
reemplazar (vt)	mengganti	[məŋganti]
reglas (f pl)	peraturan	[pəraturan]
táctica (f)	taktik	[takti²]

estadio (m)	stadion	[stadion]
gradería (f)	tribun	[tribun]
hincha (m)	pendukung	[pendukuŋ]
gritar (vi)	berteriak	[bərteria']

| tablero (m) | papan skor | [papan skor] |
| tanteo (m) | skor | [skor] |

derrota (f)	kekalahan	[kekalahan]
perder (vi)	kalah	[kalah]
empate (m)	seri, hasil imbang	[seri], [hasil imbaŋ]
empatar (vi)	bermain seri	[bərmajn seri]

victoria (f)	kemenangan	[kemenaŋan]
ganar (vi)	menang	[menaŋ]
campeón (m)	juara	[dʒuara]
mejor (adj)	terbaik	[terbai']
felicitar (vt)	mengucapkan selamat	[məŋutʃapkan selamat]

comentarista (m)	komentator	[komentator]
comentar (vt)	berkomentar	[bərkomentar]
transmisión (f)	siaran	[siaran]

137. El esquí

esquís (m pl)	ski	[ski]
esquiar (vi)	bermain ski	[bərmajn ski]
estación (f) de esquí	resor ski	[resor ski]
telesquí (m)	kereta gantung	[kereta gantuŋ]

bastones (m pl)	tongkat ski	[toŋkat ski]
cuesta (f)	lereng	[lereŋ]
eslalon (m)	slalom	[slalom]

138. El tenis. El golf

golf (m)	golf	[golf]
club (m) de golf	klub golf	[klub golf]
jugador (m) de golf	pegolf	[pegolf]

hoyo (m)	lubang	[lubaŋ]
palo (m)	stik golf	[sti' golf]
carro (m) de golf	troli golf	[troli golf]

| tenis (m) | tenis | [tenis] |
| cancha (f) de tenis | lapangan tenis | [lapaŋan tenis] |

saque (m)	servis	[servis]
sacar (servir)	melakukan servis	[melakukan servis]
raqueta (f)	raket	[raket]
red (f)	net	[net]
pelota (f)	bola	[bola]

139. El ajedrez

ajedrez (m)	catur	[ʧatur]
piezas (f pl)	buah catur	[buah ʧatur]
ajedrecista (m)	pecatur	[peʧatur]
tablero (m) de ajedrez	papan catur	[papan ʧatur]
pieza (f)	buah catur	[buah ʧatur]
blancas (f pl)	buah putih	[buah putih]
negras (f pl)	buah hitam	[buah hitam]
peón (m)	pion, bidak	[pion], [bidaʔ]
alfil (m)	gajah	[gaʤʲah]
caballo (m)	kuda	[kuda]
torre (f)	benteng	[benteŋ]
reina (f)	ratu, menteri	[ratu], [menteri]
rey (m)	raja	[raʤʲa]
jugada (f)	langkah	[laŋkah]
jugar (mover una pieza)	melangkahkan bidak	[melaŋkahkan bidaʔ]
sacrificar (vt)	mengorbankan	[məŋorbankan]
enroque (m)	rokade	[rokade]
jaque (m)	skak	[skaʔ]
mate (m)	skak mat	[skaʔ mat]
torneo (m) de ajedrez	pertandingan catur	[pərtandiŋan ʧatur]
gran maestro (m)	Grandmaster	[grandmaster]
combinación (f)	kombinasi	[kombinasi]
partida (f)	partai	[partaj]
damas (f pl)	permainan dam	[pərmajnan dam]

140. El boxeo

boxeo (m)	tinju	[tinʤʲu]
combate (m) (~ de boxeo)	pertarungan	[pərtaruŋan]
pelea (f) de boxeo	pertandingan	[pərtandiŋan]
asalto (m)	ronde	[ronde]
cuadrilátero (m)	ring	[riŋ]
campana (f)	gong	[goŋ]
golpe (m)	pukulan	[pukulan]
knockdown (m)	knock-down	[knokdaun]
nocaut (m)	knock-out	[knokaut]
noquear (vt)	meng-KO	[meŋ-kao]
guante (m) de boxeo	sarung tinju	[saruŋ tinʤʲu]
árbitro (m)	wasit	[wasit]
peso (m) ligero	kelas ringan	[kelas riŋan]
peso (m) medio	kelas menengah	[kelas meneŋah]
peso (m) pesado	kelas berat	[kelas bərat]

141. Los deportes. Miscelánea

Juegos (m pl) Olímpicos	Olimpiade	[olimpiade]
vencedor (m)	pemenang	[pemenaŋ]
vencer (vi)	unggul	[uŋgul]
ganar (vi)	menang	[menaŋ]
líder (m)	pemimpin	[pemimpin]
liderar (vt)	memimpin	[memimpin]
primer puesto (m)	tempat pertama	[tempat pertama]
segundo puesto (m)	tempat kedua	[tempat kedua]
tercer puesto (m)	tempat ketiga	[tempat ketiga]
medalla (f)	medali	[medali]
trofeo (m)	trofi	[trofi]
copa (f) (trofeo)	piala	[piala]
premio (m)	hadiah	[hadiah]
premio (m) principal	hadiah utama	[hadiah utama]
record (m)	rekor	[rekor]
establecer un record	menciptakan rekor	[mentʃiptakan rekor]
final (m)	final	[final]
de final (adj)	final	[final]
campeón (m)	juara	[dʒˈuara]
campeonato (m)	kejuaraan	[kedʒˈuaraʔan]
estadio (m)	stadion	[stadion]
gradería (f)	tribun	[tribun]
hincha (m)	pendukung	[pendukuŋ]
adversario (m)	lawan	[lawan]
arrancadero (m)	start	[start]
línea (f) de meta	finis	[finis]
derrota (f)	kekalahan	[kekalahan]
perder (vi)	kalah	[kalah]
árbitro (m)	wasit	[wasit]
jurado (m)	juri	[dʒˈuri]
cuenta (f)	skor	[skor]
empate (m)	seri, hasil imbang	[seri], [hasil imbaŋ]
empatar (vi)	bermain seri	[bermajn seri]
punto (m)	poin	[poin]
resultado (m)	skor, hasil akhir	[skor], [hasil ahir]
tiempo (m)	babak	[babaʔ]
descanso (m)	waktu istirahat	[waktu istirahat]
droga (f), doping (m)	doping	[dopiŋ]
penalizar (vt)	menghukum	[meŋhukum]
descalificar (vt)	mendiskualifikasi	[mendiskualifikasi]
aparato (m)	alat olahraga	[alat olahraga]

jabalina (f)	**lembing**	[lembiŋ]
peso (m) (lanzamiento de ~)	**peluru**	[peluru]
bola (f) (billar, etc.)	**bola**	[bola]
objetivo (m)	**sasaran**	[sasaran]
blanco (m)	**sasaran**	[sasaran]
tirar (vi)	**menembak**	[mənembaˀ]
preciso (~ disparo)	**akurat**	[akurat]
entrenador (m)	**pelatih**	[pelatih]
entrenar (vt)	**melatih**	[melatih]
entrenarse (vr)	**berlatih**	[bərlatih]
entrenamiento (m)	**latihan**	[latihan]
gimnasio (m)	**gimnasium**	[gimnasium]
ejercicio (m)	**latihan**	[latihan]
calentamiento (m)	**pemanasan**	[pemanasan]

La educación

escuela (f)	sekolah	[sekolah]
director (m) de escuela	kepala sekolah	[kepala sekolah]
alumno (m)	murid laki-laki	[murid laki-laki]
alumna (f)	murid perempuan	[murid perempuan]
escolar (m)	siswa	[siswa]
escolar (f)	siswi	[siswi]
enseñar (vt)	mengajar	[məŋadʒʲar]
aprender (ingles, etc.)	belajar	[beladʒʲar]
aprender de memoria	menghafalkan	[məŋhafalkan]
aprender (a leer, etc.)	belajar	[beladʒʲar]
estar en la escuela	bersekolah	[bərsekolah]
ir a la escuela	ke sekolah	[ke sekolah]
alfabeto (m)	alfabet, abjad	[alfabet], [abdʒʲad]
materia (f)	subjek, mata pelajaran	[subdʒʲek], [mata peladʒʲaran]
aula (f)	ruang kelas	[ruaŋ kelas]
lección (f)	pelajaran	[peladʒʲaran]
recreo (m)	waktu istirahat	[waktu istirahat]
campana (f)	lonceng	[lonʧeŋ]
pupitre (m)	bangku sekolah	[baŋku sekolah]
pizarra (f)	papan tulis hitam	[papan tulis hitam]
nota (f)	nilai	[nilaj]
buena nota (f)	nilai baik	[nilaj bajʔ]
mala nota (f)	nilai jelek	[nilaj dʒʲeleʔ]
poner una nota	memberikan nilai	[memberikan nilaj]
falta (f)	kesalahan	[kesalahan]
hacer faltas	melakukan kesalahan	[melakukan kesalahan]
corregir (un error)	mengoreksi	[məŋoreksi]
chuleta (f)	contekan	[ʧontekan]
deberes (m pl) de casa	pekerjaan rumah	[pekerdʒʲaʔan rumah]
ejercicio (m)	latihan	[latihan]
estar presente	hadir	[hadir]
estar ausente	absen, tidak hadir	[absen], [tidaʔ hadir]
faltar a las clases	absen dari sekolah	[absen dari sekolah]
castigar (vt)	menghukum	[məŋhukum]
castigo (m)	hukuman	[hukuman]
conducta (f)	perilaku	[pərilaku]

libreta (f) de notas	rapor	[rapor]
lápiz (m)	pensil	[pensil]
goma (f) de borrar	karet penghapus	[karet peŋhapus]
tiza (f)	kapur	[kapur]
cartuchera (f)	kotak pensil	[kota' pensil]

mochila (f)	tas sekolah	[tas sekolah]
bolígrafo (m)	pen	[pen]
cuaderno (m)	buku tulis	[buku tulis]
manual (m)	buku pelajaran	[buku peladʒˈaran]
compás (m)	paser, jangka	[paser], [dʒˈaŋka]

trazar (vi, vt)	menggambar	[meŋgambar]
dibujo (m) técnico	gambar teknik	[gambar tekni']

poema (m), poesía (f)	puisi, sajak	[puisi], [sadʒˈa']
de memoria (adv)	hafal	[hafal]
aprender de memoria	menghafalkan	[meŋhafalkan]

vacaciones (f pl)	liburan sekolah	[liburan sekolah]
estar de vacaciones	berlibur	[berlibur]
pasar las vacaciones	menjalani liburan	[mendʒˈalani liburan]

prueba (f) escrita	tes, kuis	[tes], [kuis]
composición (f)	esai, karangan	[esaj], [karaŋan]
dictado (m)	dikte	[dikte]
examen (m)	ujian	[udʒian]
hacer un examen	menempuh ujian	[menempuh udʒian]
experimento (m)	eksperimen	[eksperimen]

143. Los institutos. La Universidad

academia (f)	akademi	[akademi]
universidad (f)	universitas	[universitas]
facultad (f)	fakultas	[fakultas]

estudiante (m)	mahasiswa	[mahasiswa]
estudiante (f)	mahasiswi	[mahasiswi]
profesor (m)	dosen	[dosen]

aula (f)	ruang kuliah	[ruaŋ kuliah]
graduado (m)	lulusan	[lulusan]

diploma (m)	ijazah	[idʒˈazah]
tesis (f) de grado	disertasi	[disertasi]

estudio (m)	penelitian	[penelitian]
laboratorio (m)	laboratorium	[laboratorium]

clase (f)	kuliah	[kuliah]
compañero (m) de curso	rekan sekuliah	[rekan sekuliah]

beca (f)	beasiswa	[beasiswa]
grado (m) académico	gelar akademik	[gelar akademi']

144. Las ciencias. Las disciplinas

matemáticas (f pl)	matematika	[matematika]
álgebra (f)	aljabar	[aldʒabar]
geometría (f)	geometri	[geometri]

astronomía (f)	astronomi	[astronomi]
biología (f)	biologi	[biologi]
geografía (f)	geografi	[geografi]
geología (f)	geologi	[geologi]
historia (f)	sejarah	[sedʒarah]

medicina (f)	kedokteran	[kedokteran]
pedagogía (f)	pedagogi	[pedagogi]
derecho (m)	hukum	[hukum]

física (f)	fisika	[fisika]
química (f)	kimia	[kimia]
filosofía (f)	filsafat	[filsafat]
psicología (f)	psikologi	[psikologi]

145. Los sistemas de escritura. La ortografía

gramática (f)	tatabahasa	[tatabahasa]
vocabulario (m)	kosakata	[kosakata]
fonética (f)	fonetik	[foneti']

sustantivo (m)	nomina	[nomina]
adjetivo (m)	adjektiva	[adʒektiva]
verbo (m)	verba	[verba]
adverbio (m)	adverbia	[adverbia]

pronombre (m)	kata ganti	[kata ganti]
interjección (f)	kata seru	[kata seru]
preposición (f)	preposisi, kata depan	[preposisi], [kata depan]

raíz (f), radical (m)	kata dasar	[kata dasar]
desinencia (f)	akhiran	[ahiran]
prefijo (m)	prefiks, awalan	[prefiks], [awalan]
sílaba (f)	suku kata	[suku kata]
sufijo (m)	sufiks, akhiran	[sufiks], [ahiran]

acento (m)	tanda tekanan	[tanda tekanan]
apóstrofo (m)	apostrofi	[apostrofi]

punto (m)	titik	[titi']
coma (m)	koma	[koma]
punto y coma	titik koma	[titi' koma]
dos puntos (m pl)	titik dua	[titi' dua]
puntos (m pl) suspensivos	elipsis, lesapan	[elipsis], [lesapan]

signo (m) de interrogación	tanda tanya	[tanda tanja]
signo (m) de admiración	tanda seru	[tanda seru]

comillas (f pl)	tanda petik	[tanda peti']
entre comillas	dalam tanda petik	[dalam tanda peti']
paréntesis (m)	tanda kurung	[tanda kuruŋ]
entre paréntesis	dalam tanda kurung	[dalam tanda kuruŋ]

guión (m)	tanda pisah	[tanda pisah]
raya (f)	tanda hubung	[tanda hubuŋ]
blanco (m)	spasi	[spasi]

letra (f)	huruf	[huruf]
letra (f) mayúscula	huruf kapital	[huruf kapital]

vocal (f)	vokal	[vokal]
consonante (m)	konsonan	[konsonan]

oración (f)	kalimat	[kalimat]
sujeto (m)	subjek	[subʤ'e']
predicado (m)	predikat	[predikat]

línea (f)	baris	[baris]
en una nueva línea	di baris baru	[di baris baru]
párrafo (m)	alinea, paragraf	[alinea], [paragraf]

palabra (f)	kata	[kata]
combinación (f) de palabras	rangkaian kata	[raŋkajan kata]
expresión (f)	ungkapan	[uŋkapan]
sinónimo (m)	sinonim	[sinonim]
antónimo (m)	antonim	[antonim]

regla (f)	peraturan	[pəraturan]
excepción (f)	perkecualian	[perketʃualian]
correcto (adj)	benar, betul	[benar], [betul]

conjugación (f)	konjugasi	[konʤ'ugasi]
declinación (f)	deklinasi	[deklinasi]
caso (m)	kasus nominal	[kasus nominal]
pregunta (f)	pertanyaan	[pertanja'an]
subrayar (vt)	menggaris bawahi	[məŋgaris bawahi]
línea (f) de puntos	garis bertitik	[garis bərtiti']

146. Los idiomas extranjeros

lengua (f)	bahasa	[bahasa]
extranjero (adj)	asing	[asiŋ]
lengua (f) extranjera	bahasa asing	[bahasa asiŋ]
estudiar (vt)	mempelajari	[mempeladʒ'ari]
aprender (ingles, etc.)	belajar	[beladʒ'ar]

leer (vi, vt)	membaca	[membatʃa]
hablar (vi, vt)	berbicara	[berbitʃara]
comprender (vt)	mengerti	[məŋerti]
escribir (vt)	menulis	[mənulis]
rápidamente (adv)	cepat, fasih	[tʃepat], [fasih]
lentamente (adv)	perlahan-lahan	[pərlahan-lahan]

con fluidez (adv)	fasih	[fasih]
reglas (f pl)	peraturan	[pəraturan]
gramática (f)	tatabahasa	[tatabahasa]
vocabulario (m)	kosakata	[kosakata]
fonética (f)	fonetik	[foneti']

manual (m)	buku pelajaran	[buku peladʒˈaran]
diccionario (m)	kamus	[kamus]
manual (m) autodidáctico	buku autodidak	[buku autodida']
guía (f) de conversación	panduan percakapan	[panduan pərtʃakapan]

casete (m)	kaset	[kaset]
videocasete (f)	kaset video	[kaset video]
disco compacto, CD (m)	cakram kompak	[tʃakram kompa']
DVD (m)	cakram DVD	[tʃakram di-vi-di]

alfabeto (m)	alfabet, abjad	[alfabet], [abdʒˈad]
deletrear (vt)	mengeja	[məŋedʒˈa]
pronunciación (f)	pelafalan	[pelafalan]

acento (m)	aksen	[aksen]
con acento	dengan aksen	[deŋan aksen]
sin acento	tanpa aksen	[tanpa aksen]

| palabra (f) | kata | [kata] |
| significado (m) | arti | [arti] |

cursos (m pl)	kursus	[kursus]
inscribirse (vr)	Mendaftar	[məndaftar]
profesor (m) (~ de inglés)	guru	[guru]

traducción (f) (proceso)	penerjemahan	[penerdʒˈemahan]
traducción (f) (texto)	terjemahan	[tərdʒˈemahan]
traductor (m)	penerjemah	[penerdʒˈemah]
intérprete (m)	juru bahasa	[dʒˈuru bahasa]

| polígota (m) | poliglot | [poliglot] |
| memoria (f) | memori, daya ingat | [memori], [daja iŋat] |

147. Los personajes de los cuentos de hadas

Papá Noel (m)	Sinterklas	[sinterklas]
Cenicienta (f)	Cinderella	[tʃinderella]
sirena (f)	putri duyung	[putri duyuŋ]
Neptuno (m)	Neptunus	[neptunus]

mago (m)	penyihir	[penjihir]
maga (f)	peri	[peri]
mágico (adj)	sihir	[sihir]
varita (f) mágica	tongkat sihir	[toŋkat sihir]

cuento (m) de hadas	dongeng	[doŋeŋ]
milagro (m)	keajaiban	[keadʒˈajban]
enano (m)	kerdil, katai	[kerdil], [kataj]

transformarse en ...	menjelma menjadi ...	[məndʒˈelma məndʒˈadi ...]
espíritu (m) (fantasma)	hantu	[hantu]
fantasma (m)	fantom	[fantom]
monstruo (m)	monster	[monster]
dragón (m)	naga	[naga]
gigante (m)	raksasa	[raksasa]

148. Los signos de zodiaco

Aries (m)	Aries	[aries]
Tauro (m)	Taurus	[taurus]
Géminis (m pl)	Gemini	[dʒˈemini]
Cáncer (m)	Cancer	[kanser]
Leo (m)	Leo	[leo]
Virgo (m)	Virgo	[virgo]
Libra (f)	Libra	[libra]
Escorpio (m)	Scorpio	[skorpio]
Sagitario (m)	Sagitarius	[sagitarius]
Capricornio (m)	Capricorn	[keprikon]
Acuario (m)	Aquarius	[akuarius]
Piscis (m pl)	Pisces	[pistʃes]
carácter (m)	karakter	[karakter]
rasgos (m pl) de carácter	ciri karakter	[tʃiri karakter]
conducta (f)	tingkah laku	[tiŋkah laku]
decir la buenaventura	meramal	[meramal]
adivinadora (f)	peramal	[pəramal]
horóscopo (m)	horoskop	[horoskop]

El arte

teatro (m)	teater	[teater]
ópera (f)	opera	[opera]
opereta (f)	opereta	[opereta]
ballet (m)	balet	[balet]

cartelera (f)	poster	[poster]
compañía (f) de teatro	rombongan teater	[romboŋan teater]
gira (f) artística	tur, pertunjukan keliling	[tur], [pərtundʒʲukan keliliŋ]
hacer una gira artística	mengadakan tur	[məŋadakan tur]
ensayar (vi, vt)	berlatih	[bərlatih]
ensayo (m)	geladi	[geladi]
repertorio (m)	repertoar	[repertoar]

representación (f)	pertunjukan	[pərtundʒʲukan]
espectáculo (m)	pergelaran	[pərgelaran]
pieza (f) de teatro	lakon	[lakon]

billet (m)	tiket	[tiket]
taquilla (f)	loket tiket	[loket tiket]
vestíbulo (m)	lobi, ruang depan	[lobi], [ruaŋ depan]
guardarropa (f)	tempat penitipan jas	[tempat penitipan dʒʲas]
ficha (f) de guardarropa	nomor penitipan jas	[nomor penitipan dʒʲas]
gemelos (m pl)	binokular	[binokular]
acomodador (m)	petugas penyobek tiket	[petugas penjobeʔ tiket]

patio (m) de butacas	kursi orkestra	[kursi orkestra]
balconcillo (m)	balkon	[balkon]
entresuelo (m)	tingkat pertama	[tiŋkat pərtama]
palco (m)	boks	[boks]
fila (f)	barisan	[barisan]
asiento (m)	tempat duduk	[tempat duduʔ]

público (m)	khalayak	[halajaʔ]
espectador (m)	penonton	[penonton]
aplaudir (vi, vt)	bertepuk tangan	[bərtepuʔ taŋan]
aplausos (m pl)	aplaus, tepuk tangan	[aplaus], [tepuʔ taŋan]
ovación (f)	ovasi, tepuk tangan	[ovasi], [tepuʔ taŋan]

escenario (m)	panggung	[paŋguŋ]
telón (m)	tirai	[tiraj]
decoración (f)	tata panggung	[tata paŋguŋ]
bastidores (m pl)	belakang panggung	[belakaŋ paŋguŋ]

escena (f)	adegan	[adegan]
acto (m)	babak	[babaʔ]
entreacto (m)	waktu istirahat	[waktu istirahat]

150. El cine

| actor (m) | aktor | [aktor] |
| actriz (f) | aktris | [aktris] |

cine (m) (industria)	sinematografi, perfilman	[sinematografi], [pərfilman]
película (f)	film	[film]
episodio (m)	episode, seri	[episode], [seri]

película (f) policíaca	detektif	[detektif]
película (f) de acción	film laga	[film laga]
película (f) de aventura	film petualangan	[film petualaŋan]
película (f) de ciencia ficción	film fiksi ilmiah	[film fiksi ilmiah]
película (f) de horror	film horor	[film horor]

película (f) cómica	film komedi	[film komedi]
melodrama (m)	melodrama	[melodrama]
drama (m)	drama	[drama]

película (f) de ficción	film fiksi	[film fiksi]
documental (m)	film dokumenter	[film dokumenter]
dibujos (m pl) animados	kartun	[kartun]
cine (m) mudo	film bisu	[film bisu]

papel (m)	peran	[peran]
papel (m) principal	peran utama	[peran utama]
interpretar (vt)	berperan	[bərperan]

estrella (f) de cine	bintang film	[bintaŋ film]
conocido (adj)	terkenal	[tərkenal]
famoso (adj)	terkenal	[tərkenal]
popular (adj)	populer, terkenal	[populer], [tərkenal]

guión (m) de cine	skenario	[skenario]
guionista (m)	penulis skenario	[penulis skenario]
director (m) de cine	sutradara	[sutradara]
productor (m)	produser	[produser]
asistente (m)	asisten	[asisten]
operador (m) de cámara	kamerawan	[kamerawan]
doble (m) de riesgo	pemeran pengganti	[pemeran peŋganti]
doble (m)	pengganti	[peŋganti]

filmar una película	merekam film	[merekam film]
audición (f)	audisi	[audisi]
rodaje (m)	syuting, pengambilan gambar	[ʃyutiŋ], [peɲambilan gambar]

equipo (m) de rodaje	rombongan film	[romboŋan film]
plató (m) de rodaje	set film	[set film]
cámara (f)	kamera	[kamera]

cine (m) (iremos al ~)	bioskop	[bioskop]
pantalla (f)	layar	[lajar]
mostrar la película	menayangkan film	[mənajaŋkan film]
pista (f) sonora	soundtrack, trek suara	[saundtrek], [tre' suara]
efectos (m pl) especiales	efek khusus	[efe' husus]

subtítulos (m pl)	subjudul, teks film	[subdʒ¦udul], [teks film]
créditos (m pl)	ucapan terima kasih	[utʃapan tərima kasih]
traducción (f)	terjemahan	[tərdʒ¦emahan]

151. La pintura

arte (m)	seni	[seni]
bellas artes (f pl)	seni rupa	[seni rupa]
galería (f) de arte	galeri seni	[galeri seni]
exposición (f) de arte	pameran seni	[pameran seni]

pintura (f) (tipo de arte)	seni lukis	[seni lukis]
gráfica (f)	seni grafis	[seni grafis]
abstraccionismo (m)	seni abstrak	[seni abstra⁊]
impresionismo (m)	impresionisme	[impresionisme]

pintura (f) (cuadro)	lukisan	[lukisan]
dibujo (m)	gambar	[gambar]
pancarta (f)	poster	[poster]

ilustración (f)	ilustrasi	[ilustrasi]
miniatura (f)	miniatur	[miniatur]
copia (f)	salinan	[salinan]
reproducción (f)	reproduksi	[reproduksi]

mosaico (m)	mozaik	[mozaj⁊]
vitral (m)	kaca berwarna	[katʃa bərwarna]
fresco (m)	fresko	[fresko]
grabado (m)	gravir	[gravir]

busto (m)	patung sedada	[patuŋ sedada]
escultura (f)	seni patung	[seni patuŋ]
estatua (f)	patung	[patuŋ]
yeso (m)	gips	[gips]
en yeso (adj)	dari gips	[dari gips]

retrato (m)	potret	[potret]
autorretrato (m)	potret diri	[potret diri]
paisaje (m)	lukisan lanskap	[lukisan lanskap]
naturaleza (f) muerta	alam benda	[alam benda]
caricatura (f)	karikatur	[karikatur]
boceto (m)	sketsa	[sketsa]

pintura (f) (material)	cat	[tʃat]
acuarela (f)	cat air	[tʃat air]
óleo (m)	cat minyak	[tʃat minja⁊]
lápiz (m)	pensil	[pensil]
tinta (f) china	tinta gambar	[tinta gambar]
carboncillo (m)	arang	[araŋ]

dibujar (vi, vt)	menggambar	[məŋgambar]
pintar (vi, vt)	melukis	[melukis]
posar (vi)	berpose	[bərpose]
modelo (m)	model lelaki	[model lelaki]

modelo (f)	model perempuan	[model perempuan]
pintor (m)	perupa	[perupa]
obra (f) de arte	karya seni	[karja seni]
obra (f) maestra	adikarya, mahakarya	[adikarja], [mahakarja]
estudio (m) (de un artista)	studio seni	[studio seni]
lienzo (m)	kanvas	[kanvas]
caballete (m)	esel, kuda-kuda	[esel], [kuda-kuda]
paleta (f)	palet	[palet]
marco (m)	bingkai	[biŋkaj]
restauración (f)	pemugaran	[pemugaran]
restaurar (vt)	memugar	[memugar]

152. La literatura y la poesía

literatura (f)	sastra, kesusastraan	[sastra], [kesusastra'an]
autor (m) (escritor)	pengarang	[peŋaraŋ]
seudónimo (m)	pseudonim, nama samaran	[pseudonim], [nama samaran]
libro (m)	buku	[buku]
tomo (m)	jilid	[dʒilid]
tabla (f) de contenidos	daftar isi	[daftar isi]
página (f)	halaman	[halaman]
héroe (m) principal	karakter utama	[karakter utama]
autógrafo (m)	tanda tangan	[tanda taŋan]
relato (m) corto	cerpen	[tʃerpen]
cuento (m)	novel, cerita	[novel], [tʃerita]
novela (f)	novel	[novel]
obra (f) literaria	karya	[karja]
fábula (f)	fabel	[fabel]
novela (f) policíaca	novel detektif	[novel detektif]
verso (m)	puisi, sajak	[puisi], [sadʒia']
poesía (f)	puisi	[puisi]
poema (m)	puisi	[puisi]
poeta (m)	penyair	[penjajr]
bellas letras (f pl)	fiksi	[fiksi]
ciencia ficción (f)	fiksi ilmiah	[fiksi ilmiah]
aventuras (f pl)	petualangan	[petualaŋan]
literatura (f) didáctica	literatur pendidikan	[literatur pendidikan]
literatura (f) infantil	sastra kanak-kanak	[sastra kana'-kana']

153. El circo

circo (m)	sirkus	[sirkus]
circo (m) ambulante	sirkus keliling	[sirkus keliliŋ]
programa (m)	program	[program]
representación (f)	pertunjukan	[pertundʒiukan]

número (m)	aksi	[aksi]
arena (f)	arena	[arena]

pantomima (f)	pantomim	[pantomim]
payaso (m)	badut	[badut]

acróbata (m)	pemain akrobat	[pemajn akrobat]
acrobacia (f)	akrobatik	[akrobati']
gimnasta (m)	pesenam	[pesenam]
gimnasia (f) acrobática	senam	[senam]
salto (m)	salto	[salto]

forzudo (m)	orang kuat	[oraŋ kuat]
domador (m)	penjinak hewan	[pendʒina' hewan]
caballista (m)	penunggang kuda	[penuŋgaŋ kuda]
asistente (m)	asisten	[asisten]

truco (m)	stunt	[stun]
truco (m) de magia	trik sulap	[tri' sulap]
ilusionista (m)	pesulap	[pesulap]

malabarista (m)	juggler	[dʒⁱuggler]
malabarear (vt)	bermain juggling	[bərmajn dʒⁱuggliŋ]
amaestrador (m)	pelatih binatang	[pelatih binataŋ]
amaestramiento (m)	pelatihan binatang	[pelatihan binataŋ]
amaestrar (vt)	melatih	[melatih]

154. La música. La música popular

música (f)	musik	[musi']
músico (m)	musisi, musikus	[musisi], [musikus]
instrumento (m) musical	alat musik	[alat musi']
tocar ...	bermain ...	[bərmajn ...]

guitarra (f)	gitar	[gitar]
violín (m)	biola	[biola]
violonchelo (m)	selo	[selo]
contrabajo (m)	kontrabas	[kontrabas]
arpa (f)	harpa	[harpa]

piano (m)	piano	[piano]
piano (m) de cola	grand piano	[grand piano]
órgano (m)	organ	[organ]

instrumentos (m pl) de viento	alat musik tiup	[alat musi' tiup]
oboe (m)	obo	[obo]
saxofón (m)	saksofon	[saksofon]
clarinete (m)	klarinet	[klarinet]
flauta (f)	suling	[suliŋ]
trompeta (f)	trompet	[trompet]

acordeón (m)	akordeon	[akordeon]
tambor (m)	drum	[drum]
dúo (m)	duo, duet	[duo], [duet]

trío (m)	trio	[trio]
cuarteto (m)	kuartet	[kuartet]
coro (m)	kor	[kor]
orquesta (f)	orkestra	[orkestra]

música (f) pop	musik pop	[musiʔ pop]
música (f) rock	musik rok	[musiʔ roʔ]
grupo (m) de rock	grup musik rok	[grup musiʔ roʔ]
jazz (m)	jaz	[dʒʲaz]

| ídolo (m) | idola | [idola] |
| admirador (m) | pengagum | [peŋagum] |

concierto (m)	konser	[konser]
sinfonía (f)	simfoni	[simfoni]
composición (f)	komposisi	[komposisi]
escribir (vt)	menggubah, mencipta	[məŋgubah], [mənʧipta]

canto (m)	nyanyian	[njanjian]
canción (f)	lagu	[lagu]
melodía (f)	nada, melodi	[nada], [melodi]
ritmo (m)	irama	[irama]
blues (m)	musik blues	[musiʔ blus]

notas (f pl)	notasi musik	[notasi musiʔ]
batuta (f)	tongkat dirigen	[toŋkat dirigen]
arco (m)	penggesek	[peŋgeseʔ]
cuerda (f)	tali, senar	[tali], [senar]
estuche (m)	wadah	[wadah]

El descanso. El entretenimiento. El viaje

turismo (m)	pariwisata	[pariwisata]
turista (m)	turis, wisatawan	[turis], [wisatawan]
viaje (m)	pengembaraan	[peŋembara'an]
aventura (f)	petualangan	[petualaŋan]
viaje (m) (p.ej. ~ en coche)	perjalanan, lawatan	[pərdʒ'alanan], [lawatan]

vacaciones (f pl)	liburan	[liburan]
estar de vacaciones	berlibur	[bərlibur]
descanso (m)	istirahat	[istirahat]

tren (m)	kereta api	[kereta api]
en tren	naik kereta api	[nai' kereta api]
avión (m)	pesawat terbang	[pesawat tərbaŋ]
en avión	naik pesawat terbang	[nai' pesawat tərbaŋ]
en coche	naik mobil	[nai' mobil]
en barco	naik kapal	[nai' kapal]

equipaje (m)	bagasi	[bagasi]
maleta (f)	koper	[koper]
carrito (m) de equipaje	troli bagasi	[troli bagasi]

pasaporte (m)	paspor	[paspor]
visado (m)	visa	[visa]
billete (m)	tiket	[tiket]
billete (m) de avión	tiket pesawat terbang	[tiket pesawat tərbaŋ]

guía (f) (libro)	buku pedoman	[buku pedoman]
mapa (m)	peta	[peta]
área (f) (~ rural)	kawasan	[kawasan]
lugar (m)	tempat	[tempat]

exotismo (m)	keeksotisan	[keeksotisan]
exótico (adj)	eksotis	[eksotis]
asombroso (adj)	menakjubkan	[mənakdʒ'ubkan]

grupo (m)	kelompok	[kelompo']
excursión (f)	ekskursi	[ekskursi]
guía (m) (persona)	pemandu wisata	[pemandu wisata]

hotel (m), motel (m)	hotel	[hotel]
motel (m)	motel	[motel]
de tres estrellas	bintang tiga	[bintaŋ tiga]

| de cinco estrellas | bintang lima | [bintaŋ lima] |
| hospedarse (vr) | menginap | [məɲinap] |

habitación (f)	kamar	[kamar]
habitación (f) individual	kamar tunggal	[kamar tuŋgal]
habitación (f) doble	kamar ganda	[kamar ganda]
reservar una habitación	memesan kamar	[memesan kamar]

| media pensión (f) | sewa setengah | [sewa seteŋah] |
| pensión (f) completa | sewa penuh | [sewa penuh] |

con baño	dengan kamar mandi	[deŋan kamar mandi]
con ducha	dengan pancuran	[deŋan pantʃuran]
televisión (f) satélite	televisi satelit	[televisi satelit]
climatizador (m)	penyejuk udara	[penjedʒʲuʔ udara]
toalla (f)	handuk	[handuʔ]
llave (f)	kunci	[kuntʃi]

administrador (m)	administrator	[administrator]
camarera (f)	pelayan kamar	[pelajan kamar]
maletero (m)	porter	[porter]
portero (m)	pramupintu	[pramupintu]

restaurante (m)	restoran	[restoran]
bar (m)	bar	[bar]
desayuno (m)	makan pagi, sarapan	[makan pagi], [sarapan]
cena (f)	makan malam	[makan malam]
buffet (m) libre	prasmanan	[prasmanan]

| vestíbulo (m) | lobi | [lobi] |
| ascensor (m) | elevator | [elevator] |

| NO MOLESTAR | JANGAN MENGGANGGU | [dʒʲaŋan məŋgaŋgu] |
| PROHIBIDO FUMAR | DILARANG MEROKOK! | [dilaraŋ merokoʔ!] |

157. Los libros. La lectura

libro (m)	buku	[buku]
autor (m)	pengarang	[peŋaraŋ]
escritor (m)	penulis	[penulis]
escribir (~ un libro)	menulis	[mənulis]

lector (m)	pembaca	[pembatʃa]
leer (vi, vt)	membaca	[membatʃa]
lectura (f)	membaca	[membatʃa]

| en silencio | dalam hati | [dalam hati] |
| en voz alta | dengan keras | [deŋan keras] |

editar (vt)	menerbitkan	[mənerbitkan]
edición (f) (~ de libros)	penerbitan	[penerbitan]
editor (m)	penerbit	[penerbit]
editorial (f)	penerbit	[penerbit]
salir (libro)	terbit	[terbit]

salida (f) (de un libro)	penerbitan	[penerbitan]
tirada (f)	oplah	[oplah]
librería (f)	toko buku	[toko buku]
biblioteca (f)	perpustakaan	[pərpustakaʔan]
cuento (m)	novel, cerita	[novel], [ʧerita]
relato (m) corto	cerpen	[ʧerpen]
novela (f)	novel	[novel]
novela (f) policíaca	novel detektif	[novel detektif]
memorias (f pl)	memoir	[memoir]
leyenda (f)	legenda	[legenda]
mito (m)	mitos	[mitos]
versos (m pl)	puisi	[puisi]
autobiografía (f)	autobiografi	[autobiografi]
obras (f pl) escogidas	karya pilihan	[karja pilihan]
ciencia ficción (f)	fiksi ilmiah	[fiksi ilmiah]
título (m)	judul	[dʒʲudul]
introducción (f)	pendahuluan	[pendahuluan]
portada (f)	halaman judul	[halaman dʒʲudul]
capítulo (m)	bab	[bab]
extracto (m)	kutipan	[kutipan]
episodio (m)	episode	[episode]
sujeto (m)	alur cerita	[alur ʧerita]
contenido (m)	daftar isi	[daftar isi]
tabla (f) de contenidos	daftar isi	[daftar isi]
héroe (m) principal	karakter utama	[karakter utama]
tomo (m)	jilid	[dʒilid]
cubierta (f)	sampul	[sampul]
encuadernado (m)	penjilidan	[pendʒilidan]
marcador (m) de libro	pembatas buku	[pembatas buku]
página (f)	halaman	[halaman]
hojear (vt)	membolak-balik	[membolaʔ-baliʔ]
márgenes (m pl)	margin	[margin]
anotación (f)	anotasi, catatan	[anotasi], [ʧatatan]
nota (f) a pie de página	catatan kaki	[ʧatatan kaki]
texto (m)	teks	[teks]
fuente (f)	huruf	[huruf]
errata (f)	salah cetak	[salah ʧetaʔ]
traducción (f)	terjemahan	[tərdʒʲemahan]
traducir (vt)	menerjemahkan	[mənərdʒʲemahkan]
original (m)	orisinal	[orisinal]
famoso (adj)	terkenal	[tərkenal]
desconocido (adj)	tidak dikenali	[tidaʔ dikenali]
interesante (adj)	menarik	[mənariʔ]
best-seller (m)	buku laris	[buku laris]

diccionario (m)	kamus	[kamus]
manual (m)	buku pelajaran	[buku peladʒʲaran]
enciclopedia (f)	ensiklopedi	[ensiklopedi]

158. La caza. La pesca

caza (f)	perburuan	[pərburuan]
cazar (vi, vt)	berburu	[bərburu]
cazador (m)	pemburu	[pemburu]

tirar (vi)	menembak	[mənembaʔ]
fusil (m)	senapan	[senapan]
cartucho (m)	peluru, patrun	[peluru], [patrun]
perdigón (m)	peluru gotri	[peluru gotri]

cepo (m)	perangkap	[pəraŋkap]
trampa (f)	perangkap	[pəraŋkap]
caer en el cepo	terperangkap	[tərperaŋkap]
poner un cepo	memasang perangkap	[memasaŋ pəraŋkap]

cazador (m) furtivo	pemburu ilegal	[pemburu ilegal]
caza (f) menor	binatang buruan	[binataŋ buruan]
perro (m) de caza	anjing pemburu	[andʒiŋ pemburu]
safari (m)	safari	[safari]
animal (m) disecado	patung binatang	[patuŋ binataŋ]

pescador (m)	nelayan, pemancing	[nelajan], [pemanʧiŋ]
pesca (f)	memancing	[memanʧiŋ]
pescar (vi)	memancing	[memanʧiŋ]

caña (f) de pescar	joran	[dʒoran]
sedal (m)	tali pancing	[tali panʧiŋ]
anzuelo (m)	kail	[kail]

| flotador (m) | pelampung | [pelampuŋ] |
| cebo (m) | umpan | [umpan] |

| lanzar el anzuelo | melempar pancing | [melempar panʧiŋ] |
| picar (vt) | memakan umpan | [memakan umpan] |

| pesca (f) (lo pescado) | tangkapan | [taŋkapan] |
| agujero (m) en el hielo | lubang es | [lubaŋ es] |

red (f)	jala	[dʒʲala]
barca (f)	perahu	[pərahu]
pescar con la red	menjala	[məndʒʲala]
tirar la red	menabur jala	[mənabur dʒʲala]

| sacar la red | menarik jala | [mənariʔ dʒʲala] |
| caer en la red | tertangkap dalam jala | [tərtaŋkap dalam dʒʲala] |

ballenero (m) (persona)	pemburu paus	[pemburu paus]
ballenero (m) (barco)	kapal pemburu paus	[kapal pemburu paus]
arpón (m)	tempuling	[tempuliŋ]

159. Los juegos. El billar

billar (m)	biliar	[biliar]
sala (f) de billar	kamar biliar	[kamar biliar]
bola (f) de billar	bola	[bola]

entronerar la bola	memasukkan bola	[memasuʔkan bola]
taco (m)	stik	[stiʔ]
tronera (f)	lubang meja biliar	[lubaŋ medʒ'a biliar]

160. Los juegos. Las cartas

carta (f)	kartu permainan	[kartu pərmajnan]
cartas (f pl)	kartu	[kartu]
baraja (f)	pak kartu	[paʔ kartu]
triunfo (m)	truf	[truf]

cuadrados (m pl)	wajik	[wadʒiʔ]
picas (f pl)	sekop	[sekop]
corazones (m pl)	hati	[hati]
tréboles (m pl)	keriting	[keritiŋ]

as (m)	as	[as]
rey (m)	raja	[radʒ'a]
dama (f)	ratu	[ratu]
sota (f)	jack	[dʒ'eʔ]

dar, distribuir (repartidor)	membagikan	[membagikan]
barajar (vt) (mezclar las cartas)	mengocok	[məŋotʃoʔ]
jugada (f) (turno)	giliran	[giliran]
punto (m)	poin	[poin]
fullero (m)	pemain kartu curang	[pemajn kartu tʃuraŋ]

161. El casino. La ruleta

casino (m)	kasino	[kasino]
ruleta (f)	rolet	[rolet]
puesta (f)	bet, taruhan	[bet], [taruhan]
apostar (vt)	bertaruh	[bərtaruh]

rojo (m)	merah	[merah]
negro (m)	hitam	[hitam]
apostar al rojo	memasang warna merah	[memasaŋ warna merah]
apostar al negro	memasang warna hitam	[memasaŋ warna hitam]

crupier (m, f)	bandar	[bandar]
girar la ruleta	memutar roda	[memutar roda]
reglas (f pl) de juego	aturan main	[aturan majn]
ficha (f)	chip	[tʃip]
ganar (vi, vt)	menang	[menaŋ]

ganancia (f)	kemenangan	[kemenaŋan]
perder (vi)	kalah	[kalah]
pérdida (f)	kekalahan	[kekalahan]

jugador (m)	pemain	[pemajn]
black jack (m)	Blackjack	[blekdʒ'e']
juego (m) de dados	permainan dadu	[pərmajnan dadu]
dados (m pl)	dadu	[dadu]
tragaperras (f)	mesin slot	[mesin slot]

162. El descanso. Los juegos. Miscelánea

pasear (vi)	berjalan-jalan	[bərdʒ'alan-dʒ'alan]
paseo (m) (caminata)	jalan-jalan	[dʒ'alan-dʒ'alan]
paseo (m) (en coche)	perjalanan	[pərdʒ'alanan]
aventura (f)	petualangan	[petualaŋan]
picnic (m)	piknik	[pikni']

juego (m)	permainan	[pərmajnan]
jugador (m)	pemain	[pemajn]
partido (m)	partai	[partaj]

coleccionista (m)	kolektor	[kolektor]
coleccionar (vt)	mengoleksi	[məŋoleksi]
colección (f)	koleksi	[koleksi]

crucigrama (m)	teka-teki silang	[teka-teki silaŋ]
hipódromo (m)	lapangan pacu	[lapaŋan patʃu]
discoteca (f)	diskotik	[diskoti']

sauna (f)	sauna	[sauna]
lotería (f)	lotre	[lotre]

marcha (f)	darmawisata	[darmawisata]
campo (m)	perkemahan	[pərkemahan]
campista (m)	pewisata alam	[pewisata alam]
tienda (f) de campaña	tenda, kemah	[tenda], [kemah]
brújula (f)	kompas	[kompas]

ver (la televisión)	menonton	[mənonton]
telespectador (m)	penonton	[penonton]
programa (m) de televisión	acara TV	[atʃara ti-vi]

163. La fotografía

cámara (f) fotográfica	kamera	[kamera]
fotografía (f) (una foto)	foto	[foto]

fotógrafo (m)	fotografer	[fotografer]
estudio (m) fotográfico	studio foto	[studio foto]
álbum (m) de fotos	album foto	[album foto]
objetivo (m)	lensa kamera	[lensa kamera]

teleobjetivo (m)	lensa telefoto	[lensa telefoto]
filtro (m)	filter	[filter]
lente (m)	lensa	[lensa]

óptica (f)	alat optik	[alat opti']
diafragma (m)	diafragma	[diafragma]
tiempo (m) de exposición	kecepatan rana	[ketʃepatan rana]
visor (m)	jendela pengamat	[dʒ'endela peŋamat]

cámara (f) digital	kamera digital	[kamera digital]
trípode (m)	kakitiga	[kakitiga]
flash (m)	blitz	[blits]

fotografiar (vt)	memotret	[memotret]
hacer fotos	memotret	[memotret]
fotografiarse (vr)	berfoto	[bərfoto]

foco (m)	fokus	[fokus]
enfocar (vt)	mengatur fokus	[məŋatur fokus]
nítido (adj)	tajam	[tadʒ'am]
nitidez (f)	ketajaman	[ketadʒ'aman]

| contraste (m) | kekontrasan | [kekontrasan] |
| de alto contraste (adj) | kontras | [kontras] |

foto (f)	gambar foto	[gambar foto]
negativo (m)	negatif	[negatif]
película (f) fotográfica	film	[film]
fotograma (m)	frame, gambar diam	[frame], [gambar diam]
imprimir (vt)	mencetak	[məntʃeta']

164. La playa. La natación

playa (f)	pantai	[pantaj]
arena (f)	pasir	[pasir]
desierto (playa ~a)	sepi	[sepi]

bronceado (m)	hitam terbakar matahari	[hitam tərbakar matahari]
broncearse (vr)	berjemur di sinar matahari	[bərdʒ'emur di sinar matahari]
bronceado (adj)	hitam terbakar matahari	[hitam tərbakar matahari]
protector (m) solar	tabir surya	[tabir surja]

bikini (m)	bikini	[bikini]
traje (m) de baño	baju renang	[badʒ'u renaŋ]
bañador (m)	celana renang	[tʃelana renaŋ]

piscina (f)	kolam renang	[kolam renaŋ]
nadar (vi)	berenang	[bərenaŋ]
ducha (f)	pancuran	[pantʃuran]
cambiarse (vr)	berganti pakaian	[bərganti pakajan]
toalla (f)	handuk	[handu']

| barca (f) | perahu | [pərahu] |
| lancha (f) motora | perahu motor | [pərahu motor] |

esquís (m pl) acuáticos	ski air	[ski air]
bicicleta (f) acuática	sepeda air	[sepeda air]
surf (m)	berselancar	[bərselantʃar]
surfista (m)	peselancar	[peselantʃar]
equipo (m) de buceo	alat scuba	[alat skuba]
aletas (f pl)	sirip karet	[sirip karet]
máscara (f) de buceo	masker	[masker]
buceador (m)	penyelam	[penjelam]
bucear (vi)	menyelam	[mənjelam]
bajo el agua (adv)	bawah air	[bawah air]
sombrilla (f)	payung	[pajuŋ]
tumbona (f)	kursi pantai	[kursi pantaj]
gafas (f pl) de sol	kacamata hitam	[katʃamata hitam]
colchoneta (f) inflable	kasur udara	[kasur udara]
jugar (divertirse)	bermain	[bərmajn]
bañarse (vr)	berenang	[bərenaŋ]
pelota (f) de playa	bola pantai	[bola pantaj]
inflar (vt)	meniup	[məniup]
inflable (colchoneta ~)	udara	[udara]
ola (f)	gelombang	[gelombaŋ]
boya (f)	pelampung	[pelampuŋ]
ahogarse (vr)	tenggelam	[teŋgelam]
salvar (vt)	menyelamatkan	[mənjelamatkan]
chaleco (m) salvavidas	jaket pelampung	[dʒ'aket pelampuŋ]
observar (vt)	mengamati	[məŋamati]
socorrista (m)	penyelamat	[penjelamat]

EL EQUIPO TÉCNICO. EL TRANSPORTE

El equipo técnico

165. El computador

ordenador (m)	komputer	[komputer]
ordenador (m) portátil	laptop	[laptop]
encender (vt)	menyalakan	[mənjalakan]
apagar (vt)	mematikan	[mematikan]
teclado (m)	keyboard, papan tombol	[keybor], [papan tombol]
tecla (f)	tombol	[tombol]
ratón (m)	tetikus	[tetikus]
alfombrilla (f) para ratón	bantal tetikus	[bantal tetikus]
botón (m)	tombol	[tombol]
cursor (m)	kursor	[kursor]
monitor (m)	monitor	[monitor]
pantalla (f)	layar	[lajar]
disco (m) duro	hard disk, cakram keras	[hard disk], [ʧakram keras]
volumen (m) de disco duro	kapasitas cakram keras	[kapasitas ʧakram keras]
memoria (f)	memori	[memori]
memoria (f) operativa	memori akses acak	[memori akses atʃa']
archivo, fichero (m)	file, berkas	[file], [bərkas]
carpeta (f)	folder	[folder]
abrir (vt)	membuka	[membuka]
cerrar (vt)	menutup	[mənutup]
guardar (un archivo)	menyimpan	[mənjimpan]
borrar (vt)	menghapus	[məŋhapus]
copiar (vt)	menyalin	[mənjalin]
ordenar (vt) (~ de A a Z, etc.)	menyortir	[mənjortir]
transferir (vt)	mentransfer	[məntransfer]
programa (m)	program	[program]
software (m)	perangkat lunak	[pəraŋkat luna']
programador (m)	pemrogram	[pemrogram]
programar (vt)	memprogram	[memprogram]
hacker (m)	peretas	[pəretas]
contraseña (f)	kata sandi	[kata sandi]
virus (m)	virus	[virus]
detectar (vt)	mendeteksi	[məndeteksi]
octeto, byte (m)	bita	[bita]

megaocteto (m)	megabita	[megabita]
datos (m pl)	data	[data]
base (f) de datos	basis data, pangkalan data	[basis data], [paŋkalan data]

cable (m)	kabel	[kabel]
desconectar (vt)	melepaskan	[melepaskan]
conectar (vt)	menyambungkan	[mənjambuŋkan]

166. El internet. El correo electrónico

internet (m), red (f)	Internet	[internet]
navegador (m)	peramban	[pəramban]
buscador (m)	mesin telusur	[mesin telusur]
proveedor (m)	provider	[provider]

webmaster (m)	webmaster, perancang web	[webmaster], [pərantʃaŋ web]
sitio (m) web	situs web	[situs web]
página (f) web	halaman web	[halaman web]

| dirección (f) | alamat | [alamat] |
| libro (m) de direcciones | buku alamat | [buku alamat] |

buzón (m)	kotak surat	[kota' surat]
correo (m)	surat	[surat]
lleno (adj)	penuh	[penuh]

mensaje (m)	pesan	[pesan]
correo (m) entrante	pesan masuk	[pesan masu']
correo (m) saliente	pesan keluar	[pesan keluar]

expedidor (m)	pengirim	[peŋirim]
enviar (vt)	mengirim	[məŋirim]
envío (m)	pengiriman	[peŋiriman]

| destinatario (m) | penerima | [penerima] |
| recibir (vt) | menerima | [mənerima] |

| correspondencia (f) | surat-menyurat | [surat-menyurat] |
| escribirse con ... | surat-menyurat | [surat-menyurat] |

archivo, fichero (m)	file, berkas	[file], [bərkas]
descargar (vt)	mengunduh	[məŋunduh]
crear (vt)	membuat	[membuat]
borrar (vt)	menghapus	[məŋhapus]
borrado (adj)	terhapus	[tərhapus]

conexión (f) (ADSL, etc.)	koneksi	[koneksi]
velocidad (f)	kecepatan	[ketʃepatan]
módem (m)	modem	[modem]
acceso (m)	akses	[akses]
puerto (m)	porta	[porta]

| conexión (f) (establecer la ~) | koneksi | [koneksi] |
| conectarse a ... | terhubung ke ... | [tərhubuŋ ke ...] |

| seleccionar (vt) | memilih | [memilih] |
| buscar (vt) | mencari ... | [mənʧari ...] |

167. La electricidad

electricidad (f)	listrik	[listriʔ]
eléctrico (adj)	listrik	[listriʔ]
central (f) eléctrica	pembangkit listrik	[pembaŋkit listriʔ]
energía (f)	energi, tenaga	[energi], [tenaga]
energía (f) eléctrica	tenaga listrik	[tenaga listriʔ]

bombilla (f)	bohlam	[bohlam]
linterna (f)	lentera	[lentera]
farola (f)	lampu jalan	[lampu dʒʲalan]

luz (f)	lampu	[lampu]
encender (vt)	menyalakan	[mənjalakan]
apagar (vt)	mematikan	[mematikan]
apagar la luz	mematikan lampu	[mematikan lampu]

quemarse (vr)	mati	[mati]
circuito (m) corto	korsleting	[korsletiŋ]
ruptura (f)	kabel putus	[kabel putus]
contacto (m)	kontak	[kontaʔ]

interruptor (m)	sakelar	[sakelar]
enchufe (m)	colokan	[ʧolokan]
clavija (f)	steker	[steker]
alargador (m)	kabel ekstensi	[kabel ekstensi]

fusible (m)	sekering	[sekeriŋ]
cable, hilo (m)	kabel, kawat	[kabel], [kawat]
instalación (f) eléctrica	rangkaian kabel	[raŋkajan kabel]

amperio (m)	ampere	[ampere]
amperaje (m)	kuat arus listrik	[kuat arus listriʔ]
voltio (m)	volt	[volt]
voltaje (m)	voltase	[voltase]

| aparato (m) eléctrico | perkakas listrik | [pərkakas listriʔ] |
| indicador (m) | indikator | [indikator] |

electricista (m)	tukang listrik	[tukaŋ listriʔ]
soldar (vt)	mematri	[mematri]
soldador (m)	besi solder	[besi solder]
corriente (f)	arus listrik	[arus listriʔ]

168. Las herramientas

instrumento (m)	alat	[alat]
instrumentos (m pl)	peralatan	[pəralatan]
maquinaria (f)	perlengkapan	[pərleŋkapan]

martillo (m)	martil, palu	[martil], [palu]
destornillador (m)	obeng	[obeŋ]
hacha (f)	kapak	[kapaʔ]
sierra (f)	gergaji	[gergadʒi]
serrar (vt)	menggergaji	[məŋgergadʒi]
cepillo (m)	serut	[serut]
cepillar (vt)	menyerut	[mənjerut]
soldador (m)	besi solder	[besi solder]
soldar (vt)	mematri	[mematri]
lima (f)	kikir	[kikir]
tenazas (f pl)	tang	[taŋ]
alicates (m pl)	catut	[tʃatut]
escoplo (m)	pahat	[pahat]
broca (f)	mata bor	[mata bor]
taladro (m)	bor listrik	[bor listriʔ]
taladrar (vi, vt)	mengebor	[məŋebor]
cuchillo (m)	pisau	[pisau]
filo (m)	mata pisau	[mata pisau]
agudo (adj)	tajam	[tadʒiam]
embotado (adj)	tumpul	[tumpul]
embotarse (vr)	menjadi tumpul	[məndʒiadi tumpul]
afilar (vt)	mengasah	[məŋasah]
perno (m)	baut	[baut]
tuerca (f)	mur	[mur]
filete (m)	ulir	[ulir]
tornillo (m)	sekrup	[sekrup]
clavo (m)	paku	[paku]
cabeza (f) del clavo	paku payung	[paku pajuŋ]
regla (f)	mistar, penggaris	[mistar], [peŋgaris]
cinta (f) métrica	meteran	[meteran]
nivel (m) de burbuja	pengukur kedataran	[peŋukur kedataran]
lupa (f)	kaca pembesar	[katʃa pembesar]
aparato (m) de medida	alat ukur	[alat ukur]
medir (vt)	mengukur	[məŋukur]
escala (f) (~ métrica)	skala	[skala]
lectura (f)	pencatatan	[pentʃatatan]
compresor (m)	kompresor	[kompresor]
microscopio (m)	mikroskop	[mikroskop]
bomba (f) (~ de agua)	pompa	[pompa]
robot (m)	robot	[robot]
láser (m)	laser	[laser]
llave (f) de tuerca	kunci pas	[kuntʃi pas]
cinta (f) adhesiva	selotip	[selotip]
cola (f), pegamento (m)	lem	[lem]

papel (m) de lija	kertas amplas	[kertas amplas]
resorte (m)	pegas, per	[pegas], [pər]
imán (m)	magnet	[magnet]
guantes (m pl)	sarung tangan	[saruŋ taŋan]

cuerda (f)	tali	[tali]
cordón (m)	tambang, tali	[tambaŋ], [tali]
hilo (m) (~ eléctrico)	kabel, kawat	[kabel], [kawat]
cable (m)	kabel, kawat	[kabel], [kawat]

almádana (f)	palu godam	[palu godam]
barra (f)	linggis	[liŋgis]
escalera (f) portátil	tangga	[taŋga]
escalera (f) de tijera	tangga	[taŋga]

atornillar (vt)	mengencangkan	[məŋentʃaŋkan]
destornillar (vt)	mengendurkan	[məŋendurkan]
apretar (vt)	mengencangkan	[məŋentʃaŋkan]
pegar (vt)	menempelkan	[mənempelkan]
cortar (vt)	memotong	[memotoŋ]

fallo (m)	malafungsi, kerusakan	[malafuŋsi], [kerusakan]
reparación (f)	perbaikan	[pərbajkan]
reparar (vt)	mereparasi, memperbaiki	[mereparasi], [memperbajki]
regular, ajustar (vt)	menyetel	[mənetel]

verificar (vt)	memeriksa	[memeriksa]
control (m)	pemeriksaan	[pemeriksa'an]
lectura (f) (~ del contador)	pencatatan	[pentʃatatan]

| fiable (máquina) | andal | [andal] |
| complicado (adj) | rumit | [rumit] |

oxidarse (vr)	berkarat, karatan	[bərkarat], [karatan]
oxidado (adj)	berkarat, karatan	[bərkarat], [karatan]
óxido (m)	karat	[karat]

El transporte

avión (m)	pesawat terbang	[pesawat terbaŋ]
billete (m) de avión	tiket pesawat terbang	[tiket pesawat terbaŋ]
compañía (f) aérea	maskapai penerbangan	[maskapaj penerbaŋan]
aeropuerto (m)	bandara	[bandara]
supersónico (adj)	supersonik	[supersoniʔ]
comandante (m)	kapten	[kapten]
tripulación (f)	awak	[awaʔ]
piloto (m)	pilot	[pilot]
azafata (f)	pramugari	[pramugari]
navegador (m)	navigator, penavigasi	[navigator], [penavigasi]
alas (f pl)	sayap	[sajap]
cola (f)	ekor	[ekor]
cabina (f)	kokpit	[kokpit]
motor (m)	mesin	[mesin]
tren (m) de aterrizaje	roda pendarat	[roda pendarat]
turbina (f)	turbin	[turbin]
hélice (f)	baling-baling	[baliŋ-baliŋ]
caja (f) negra	kotak hitam	[kota' hitam]
timón (m)	kemudi	[kemudi]
combustible (m)	bahan bakar	[bahan bakar]
instructivo (m) de seguridad	instruksi keselamatan	[instruksi keselamatan]
respirador (m) de oxígeno	masker oksigen	[masker oksigen]
uniforme (m)	seragam	[seragam]
chaleco (m) salvavidas	jaket pelampung	[dʒˈaket pelampuŋ]
paracaídas (m)	parasut	[parasut]
despegue (m)	lepas landas	[lepas landas]
despegar (vi)	bertolak	[bertola']
pista (f) de despegue	jalur lepas landas	[dʒˈalur lepas landas]
visibilidad (f)	visibilitas, pandangan	[visibilitas], [pandaŋan]
vuelo (m)	penerbangan	[penerbaŋan]
altura (f)	ketinggian	[ketiŋgian]
pozo (m) de aire	lubang udara	[lubaŋ udara]
asiento (m)	tempat duduk	[tempat dudu']
auriculares (m pl)	headphone, fonkepala	[headphone], [fonkepala]
mesita (f) plegable	meja lipat	[medʒˈa lipat]
ventana (f)	jendela pesawat	[dʒˈendela pesawat]
pasillo (m)	lorong	[loroŋ]

170. El tren

tren (m)	kereta api	[kereta api]
tren (m) de cercanías	kereta api listrik	[kereta api listri']
tren (m) rápido	kereta api cepat	[kereta api tʃepat]
locomotora (f) diésel	lokomotif diesel	[lokomotif disel]
tren (m) de vapor	lokomotif uap	[lokomotif uap]
coche (m)	gerbong penumpang	[gerboŋ penumpaŋ]
coche (m) restaurante	gerbong makan	[gerboŋ makan]
rieles (m pl)	rel	[rel]
ferrocarril (m)	rel kereta api	[rel kereta api]
traviesa (f)	bantalan rel	[bantalan rel]
plataforma (f)	platform	[platform]
vía (f)	jalur	[dʒʲalur]
semáforo (m)	semafor	[semafor]
estación (f)	stasiun	[stasiun]
maquinista (m)	masinis	[masinis]
maletero (m)	porter	[porter]
mozo (m) del vagón	kondektur	[kondektur]
pasajero (m)	penumpang	[penumpaŋ]
revisor (m)	kondektur	[kondektur]
corredor (m)	koridor	[koridor]
freno (m) de urgencia	rem darurat	[rem darurat]
compartimiento (m)	kabin	[kabin]
litera (f)	bangku	[baŋku]
litera (f) de arriba	bangku atas	[baŋku atas]
litera (f) de abajo	bangku bawah	[baŋku bawah]
ropa (f) de cama	kain kasur	[kain kasur]
billete (m)	tiket	[tiket]
horario (m)	jadwal	[dʒʲadwal]
pantalla (f) de información	layar informasi	[lajar informasi]
partir (vi)	berangkat	[bəraŋkat]
partida (f) (del tren)	keberangkatan	[kebəraŋkatan]
llegar (tren)	datang	[dataŋ]
llegada (f)	kedatangan	[kedataŋan]
llegar en tren	datang naik kereta api	[dataŋ naj' kereta api]
tomar el tren	naik ke kereta	[nai' ke kereta]
bajar del tren	turun dari kereta	[turun dari kereta]
descarrilamiento (m)	kecelakaan kereta	[ketʃelaka'an kereta]
descarrilarse (vr)	keluar rel	[keluar rel]
tren (m) de vapor	lokomotif uap	[lokomotif uap]
fogonero (m)	juru api	[dʒʲuru api]
hogar (m)	tungku	[tuŋku]
carbón (m)	batu bara	[batu bara]

171. El barco

barco, buque (m)	kapal	[kapal]
navío (m)	kapal	[kapal]
buque (m) de vapor	kapal uap	[kapal uap]
motonave (f)	kapal api	[kapal api]
trasatlántico (m)	kapal laut	[kapal laut]
crucero (m)	kapal penjelajah	[kapal penʤ'elaʤ'ah]
yate (m)	perahu pesiar	[pərahu pesiar]
remolcador (m)	kapal tunda	[kapal tunda]
barcaza (f)	tongkang	[toŋkaŋ]
ferry (m)	feri	[feri]
velero (m)	kapal layar	[kapal lajar]
bergantín (m)	kapal brigantin	[kapal brigantin]
rompehielos (m)	kapal pemecah es	[kapal pemeʧah es]
submarino (m)	kapal selam	[kapal selam]
bote (m) de remo	perahu	[pərahu]
bote (m)	sekoci	[sekoʧi]
bote (m) salvavidas	sekoci penyelamat	[sekoʧi penjelamat]
lancha (f) motora	perahu motor	[pərahu motor]
capitán (m)	kapten	[kapten]
marinero (m)	kelasi	[kelasi]
marino (m)	pelaut	[pelaut]
tripulación (f)	awak	[awa']
contramaestre (m)	bosman, bosun	[bosman], [bosun]
grumete (m)	kadet laut	[kadet laut]
cocinero (m) de abordo	koki	[koki]
médico (m) del buque	dokter kapal	[dokter kapal]
cubierta (f)	dek	[de']
mástil (m)	tiang	[tiaŋ]
vela (f)	layar	[lajar]
bodega (f)	lambung kapal	[lambuŋ kapal]
proa (f)	haluan	[haluan]
popa (f)	buritan	[buritan]
remo (m)	dayung	[dajuŋ]
hélice (f)	baling-baling	[baliŋ-baliŋ]
camarote (m)	kabin	[kabin]
sala (f) de oficiales	ruang rekreasi	[ruaŋ rekreasi]
sala (f) de máquinas	ruang mesin	[ruaŋ mesin]
puente (m) de mando	anjungan kapal	[anʤ'uŋan kapal]
sala (f) de radio	ruang radio	[ruaŋ radio]
onda (f)	gelombang radio	[gelombaŋ radio]
cuaderno (m) de bitácora	buku harian kapal	[buku harian kapal]
anteojo (m)	teropong	[təropoŋ]
campana (f)	lonceng	[lonʧeŋ]

bandera (f)	bendera	[bendera]
cabo (m) (maroma)	tali	[tali]
nudo (m)	simpul	[simpul]

| pasamano (m) | pegangan | [pegaŋan] |
| pasarela (f) | tangga kapal | [taŋga kapal] |

ancla (f)	jangkar	[dʒˈaŋkar]
levar ancla	mengangkat jangkar	[məŋaŋkat dʒˈaŋkar]
echar ancla	menjatuhkan jangkar	[məndʒˈatuhkan dʒˈaŋkar]
cadena (f) del ancla	rantai jangkar	[rantaj dʒˈaŋkar]

puerto (m)	pelabuhan	[pelabuhan]
embarcadero (m)	dermaga	[dermaga]
amarrar (vt)	merapat	[merapat]
desamarrar (vt)	bertolak	[bərtolaʔ]

viaje (m)	pengembaraan	[peɲembaraʔan]
crucero (m) (viaje)	pesiar	[pesiar]
derrota (f) (rumbo)	haluan	[haluan]
itinerario (m)	rute	[rute]

| bajío (m) | beting | [betiŋ] |
| encallar (vi) | kandas | [kandas] |

tempestad (f)	badai	[badaj]
señal (f)	sinyal	[sinjal]
hundirse (vr)	tenggelam	[teŋgelam]
¡Hombre al agua!	Orang hanyut!	[oraŋ hanyut!]
SOS	SOS	[es-o-es]
aro (m) salvavidas	pelampung penyelamat	[pelampuŋ penjelamat]

172. El aeropuerto

aeropuerto (m)	bandara	[bandara]
avión (m)	pesawat terbang	[pesawat tərbaŋ]
compañía (f) aérea	maskapai penerbangan	[maskapaj penerbaŋan]
controlador (m) aéreo	pengawas lalu lintas udara	[peɲawas lalu lintas udara]

despegue (m)	keberangkatan	[keberaŋkatan]
llegada (f)	kedatangan	[kedataŋan]
llegar (en avión)	datang	[dataŋ]

| hora (f) de salida | waktu keberangkatan | [waktu keberaŋkatan] |
| hora (f) de llegada | waktu kedatangan | [waktu kedataŋan] |

| retrasarse (vr) | terlambat | [tərlambat] |
| retraso (m) de vuelo | penundaan penerbangan | [penundaʔan penerbaŋan] |

pantalla (f) de información	papan informasi	[papan informasi]
información (f)	informasi	[informasi]
anunciar (vt)	mengumumkan	[məŋumumkan]
vuelo (m)	penerbangan	[penerbaŋan]
aduana (f)	pabean	[pabean]

aduanero (m)	petugas pabean	[petugas pabean]
declaración (f) de aduana	pernyataan pabean	[pərnjata'an pabean]
rellenar (vt)	mengisi	[məɲisi]
rellenar la declaración	mengisi formulir bea cukai	[məɲisi formulir bea ʧukaj]
control (m) de pasaportes	pemeriksaan paspor	[pemeriksa'an paspor]

equipaje (m)	bagasi	[bagasi]
equipaje (m) de mano	jinjingan	[dʒindʒiŋan]
carrito (m) de equipaje	troli bagasi	[troli bagasi]

aterrizaje (m)	pendaratan	[pendaratan]
pista (f) de aterrizaje	jalur pendaratan	[dʒʲalur pendaratan]
aterrizar (vi)	mendarat	[məndarat]
escaleras (f pl) (de avión)	tangga pesawat	[taŋga pesawat]

facturación (f) (check-in)	check-in	[ʧekin]
mostrador (m) de facturación	meja check-in	[medʒʲa ʧekin]
hacer el check-in	check-in	[ʧekin]
tarjeta (f) de embarque	kartu pas	[kartu pas]
puerta (f) de embarque	gerbang keberangkatan	[gerbaŋ keberaŋkatan]

tránsito (m)	transit	[transit]
esperar (aguardar)	menunggu	[mənuŋgu]
zona (f) de preembarque	ruang tunggu	[ruaŋ tuŋgu]
despedir (vt)	mengantar	[məŋantar]
despedirse (vr)	berpamitan	[bərpamitan]

173. La bicicleta. La motocicleta

bicicleta (f)	sepeda	[sepeda]
scooter (m)	skuter	[skuter]
motocicleta (f)	sepeda motor	[sepeda motor]

ir en bicicleta	naik sepeda	[nai' sepeda]
manillar (m)	kemudi, setang	[kemudi], [setaŋ]
pedal (m)	pedal	[pedal]
frenos (m pl)	rem	[rem]
sillín (m)	sadel	[sadel]

bomba (f)	pompa	[pompa]
portaequipajes (m)	boncengan	[bonʧeɲan]
faro (m)	lampu depan, berko	[lampu depan], [bərko]
casco (m)	helm	[helm]

rueda (f)	roda	[roda]
guardabarros (m)	sayap roda	[sajap roda]
llanta (f)	bingkai	[biŋkaj]
rayo (m)	jari-jari, ruji	[dʒʲari-dʒʲari], [rudʒi]

Los coches

coche (m)	mobil	[mobil]
coche (m) deportivo	mobil sports	[mobil sports]
limusina (f)	limusin	[limusin]
todoterreno (m)	kendaraan lintas medan	[kendara'an lintas medan]
cabriolé (m)	kabriolet	[kabriolet]
microbús (m)	minibus	[minibus]
ambulancia (f)	ambulans	[ambulans]
quitanieves (m)	truk pembersih salju	[tru' pembersih saldʒ'u]
camión (m)	truk	[tru']
camión (m) cisterna	truk tangki	[tru' taŋki]
camioneta (f)	mobil van	[mobil van]
cabeza (f) tractora	truk semi trailer	[tra' semi treyler]
remolque (m)	trailer	[treyler]
confortable (adj)	nyaman	[njaman]
de ocasión (adj)	bekas	[bekas]

capó (m)	kap	[kap]
guardabarros (m)	sepatbor	[sepatbor]
techo (m)	atap	[atap]
parabrisas (m)	kaca depan	[katʃa depan]
espejo (m) retrovisor	spion belakang	[spion belakaŋ]
limpiador (m)	pencuci kaca	[pentʃutʃi katʃa]
limpiaparabrisas (m)	karet wiper	[karet wiper]
ventana (f) lateral	jendela mobil	[dʒ'endela mobil]
elevalunas (m)	pemutar jendela	[pemutar dʒ'endela]
antena (f)	antena	[antena]
techo (m) solar	panel atap	[panel atap]
parachoques (m)	bumper	[bumper]
maletero (m)	bagasi mobil	[bagasi mobil]
baca (f) (portaequipajes)	rak bagasi atas	[ra' bagasi atas]
puerta (f)	pintu	[pintu]
tirador (m) de puerta	gagang pintu	[gagaŋ pintu]
cerradura (f)	kunci	[kuntʃi]
matrícula (f)	pelat nomor	[pelat nomor]
silenciador (m)	peredam suara	[pəredam suara]

tanque (m) de gasolina	tangki bahan bakar	[taŋki bahan bakar]
tubo (m) de escape	knalpot	[knalpot]
acelerador (m)	gas	[gas]
pedal (m)	pedal	[pedal]
pedal (m) de acelerador	pedal gas	[pedal gas]
freno (m)	rem	[rem]
pedal (m) de freno	pedal rem	[pedal rem]
frenar (vi)	mengerem	[məŋerem]
freno (m) de mano	rem tangan	[rem taŋan]
embrague (m)	kopling	[kopliŋ]
pedal (m) de embrague	pedal kopling	[pedal kopliŋ]
disco (m) de embrague	pelat kopling	[pelat kopliŋ]
amortiguador (m)	peredam kejut	[peredam kedʒʲut]
rueda (f)	roda	[roda]
rueda (f) de repuesto	ban serep	[ban serep]
neumático (m)	ban	[ban]
tapacubo (m)	dop	[dop]
ruedas (f pl) motrices	roda penggerak	[roda peŋgeraʔ]
de tracción delantera	penggerak roda depan	[peŋgera' roda depan]
de tracción trasera	penggerak roda belakang	[peŋgera' roda belakaŋ]
de tracción integral	penggerak roda empat	[peŋgera' roda empat]
caja (f) de cambios	transmisi, girboks	[transmisi], [girboks]
automático (adj)	otomatis	[otomatis]
mecánico (adj)	mekanis	[mekanis]
palanca (f) de cambios	tuas persneling	[tuas pərsneliŋ]
faro (m) delantero	lampu depan	[lampu depan]
faros (m pl)	lampu depan	[lampu depan]
luz (f) de cruce	lampu dekat	[lampu dekat]
luz (f) de carretera	lampu jauh	[lampu dʒʲauh]
luz (f) de freno	lampu rem	[lampu rem]
luz (f) de posición	lampu kecil	[lampu ketʃil]
luces (f pl) de emergencia	lampu bahaya	[lampu bahaja]
luces (f pl) antiniebla	lampu kabut	[lampu kabut]
intermitente (m)	lampu sein	[lampu sein]
luz (f) de marcha atrás	lampu belakang	[lampu belakaŋ]

176. El coche. El compartimiento de pasajeros

habitáculo (m)	kabin, interior	[kabin], [interior]
de cuero (adj)	kulit	[kulit]
de felpa (adj)	velour	[velour]
tapizado (m)	pelapis jok	[pelapis dʒo']
instrumento (m)	alat pengukur	[alat peŋukur]
salpicadero (m)	dasbor	[dasbor]

| velocímetro (m) | spidometer | [spidometer] |
| aguja (f) | jarum | [dʒ¡arum] |

cuentakilómetros (m)	odometer	[odometer]
indicador (m)	indikator, sensor	[indikator], [sensor]
nivel (m)	level	[level]
testigo (m) (~ luminoso)	lampu indikator	[lampu indikator]

volante (m)	setir	[setir]
bocina (f)	klakson	[klakson]
botón (m)	tombol	[tombol]
interruptor (m)	tuas	[tuas]

asiento (m)	jok	[dʒoʔ]
respaldo (m)	sandaran	[sandaran]
reposacabezas (m)	sandaran kepala	[sandaran kepala]
cinturón (m) de seguridad	sabuk pengaman	[sabuʔ peŋaman]
abrocharse el cinturón	mengencangkan sabuk pengaman	[məŋentʃaŋkan sabuʔ peŋaman]
reglaje (m)	penyetelan	[penjetelan]

| bolsa (f) de aire (airbag) | bantal udara | [bantal udara] |
| climatizador (m) | penyejuk udara | [penjedʒ¡uʔ udara] |

radio (m)	radio	[radio]
reproductor (m) de CD	pemutar CD	[pemutar si-di]
encender (vt)	menyalakan	[mənjalakan]
antena (f)	antena	[antena]
guantera (f)	laci depan	[latʃi depan]
cenicero (m)	asbak	[asbaʔ]

177. El coche. El motor

motor (m)	mesin	[mesin]
motor (m)	motor	[motor]
diésel (adj)	diesel	[disel]
a gasolina (adj)	bensin	[bensin]

volumen (m) del motor	kapasitas mesin	[kapasitas mesin]
potencia (f)	daya, tenaga	[daja], [tenaga]
caballo (m) de fuerza	tenaga kuda	[tenaga kuda]
pistón (m)	piston	[piston]
cilindro (m)	silinder	[silinder]
válvula (f)	katup	[katup]

inyector (m)	injektor	[indʒ¡ektor]
generador (m)	generator	[generator]
carburador (m)	karburator	[karburator]
aceite (m) de motor	oli	[oli]

radiador (m)	radiator	[radiator]
liquido (m) refrigerante	cairan pendingin	[tʃajran pendiŋin]
ventilador (m)	kipas angin	[kipas aŋin]
estárter (m)	starter	[starter]

encendido (m)	pengapian	[peɲapian]
bujía (f)	busi	[busi]
fusible (m)	sekering	[sekeriŋ]

batería (f)	aki	[aki]
terminal (m)	elektroda	[elektroda]
terminal (m) positivo	terminal positif	[tərminal positif]
terminal (m) negativo	terminal negatif	[tərminal negatif]

filtro (m) de aire	filter udara	[filter udara]
filtro (m) de aceite	filter oli	[filter oli]
filtro (m) de combustible	filter bahan bakar	[filter bahan bakar]

178. El coche. Accidente de tráfico. La reparación

accidente (m)	kecelakaan mobil	[ketʃelaka'an mobil]
accidente (m) de tráfico	kecelakaan jalan raya	[ketʃelaka'an dʒalan raja]
chocar contra ...	menabrak	[mənabra']
tener un accidente	mengalami kecelakaan	[məŋalami ketʃelaka'an]
daño (m)	kerusakan	[kerusakan]
intacto (adj)	tidak tersentuh	[tida' tərsentuh]

pana (f)	kerusakan	[kerusakan]
averiarse (vr)	rusak	[rusa']
remolque (m) (cuerda)	tali penyeret	[tali penjeret]

pinchazo (m)	ban bocor	[ban botʃor]
desinflarse (vr)	kempes	[kempes]
inflar (vt)	memompa	[memompa]
presión (f)	tekanan	[tekanan]
verificar (vt)	memeriksa	[memeriksa]

reparación (f)	reparasi	[reparasi]
taller (m)	bengkel mobil	[beŋkel mobil]
parte (f) de repuesto	onderdil, suku cadang	[onderdil], [suku tʃadaŋ]
parte (f)	komponen	[komponen]

perno (m)	baut	[baut]
tornillo (m)	sekrup	[sekrup]
tuerca (f)	mur	[mur]
arandela (f)	ring	[riŋ]
rodamiento (m)	bantalan luncur	[bantalan luntʃur]

tubo (m)	pipa	[pipa]
junta (f)	gasket	[gasket]
cable, hilo (m)	kabel, kawat	[kabel], [kawat]

gato (m)	dongkrak	[doŋkra']
llave (f) de tuerca	kunci pas	[kuntʃi pas]
martillo (m)	martil, palu	[martil], [palu]
bomba (f)	pompa	[pompa]
destornillador (m)	obeng	[obeŋ]
extintor (m)	pemadam api	[pemadam api]
triángulo (m) de avería	segi tiga pengaman	[segi tiga peŋaman]

pararse, calarse (vr)	mogok	[mogoʔ]
parada (f) (del motor)	mogok	[mogoʔ]
estar averiado	rusak	[rusaʔ]

recalentarse (vr)	kepanasan	[kepanasan]
estar atascado	tersumbat	[tərsumbat]
congelarse (vr)	membeku	[membeku]
reventar (vi)	pecah	[peʧah]

presión (f)	tekanan	[tekanan]
nivel (m)	level	[level]
flojo (correa ~a)	longgar	[loŋgar]

abolladura (f)	penyok	[penjoʔ]
ruido (m) (en el motor)	ketukan	[ketukan]
grieta (f)	retak	[retaʔ]
rozadura (f)	gores	[gores]

179. El coche. El camino

camino (m)	jalan	[dʒalan]
autovía (f)	jalan raya	[dʒalan raja]
carretera (f)	jalan raya	[dʒalan raja]
dirección (f)	arah	[arah]
distancia (f)	jarak	[dʒaraʔ]

puente (m)	jembatan	[dʒembatan]
aparcamiento (m)	tempat parkir	[tempat parkir]
plaza (f)	lapangan	[lapaŋan]
intercambiador (m)	jembatan simpang susun	[dʒembatan simpaŋ susun]
túnel (m)	terowongan	[tərowoŋan]

gasolinera (f)	SPBU, stasiun bensin	[es-pe-be-u], [stasjun bensin]
aparcamiento (m)	tempat parkir	[tempat parkir]
surtidor (m)	stasiun bahan bakar	[stasiun bahan bakar]
taller (m)	bengkel mobil	[beŋkel mobil]
cargar gasolina	mengisi bahan bakar	[məŋisi bahan bakar]
combustible (m)	bahan bakar	[bahan bakar]
bidón (m) de gasolina	jeriken	[dʒeriken]

asfalto (m)	aspal	[aspal]
señalización (f) vial	penandaan jalan	[penandaʔan dʒalan]
bordillo (m)	kerb jalan	[kerb dʒalan]
barrera (f) de seguridad	pagar pematas	[pagar pematas]
cuneta (f)	parit	[parit]
borde (m) de la carretera	bahu jalan	[bahu dʒalan]
farola (f)	tiang lampu	[tiaŋ lampu]

conducir (vi, vt)	menyetir	[mənjetir]
girar (~ a la izquierda)	membelok	[membeloʔ]
girar en U	memutar arah	[memutar arah]
marcha (f) atrás	mundur	[mundur]
tocar la bocina	membunyikan klakson	[membunjikan klakson]
bocinazo (m)	suara klakson	[suara klakson]

atascarse (vr)	terjebak	[tərdʒˈebaˀ]
patinar (vi)	terjebak	[tərdʒˈebaˀ]
parar (el motor)	mematikan	[mematikan]

velocidad (f)	kecepatan	[ketʃepatan]
exceder la velocidad	melebihi batas kecepatan	[melebihi batas ketʃepatan]
multar (vt)	memberikan surat tilang	[memberikan surat tilaŋ]
semáforo (m)	lampu lalu lintas	[lampu lalu lintas]
permiso (m) de conducir	Surat Izin Mengemudi, SIM	[surat izin meŋemudi], [sim]

paso (m) a nivel	lintasan	[lintasan]
cruce (m)	persimpangan	[pərsimpaŋan]
paso (m) de peatones	penyeberangan	[penjeberaŋan]
zona (f) de peatones	kawasan pejalan kaki	[kawasan pedʒˈalan kaki]

180. Las señales de tráfico

reglas (f pl) de tránsito	peraturan lalu lintas	[peraturan lalu lintas]
señal (m) de tráfico	rambu	[rambu]
adelantamiento (m)	mendahului	[məndahului]
curva (f)	tikungan	[tikuŋan]
vuelta (f) en U	putaran	[putaran]
rotonda (f)	bundaran lalu lintas	[bundaran lalu lintas]

Prohibido el paso	Dilarang masuk	[dilaraŋ masuˀ]
Circulación prohibida	Kendaraan dilarang masuk	[kendaraˀan dilaraŋ masuˀ]
Prohibido adelantar	Dilarang mendahului	[dilaraŋ mendahului]
Prohibido aparcar	Dilarang parkir	[dilaraŋ parkir]
Prohibido parar	Dilarang berhenti	[dilaraŋ bərhenti]

curva (f) peligrosa	tikungan tajam	[tikuŋan tadʒˈam]
bajada con fuerte pendiente	turunan terjal	[turunan tərdʒˈal]
sentido (m) único	jalan satu arah	[dʒˈalan satu arah]
paso (m) de peatones	penyeberangan	[penjeberaŋan]
pavimento (m) deslizante	jalan licin	[dʒˈalan litʃin]
ceda el paso	beri jalan	[beri dʒˈalan]

LA GENTE. ACONTECIMIENTOS DE LA VIDA

181. Los días festivos. Los eventos

fiesta (f)	perayaan	[pəraja'an]
fiesta (f) nacional	hari besar nasional	[hari besar nasional]
día (m) de fiesta	hari libur	[hari libur]
celebrar (vt)	merayakan	[merajakan]
evento (m)	peristiwa, kejadian	[pəristiwa], [kedʒ'adian]
medida (f)	acara	[atʃara]
banquete (m)	banket	[banket]
recepción (f)	resepsi	[resepsi]
festín (m)	pesta	[pesta]
aniversario (m)	hari jadi, HUT	[hari dʒ'adi], [ha-u-te]
jubileo (m)	yubileum	[yubileum]
Año (m) Nuevo	Tahun Baru	[tahun baru]
¡Feliz Año Nuevo!	Selamat Tahun Baru!	[selamat tahun baru!]
Papá Noel (m)	Sinterklas	[sinterklas]
Navidad (f)	Natal	[natal]
¡Feliz Navidad!	Selamat Hari Natal!	[selamat hari natal!]
árbol (m) de Navidad	pohon Natal	[pohon natal]
fuegos (m pl) artificiales	kembang api	[kembaŋ api]
boda (f)	pernikahan	[pərnikahan]
novio (m)	mempelai lelaki	[mempelaj lelaki]
novia (f)	mempelai perempuan	[mempelaj pərempuan]
invitar (vt)	mengundang	[məŋundaŋ]
tarjeta (f) de invitación	kartu undangan	[kartu undaŋan]
invitado (m)	tamu	[tamu]
visitar (vt) (a los amigos)	mengunjungi	[məŋundʒ'uŋi]
recibir a los invitados	menyambut tamu	[mənjambut tamu]
regalo (m)	hadiah	[hadiah]
regalar (vt)	memberi	[memberi]
recibir regalos	menerima hadiah	[mənerima hadiah]
ramo (m) de flores	buket	[buket]
felicitación (f)	ucapan selamat	[utʃapan selamat]
felicitar (vt)	mengucapkan selamat	[məŋutʃapkan selamat]
tarjeta (f) de felicitación	kartu ucapan selamat	[kartu utʃapan selamat]
enviar una tarjeta	mengirim kartu pos	[məŋirim kartu pos]
recibir una tarjeta	menerima kartu pos	[mənerima kartu pos]
brindis (m)	toas	[toas]

| ofrecer (~ una copa) | menawari | [mənawari] |
| champaña (f) | sampanye | [sampanje] |

divertirse (vr)	bersukaria	[bərsukaria]
diversión (f)	keriangan, kegembiraan	[keriaŋan], [kegembira'an]
alegría (f) (emoción)	kegembiraan	[kegembira'an]

| baile (m) | dansa, tari | [dansa], [tari] |
| bailar (vi, vt) | berdansa, menari | [bərdansa], [menari] |

| vals (m) | wals | [wals] |
| tango (m) | tango | [taŋo] |

182. Los funerales. El entierro

cementerio (m)	pemakaman	[pemakaman]
tumba (f)	makam	[makam]
cruz (f)	salib	[salib]
lápida (f)	batu nisan	[batu nisan]
verja (f)	pagar	[pagar]
capilla (f)	kapel	[kapel]

muerte (f)	kematian	[kematian]
morir (vi)	mati, meninggal	[mati], [meniŋgal]
difunto (m)	almarhum	[almarhum]
luto (m)	perkabungan	[pərkabuŋan]

enterrar (vt)	memakamkan	[memakamkan]
funeraria (f)	rumah duka	[rumah duka]
entierro (m)	pemakaman	[pemakaman]

corona (f) funeraria	karangan bunga	[karaŋan buŋa]
ataúd (m)	keranda	[keranda]
coche (m) fúnebre	mobil jenazah	[mobil dʒʲenazah]
mortaja (f)	kain kafan	[kain kafan]

cortejo (m) fúnebre	prosesi pemakaman	[prosesi pemakaman]
urna (f) funeraria	guci abu jenazah	[gutʃi abu dʒʲenazah]
crematorio (m)	krematorium	[krematorium]

necrología (f)	obituarium	[obituarium]
llorar (vi)	menangis	[mənaŋis]
sollozar (vi)	meratap	[meratap]

183. La guerra. Los soldados

sección (f)	peleton	[peleton]
compañía (f)	kompi	[kompi]
regimiento (m)	resimen	[resimen]
ejército (m)	tentara	[tentara]
división (f)	divisi	[divisi]
destacamento (m)	pasukan	[pasukan]

hueste (f)	tentara	[tentara]
soldado (m)	tentara, serdadu	[tentara], [serdadu]
oficial (m)	perwira	[pərwira]

soldado (m) raso	prajurit	[pradʒiurit]
sargento (m)	sersan	[sersan]
teniente (m)	letnan	[letnan]
capitán (m)	kapten	[kapten]
mayor (m)	mayor	[major]
coronel (m)	kolonel	[kolonel]
general (m)	jenderal	[dʒienderal]

marino (m)	pelaut	[pelaut]
capitán (m)	kapten	[kapten]
contramaestre (m)	bosman, bosun	[bosman], [bosun]

artillero (m)	tentara artileri	[tentara artileri]
paracaidista (m)	pasukan penerjun	[pasukan penerdʒiun]
piloto (m)	pilot	[pilot]
navegador (m)	navigator, penavigasi	[navigator], [penavigasi]
mecánico (m)	mekanik	[mekaniʔ]

zapador (m)	pencari ranjau	[pentʃari randʒiau]
paracaidista (m)	parasutis	[parasutis]
explorador (m)	pengintai	[peŋintaj]
francotirador (m)	penembak jitu	[penembaʔ dʒitu]

patrulla (f)	patroli	[patroli]
patrullar (vi, vt)	berpatroli	[bərpatroli]
centinela (m)	pengawal	[peŋawal]

guerrero (m)	prajurit	[pradʒiurit]
patriota (m)	patriot	[patriot]
héroe (m)	pahlawan	[pahlawan]
heroína (f)	pahlawan wanita	[pahlawan wanita]

| traidor (m) | pengkhianat | [peŋhianat] |
| traicionar (vt) | mengkhianati | [məŋhianati] |

| desertor (m) | desertir | [desertir] |
| desertar (vi) | melakukan desersi | [melakukan desersi] |

mercenario (m)	tentara bayaran	[tentara bajaran]
recluta (m)	rekrut, calon tentara	[rekrut], [tʃalon tentara]
voluntario (m)	sukarelawan	[sukarelawan]

muerto (m)	korban meninggal	[korban meniŋgal]
herido (m)	korban luka	[korban luka]
prisionero (m)	tawanan perang	[tawanan peraŋ]

184. La guerra. El ámbito militar. Unidad 1

| guerra (f) | perang | [peraŋ] |
| estar en guerra | berperang | [bərperaŋ] |

guerra (f) civil	perang saudara	[pəraŋ saudara]
pérfidamente (adv)	secara curang	[setʃara tʃuraŋ]
declaración (f) de guerra	pernyataan perang	[pərnjata'an pəraŋ]
declarar (~ la guerra)	menyatakan perang	[mənjatakan pəraŋ]
agresión (f)	agresi	[agresi]
atacar (~ a un país)	menyerang	[mənjeraŋ]

invadir (vt)	menduduki	[mənduduki]
invasor (m)	penduduk	[pendudu']
conquistador (m)	penakluk	[penaklu']

defensa (f)	pertahanan	[pərtahanan]
defender (vt)	mempertahankan	[mempertahankan]
defenderse (vr)	bertahan ...	[bərtahan ...]

enemigo (m)	musuh	[musuh]
adversario (m)	lawan	[lawan]
enemigo (adj)	musuh	[musuh]

| estrategia (f) | strategi | [strategi] |
| táctica (f) | taktik | [takti'] |

orden (f)	perintah	[pərintah]
comando (m)	perintah	[pərintah]
ordenar (vt)	memerintahkan	[memerintahkan]
misión (f)	tugas	[tugas]
secreto (adj)	rahasia	[rahasia]

| batalla (f) | pertempuran | [pərtempuran] |
| combate (m) | pertempuran | [pərtempuran] |

ataque (m)	serangan	[seraŋan]
asalto (m)	serbuan	[serbuan]
tomar por asalto	menyerbu	[mənjerbu]
asedio (m), sitio (m)	kepungan	[kepuŋan]

| ofensiva (f) | serangan | [seraŋan] |
| tomar la ofensiva | menyerang | [mənjeraŋ] |

| retirada (f) | pengunduran | [peŋunduran] |
| retirarse (vr) | mundur | [mundur] |

| envolvimiento (m) | pengepungan | [peŋepuŋan] |
| cercar (vt) | mengepung | [məŋepuŋ] |

bombardeo (m)	pengeboman	[peŋeboman]
lanzar una bomba	menjatuhkan bom	[məndʒ'atuhkan bom]
bombear (vt)	mengebom	[məŋebom]
explosión (f)	ledakan	[ledakan]

tiro (m), disparo (m)	tembakan	[tembakan]
disparar (vi)	melepaskan	[melepaskan]
tiro (m) (de artillería)	penembakan	[penembakan]

| apuntar a ... | membidik | [membidi'] |
| encarar (apuntar) | mengarahkan | [məŋarahkan] |

alcanzar (el objetivo)	mengenai	[məŋenaj]
hundir (vt)	menenggelamkan	[mənəŋgelamkan]
brecha (f) (~ en el casco)	lubang	[lubaŋ]
hundirse (vr)	karam	[karam]

frente (m)	garis depan	[garis depan]
evacuación (f)	evakuasi	[evakuasi]
evacuar (vt)	mengevakuasi	[məŋevakuasi]

trinchera (f)	parit perlindungan	[parit pərlinduŋan]
alambre (m) de púas	kawat berduri	[kawat bərduri]
barrera (f) (~ antitanque)	rintangan	[rintaŋan]
torre (f) de vigilancia	menara	[mənara]

hospital (m)	rumah sakit militer	[rumah sakit militer]
herir (vt)	melukai	[melukaj]
herida (f)	luka	[luka]
herido (m)	korban luka	[korban luka]
recibir una herida	terluka	[tərluka]
grave (herida)	parah	[parah]

185. La guerra. El ámbito militar. Unidad 2

cautiverio (m)	tawanan	[tawanan]
capturar (vt)	menawan	[mənawan]
estar en cautiverio	ditawan	[ditawan]
caer prisionero	tertawan	[tərtawan]

campo (m) de concentración	kamp konsentrasi	[kamp konsentrasi]
prisionero (m)	tawanan perang	[tawanan pəraŋ]
escapar (de cautiverio)	melarikan diri	[melarikan diri]

traicionar (vt)	mengkhianati	[məŋhianati]
traidor (m)	pengkhianat	[peŋhianat]
traición (f)	pengkhianatan	[peŋhianatan]

| fusilar (vt) | mengeksekusi | [məŋeksekusi] |
| fusilamiento (m) | eksekusi | [eksekusi] |

equipo (m) (uniforme, etc.)	perlengkapan	[pərleŋkapan]
hombrera (f)	epolet	[epolet]
máscara (f) antigás	masker gas	[masker gas]

radio transmisor (m)	pemancar radio	[pemantʃar radio]
cifra (f) (código)	kode	[kode]
conspiración (f)	kerahasiaan	[kerahasia'an]
contraseña (f)	kata sandi	[kata sandi]

mina (f) terrestre	ranjau darat	[randʒau darat]
minar (poner minas)	memasang ranjau	[memasaŋ randʒau]
campo (m) minado	padang yang dipenuhi ranjau	[padaŋ yaŋ dipenuhi randʒau]

| alarma (f) aérea | peringatan serangan udara | [pəriŋatan seraŋan udara] |
| alarma (f) | alarm serangan udara | [alarm seraŋan udara] |

| señal (f) | sinyal | [sinjal] |
| cohete (m) de señales | roket sinyal | [roket sinjal] |

estado (m) mayor	markas	[markas]
reconocimiento (m)	pengintaian	[peŋintajan]
situación (f)	keadaan	[keada'an]
informe (m)	laporan	[laporan]
emboscada (f)	penyergapan	[penjergapan]
refuerzo (m)	bala bantuan	[bala bantuan]

blanco (m)	sasaran	[sasaran]
terreno (m) de prueba	lapangan tembak	[lapaŋan temba']
maniobras (f pl)	latihan perang	[latihan peraŋ]

pánico (m)	panik	[pani']
devastación (f)	pengrusakan	[peŋrusakan]
destrucciones (f pl)	penghancuran	[peŋhantʃuran]
destruir (vt)	menghancurkan	[meŋhantʃurkan]

sobrevivir (vi, vt)	menyintas	[mənjintas]
desarmar (vt)	melucuti	[melutʃuti]
manejar (un arma)	mengendalikan	[məŋendalikan]

| ¡Firmes! | Siap! | [siap!] |
| ¡Descanso! | Istirahat di tempat! | [istirahat di tempat!] |

hazaña (f)	keberanian	[keberanian]
juramento (m)	sumpah	[sumpah]
jurar (vt)	bersumpah	[bərsumpah]

condecoración (f)	anugerah	[anugerah]
condecorar (vt)	menganugerahi	[məŋanugerahi]
medalla (f)	medali	[medali]
orden (m) (~ de Merito)	bintang kehormatan	[bintaŋ kehormatan]

victoria (f)	kemenangan	[kemenaŋan]
derrota (f)	kekalahan	[kekalahan]
armisticio (m)	gencatan senjata	[gentʃatan sendʒata]

bandera (f)	bendera	[bendera]
gloria (f)	kehormatan	[kehormatan]
desfile (m) militar	parade	[parade]
marchar (desfilar)	berbaris	[bərbaris]

186. Las armas

arma (f)	senjata	[sendʒata]
arma (f) de fuego	senjata api	[sendʒata api]
arma (f) blanca	sejata tajam	[sedʒata tadʒam]

arma (f) química	senjata kimia	[sendʒata kimia]
nuclear (adj)	nuklir	[nuklir]
arma (f) nuclear	senjata nuklir	[sendʒata nuklir]
bomba (f)	bom	[bom]

bomba (f) atómica	bom atom	[bom atom]
pistola (f)	pistol	[pistol]
fusil (m)	senapan	[senapan]
metralleta (f)	senapan otomatis	[senapan otomatis]
ametralladora (f)	senapan mesin	[senapan mesin]
boca (f)	moncong	[montʃoŋ]
cañón (m) (del arma)	laras	[laras]
calibre (m)	kaliber	[kaliber]
gatillo (m)	pelatuk	[pelatuʔ]
alza (f)	pembidik	[pembidiʔ]
cargador (m)	magasin	[magasin]
culata (f)	pantat senapan	[pantat senapan]
granada (f) de mano	granat tangan	[granat taŋan]
explosivo (m)	bahan peledak	[bahan peledaʔ]
bala (f)	peluru	[peluru]
cartucho (m)	patrun	[patrun]
carga (f)	isian	[isian]
pertrechos (m pl)	amunisi	[amunisi]
bombardero (m)	pesawat pengebom	[pesawat peŋebom]
avión (m) de caza	pesawat pemburu	[pesawat pemburu]
helicóptero (m)	helikopter	[helikopter]
antiaéreo (m)	meriam penangkis serangan udara	[meriam penaŋkis seraŋan udara]
tanque (m)	tank	[tanʔ]
cañón (m) (de un tanque)	meriam tank	[meriam tanʔ]
artillería (f)	artileri	[artileri]
cañón (m) (arma)	meriam	[meriam]
dirigir (un misil, etc.)	mengarahkan	[məŋarahkan]
mortero (m)	mortir	[mortir]
bomba (f) de mortero	peluru mortir	[peluru mortir]
obús (m)	peluru	[peluru]
trozo (m) de obús	serpihan	[serpihan]
submarino (m)	kapal selam	[kapal selam]
torpedo (m)	torpedo	[torpedo]
misil (m)	rudal	[rudal]
cargar (pistola)	mengisi	[məŋisi]
tirar (vi)	menembak	[mənembaʔ]
apuntar a ...	membidik	[membidiʔ]
bayoneta (f)	bayonet	[bajonet]
espada (f) (duelo a ~)	pedang rapier	[pedaŋ rapier]
sable (m)	pedang saber	[pedaŋ saber]
lanza (f)	lembing	[lembiŋ]
arco (m)	busur panah	[busur panah]
flecha (f)	anak panah	[anaʔ panah]
mosquete (m)	senapan lantak	[senapan lantaʔ]
ballesta (f)	busur silang	[busur silaŋ]

187. Los pueblos antiguos

primitivo (adj)	primitif	[primitif]
prehistórico (adj)	prasejarah	[prasedʒiarah]
antiguo (adj)	kuno	[kuno]
Edad (f) de Piedra	Zaman Batu	[zaman batu]
Edad (f) de Bronce	Zaman Perunggu	[zaman pəruŋgu]
Edad (f) de Hielo	Zaman Es	[zaman es]
tribu (f)	suku	[suku]
caníbal (m)	kanibal	[kanibal]
cazador (m)	pemburu	[pemburu]
cazar (vi, vt)	berburu	[bərburu]
mamut (m)	mamut	[mamut]
caverna (f)	gua	[gua]
fuego (m)	api	[api]
hoguera (f)	api unggun	[api uŋgun]
pintura (f) rupestre	lukisan gua	[lukisan gua]
herramienta (f), útil (m)	alat kerja	[alat kerdʒia]
lanza (f)	tombak	[tombaʔ]
hacha (f) de piedra	kapak batu	[kapaʔ batu]
estar en guerra	berperang	[bərperaŋ]
domesticar (vt)	menjinakkan	[məndʒinaʔkan]
ídolo (m)	berhala	[bərhala]
adorar (vt)	memuja	[memudʒia]
superstición (f)	takhayul	[tahajul]
rito (m)	upacara	[upatʃara]
evolución (f)	evolusi	[evolusi]
desarrollo (m)	perkembangan	[pərkembaŋan]
desaparición (f)	kehilangan	[kehilaŋan]
adaptarse (vr)	menyesuaikan diri	[mənjesuajkan diri]
arqueología (f)	arkeologi	[arkeologi]
arqueólogo (m)	arkeolog	[arkeolog]
arqueológico (adj)	arkeologis	[arkeologis]
sitio (m) de excavación	situs ekskavasi	[situs ekskavasi]
excavaciones (f pl)	ekskavasi	[ekskavasi]
hallazgo (m)	penemuan	[penemuan]
fragmento (m)	fragmen	[fragmen]

188. La Edad Media

pueblo (m)	rakyat	[rakjat]
pueblos (m pl)	bangsa-bangsa	[baŋsa-baŋsa]
tribu (f)	suku	[suku]
tribus (f pl)	suku-suku	[suku-suku]
bárbaros (m pl)	kaum barbar	[kaum barbar]

galos (m pl)	kaum Gaul	[kaum gaul]
godos (m pl)	kaum Goth	[kaum got]
eslavos (m pl)	kaum Slavia	[kaum slavia]
vikingos (m pl)	kaum Viking	[kaum vikiŋ]

| romanos (m pl) | kaum Roma | [kaum roma] |
| romano (adj) | Romawi | [romawi] |

bizantinos (m pl)	kaum Byzantium	[kaum bizantium]
Bizancio (m)	Byzantium	[bizantium]
bizantino (adj)	Byzantium	[bizantium]

emperador (m)	kaisar	[kajsar]
jefe (m)	pemimpin	[pemimpin]
poderoso (adj)	adikuasa, berkuasa	[adikuasa], [berkuasa]
rey (m)	raja	[radʒʲa]
gobernador (m)	penguasa	[peŋuasa]

caballero (m)	ksatria	[ksatria]
señor (m) feudal	tuan	[tuan]
feudal (adj)	feodal	[feodal]
vasallo (m)	vasal	[vasal]

duque (m)	duke	[duke]
conde (m)	earl	[earl]
barón (m)	baron	[baron]
obispo (m)	uskup	[uskup]

armadura (f)	baju besi	[badʒʲu besi]
escudo (m)	perisai	[perisaj]
espada (f) (danza de ~s)	pedang	[pedaŋ]
visera (f)	visor, topeng besi	[visor], [topeŋ besi]
cota (f) de malla	baju zirah	[badʒʲu zirah]

| cruzada (f) | Perang Salib | [peraŋ salib] |
| cruzado (m) | kaum salib | [kaum salib] |

territorio (m)	wilayah	[wilajah]
atacar (~ a un país)	menyerang	[menjeraŋ]
conquistar (vt)	menaklukkan	[menaklu'kan]
ocupar (invadir)	menduduki	[menduduki]

asedio (m), sitio (m)	kepungan	[kepuŋan]
sitiado (adj)	terkepung	[terkepuŋ]
asediar, sitiar (vt)	mengepung	[meŋepuŋ]

inquisición (f)	inkuisisi	[inkuisisi]
inquisidor (m)	inkuisitor	[inkuisitor]
tortura (f)	siksaan	[siksa'an]
cruel (adj)	kejam	[kedʒʲam]
hereje (m)	penganut bidah	[peŋanut bidah]
herejía (f)	bidah	[bidah]

navegación (f) marítima	pelayaran laut	[pelajaran laut]
pirata (m)	bajak laut	[badʒʲa' laut]
piratería (f)	pembajakan	[pembadʒʲakan]

abordaje (m)	serangan terhadap kapal dari dekat	[seraŋan tərhadap kapal dari dekat]
botín (m)	rampasan	[rampasan]
tesoros (m pl)	harta karun	[harta karun]

descubrimiento (m)	penemuan	[penemuan]
descubrir (tierras nuevas)	menemukan	[mənemukan]
expedición (f)	ekspedisi	[ekspedisi]

mosquetero (m)	musketir	[musketir]
cardenal (m)	kardinal	[kardinal]
heráldica (f)	heraldik	[heraldiʔ]
heráldico (adj)	heraldik	[heraldiʔ]

189. El líder. El jefe. Las autoridades

rey (m)	raja	[radʒʲa]
reina (f)	ratu	[ratu]
real (adj)	kerajaan, raja	[keradʒʲaʔan], [radʒʲa]
reino (m)	kerajaan	[keradʒʲaʔan]

príncipe (m)	pangeran	[paŋeran]
princesa (f)	putri	[putri]

presidente (m)	presiden	[presiden]
vicepresidente (m)	wakil presiden	[wakil presiden]
senador (m)	senator	[senator]

monarca (m)	monark	[monarʔ]
gobernador (m)	penguasa	[peŋuasa]
dictador (m)	diktator	[diktator]
tirano (m)	tiran	[tiran]
magnate (m)	magnat	[magnat]
director (m)	direktur	[direktur]
jefe (m)	atasan	[atasan]
gerente (m)	manajer	[manadʒʲer]
amo (m)	bos	[bos]
dueño (m)	pemilik	[pemiliʔ]

jefe (m), líder (m)	pemimpin	[pemimpin]
jefe (m) (~ de delegación)	kepala	[kepala]
autoridades (f pl)	pihak berwenang	[pihaʔ bərwenaŋ]
superiores (m pl)	atasan	[atasan]

gobernador (m)	gabernur	[gabernur]
cónsul (m)	konsul	[konsul]
diplomático (m)	diplomat	[diplomat]
alcalde (m)	walikota	[walikota]
sheriff (m)	sheriff	[ʃeriff]

emperador (m)	kaisar	[kajsar]
zar (m)	tsar, raja	[tsar], [radʒʲa]
faraón (m)	firaun	[firaun]
jan (m), kan (m)	khan	[han]

190. La calle. El camino. Las direcciones

| camino (m) | jalan | [dʒ'alan] |
| vía (f) | jalan | [dʒ'alan] |

carretera (f)	jalan raya	[dʒ'alan raja]
autovía (f)	jalan raya	[dʒ'alan raja]
camino (m) nacional	jalan nasional	[dʒ'alan nasional]

| camino (m) principal | jalan utama | [dʒ'alan utama] |
| camino (m) de tierra | jalan tanah | [dʒ'alan tanah] |

| sendero (m) | jalan setapak | [dʒ'alan setapa'] |
| senda (f) | jalan setapak | [dʒ'alan setapa'] |

¿Dónde?	Di mana?	[di mana?]
¿A dónde?	Ke mana?	[ke mana?]
¿De dónde?	Dari mana?	[dari mana?]

| dirección (f) | arah | [arah] |
| mostrar (~ el camino) | menunjuk | [mənundʒ'u'] |

a la izquierda (girar ~)	ke kiri	[ke kiri]
a la derecha (girar)	ke kanan	[ke kanan]
todo recto (adv)	terus lurus	[terus lurus]
atrás (adv)	balik	[bali']

curva (f)	tikungan	[tikuŋan]
girar (~ a la izquierda)	membelok	[membelo']
girar en U	memutar arah	[memutar arah]

| divisarse (vr) | kelihatan | [kelihatan] |
| aparecer (vi) | muncul | [muntʃul] |

alto (m)	perhentian	[pərhentian]
descansar (vi)	beristirahat	[bəristirahat]
reposo (m)	istirahat	[istirahat]

perderse (vr)	tersesat	[tərsesat]
llevar a ... (el camino)	menuju ...	[mənudʒ'u ...]
llegar a ...	sampai	[sampaj]
tramo (m) (~ del camino)	trayek	[trae']

asfalto (m)	aspal	[aspal]
bordillo (m)	kerb jalan	[kerb dʒ'alan]
cuneta (f)	parit	[parit]
pozo (m) de alcantarillado	lubang penutup jalan	[lubaŋ penutup dʒ'alan]
arcén (m)	bahu jalan	[bahu dʒ'alan]
bache (m)	lubang	[lubaŋ]

| ir (a pie) | berjalan | [bərdʒ'alan] |
| adelantar (vt) | mendahului | [mendahului] |

| paso (m) | langkah | [laŋkah] |
| a pie | berjalan kaki | [bərdʒ'alan kaki] |

bloquear (vt)	merintangi	[merintaŋi]
barrera (f) (~ automática)	palang jalan	[palaŋ dʒʲalan]
callejón (m) sin salida	jalan buntu	[dʒʲalan buntu]

191. Violar la ley. Los criminales. Unidad 1

bandido (m)	bandit	[bandit]
crimen (m)	kejahatan	[kedʒʲahatan]
criminal (m)	penjahat	[pendʒʲahat]

ladrón (m)	pencuri	[penʧuri]
robar (vt)	mencuri	[menʧuri]
robo (m)	pencurian	[penʧurian]

secuestrar (vt)	menculik	[menʧuliʔ]
secuestro (m)	penculikan	[penʧulikan]
secuestrador (m)	penculik	[penʧuliʔ]

| rescate (m) | uang tebusan | [uaŋ tebusan] |
| exigir un rescate | menuntut uang tebusan | [menuntut uaŋ tebusan] |

robar (vt)	merampok	[merampoʔ]
robo (m)	perampokan	[perampokan]
atracador (m)	perampok	[perampoʔ]

extorsionar (vt)	memeras	[memeras]
extorsionista (m)	pemeras	[pemeras]
extorsión (f)	pemerasan	[pemerasan]

matar, asesinar (vt)	membunuh	[membunuh]
asesinato (m)	pembunuhan	[pembunuhan]
asesino (m)	pembunuh	[pembunuh]

tiro (m), disparo (m)	tembakan	[tembakan]
disparar (vi)	melepaskan	[melepaskan]
matar (a tiros)	menembak mati	[menembaʔ mati]
tirar (vi)	menembak	[menembaʔ]
tiroteo (m)	penembakan	[penembakan]

incidente (m)	insiden, kejadian	[insiden], [kedʒʲadian]
pelea (f)	perkelahian	[perkelahian]
¡Socorro!	Tolong!	[toloŋ!]
víctima (f)	korban	[korban]

perjudicar (vt)	merusak	[merusaʔ]
daño (m)	kerusakan	[kerusakan]
cadáver (m)	jenazah, mayat	[dʒʲenazah], [majat]
grave (un delito ~)	berat	[berat]

atacar (vt)	menyerang	[menjeraŋ]
pegar (golpear)	memukul	[memukul]
apporear (vt)	memukuli	[memukuli]
quitar (robar)	merebut	[merebut]
acuchillar (vt)	menikam mati	[menikam mati]

mutilar (vt)	mencederai	[mənʧederaj]
herir (vt)	melukai	[melukaj]
chantaje (m)	pemerasan	[pemerasan]
hacer chantaje	memeras	[memeras]
chantajista (m)	pemeras	[pemeras]
extorsión (f)	pemerasan	[pemerasan]
extorsionador (m)	pemeras	[pemeras]
gángster (m)	gangster, preman	[gaŋster], [preman]
mafia (f)	mafia	[mafia]
carterista (m)	pencopet	[penʧopet]
ladrón (m) de viviendas	perampok	[pərampoʔ]
contrabandismo (m)	penyelundupan	[penjelundupan]
contrabandista (m)	penyelundup	[penjelundup]
falsificación (f)	pemalsuan	[pemalsuan]
falsificar (vt)	memalsukan	[memalsukan]
falso (falsificado)	palsu	[palsu]

192. Violar la ley. Los criminales. Unidad 2

violación (f)	pemerkosaan	[pemerkosaʔan]
violar (vt)	memerkosa	[memerkosa]
violador (m)	pemerkosa	[pemerkosa]
maniaco (m)	maniak	[maniaʔ]
prostituta (f)	pelacur	[pelaʧur]
prostitución (f)	pelacuran	[pelaʧuran]
chulo (m), proxeneta (m)	germo	[germo]
drogadicto (m)	pecandu narkoba	[peʧandu narkoba]
narcotraficante (m)	pengedar narkoba	[peŋedar narkoba]
hacer explotar	meledakkan	[meledaʔkan]
explosión (f)	ledakan	[ledakan]
incendiar (vt)	membakar	[membakar]
incendiario (m)	pelaku pembakaran	[pelaku pembakaran]
terrorismo (m)	terorisme	[tərorisme]
terrorista (m)	teroris	[təroris]
rehén (m)	sandera	[sandera]
estafar (vt)	menipu	[mənipu]
estafa (f)	penipuan	[penipuan]
estafador (m)	penipu	[penipu]
sobornar (vt)	menyuap	[mənyuap]
soborno (m) (delito)	penyuapan	[penyuapan]
soborno (m) (dinero, etc.)	uang suap, suapan	[uaŋ suap], [suapan]
veneno (m)	racun	[raʧun]
envenenar (vt)	meracuni	[meraʧuni]

envenenarse (vr)	meracuni diri sendiri	[meratʃuni diri sendiri]
suicidio (m)	bunuh diri	[bunuh diri]
suicida (m, f)	pelaku bunuh diri	[pelaku bunuh diri]

amenazar (vt)	mengancam	[mənantʃam]
amenaza (f)	ancaman	[antʃaman]
atentar (vi)	melakukan percobaan pembunuhan	[melakukan pərtʃobaʔan pembunuhan]
atentado (m)	percobaan pembunuhan	[pərtʃobaʔan pembunuhan]

robar (un coche)	mencuri	[məntʃuri]
secuestrar (un avión)	membajak	[membadʒʲaʔ]

venganza (f)	dendam	[dendam]
vengar (vt)	membalas dendam	[membalas dendam]

torturar (vt)	menyiksa	[mənjiksa]
tortura (f)	siksaan	[siksaʔan]
atormentar (vt)	menyiksa	[mənjiksa]

pirata (m)	bajak laut	[badʒʲaʔ laut]
gamberro (m)	berandal	[bərandal]
armado (adj)	bersenjata	[bərsendʒʲata]
violencia (f)	kekerasan	[kekerasan]
ilegal (adj)	ilegal	[ilegal]

espionaje (m)	spionase	[spionase]
espiar (vi, vt)	memata-matai	[memata-mataj]

193. La policía. La ley. Unidad 1

justicia (f)	keadilan	[keadilan]
tribunal (m)	pengadilan	[peŋadilan]

juez (m)	hakim	[hakim]
jurados (m pl)	anggota juri	[aŋgota dʒʲuri]
tribunal (m) de jurados	pengadilan juri	[peŋadilan dʒʲuri]
juzgar (vt)	mengadili	[məŋadili]

abogado (m)	advokat, pengacara	[advokat], [peɲatʃara]
acusado (m)	terdakwa	[tərdakwa]
banquillo (m) de los acusados	bangku terdakwa	[baŋku tərdakwa]

inculpación (f)	tuduhan	[tuduhan]
inculpado (m)	terdakwa	[tərdakwa]

sentencia (f)	hukuman	[hukuman]
sentenciar (vt)	menjatuhkan hukuman	[məndʒʲatuhkan hukuman]

culpable (m)	bersalah	[bərsalah]
castigar (vt)	menghukum	[məŋhukum]
castigo (m)	hukuman	[hukuman]
multa (f)	denda	[denda]
cadena (f) perpetua	penjara seumur hidup	[pendʒʲara seumur hidup]

pena (f) de muerte	hukuman mati	[hukuman mati]
silla (f) eléctrica	kursi listrik	[kursi listriʔ]
horca (f)	tiang gantungan	[tiaŋ gantuŋan]
ejecutar (vt)	menjalankan hukuman mati	[mendʒʲalankan hukuman mati]
ejecución (f)	hukuman mati	[hukuman mati]
prisión (f)	penjara	[pendʒʲara]
celda (f)	sel	[sel]
escolta (f)	pengawal	[peŋawal]
guardia (m) de prisiones	sipir, penjaga penjara	[sipir], [pendʒʲaga pendʒʲara]
prisionero (m)	tahanan	[tahanan]
esposas (f pl)	borgol	[borgol]
esposar (vt)	memborgol	[memborgol]
escape (m)	pelarian	[pelarian]
escaparse (vr)	melarikan diri	[melarikan diri]
desaparecer (vi)	menghilang	[meŋhilaŋ]
liberar (vt)	membebaskan	[membebaskan]
amnistía (f)	amnesti	[amnesti]
policía (f) (~ nacional)	polisi, kepolisian	[polisi], [kepolisian]
policía (m)	polisi	[polisi]
comisaría (f) de policía	kantor polisi	[kantor polisi]
porra (f)	pentungan karet	[pentuŋan karet]
megáfono (m)	pengeras suara	[peŋeras suara]
coche (m) patrulla	mobil patroli	[mobil patroli]
sirena (f)	sirene	[sirene]
poner la sirena	membunyikan sirene	[membunjikan sirene]
sonido (m) de sirena	suara sirene	[suara sirene]
escena (f) del delito	tempat kejadian perkara	[tempat kedʒʲadian perkara]
testigo (m)	saksi	[saksi]
libertad (f)	kebebasan	[kebebasan]
cómplice (m)	kaki tangan	[kaki taŋan]
escapar de …	melarikan diri	[melarikan diri]
rastro (m)	jejak	[dʒʲedʒʲaʔ]

194. La policía. La ley. Unidad 2

búsqueda (f)	pencarian	[pentʃarian]
buscar (~ el criminal)	mencari …	[mentʃari …]
sospecha (f)	kecurigaan	[ketʃuriga'an]
sospechoso (adj)	mencurigakan	[mentʃurigakan]
parar (~ en la calle)	menghentikan	[meŋhentikan]
retener (vt)	menahan	[menahan]
causa (f) (~ penal)	kasus, perkara	[kasus], [perkara]
investigación (f)	investigasi, penyidikan	[investigasi], [penjidikan]
detective (m)	detektif	[detektif]

investigador (m)	penyidik	[penjidi']
versión (f)	hipotesis	[hipotesis]
motivo (m)	motif	[motif]
interrogatorio (m)	interogasi	[interogasi]
interrogar (vt)	menginterogasi	[mənginterogasi]
interrogar (al testigo)	menanyai	[mənanjaj]
control (m) (de vehículos, etc.)	pemeriksaan	[pemeriksa'an]
redada (f)	razia	[razia]
registro (m) (~ de la casa)	penggeledahan	[pengeledahan]
persecución (f)	pengejaran, perburuan	[peɲedʒˈaran], [pərburuan]
perseguir (vt)	mengejar	[məɲedʒˈar]
rastrear (~ al criminal)	melacak	[melaʧa']
arresto (m)	penahanan	[penahanan]
arrestar (vt)	menahan	[mənahan]
capturar (vt)	menangkap	[mənaŋkap]
captura (f)	penangkapan	[penaŋkapan]
documento (m)	dokumen	[dokumen]
prueba (f)	bukti	[bukti]
probar (vt)	membuktikan	[membuktikan]
huella (f) (pisada)	jejak	[dʒˈedʒˈa']
huellas (f pl) digitales	sidik jari	[sidi' dʒˈari]
elemento (m) de prueba	barang bukti	[baraŋ bukti]
coartada (f)	alibi	[alibi]
inocente (no culpable)	tidak bersalah	[tida' bərsalah]
injusticia (f)	ketidakadilan	[ketidakadilan]
injusto (adj)	tidak adil	[tida' adil]
criminal (adj)	pidana	[pidana]
confiscar (vt)	menyita	[mənjita]
narcótico (m)	narkoba	[narkoba]
arma (f)	senjata	[sendʒˈata]
desarmar (vt)	melucuti	[meluʧuti]
ordenar (vt)	memerintahkan	[memerintahkan]
desaparecer (vi)	menghilang	[məɲhilaŋ]
ley (f)	hukum	[hukum]
legal (adj)	sah	[sah]
ilegal (adj)	tidak sah	[tida' sah]
responsabilidad (f)	tanggung jawab	[taŋguŋ dʒˈawab]
responsable (adj)	bertanggung jawab	[bərtaŋguŋ dʒˈawab]

LA NATURALEZA

La tierra. Unidad 1

cosmos (m)	angkasa	[aŋkasa]
espacial, cósmico (adj)	angkasa	[aŋkasa]
espacio (m) cósmico	ruang angkasa	[ruaŋ aŋkasa]
mundo (m)	dunia	[dunia]
universo (m)	jagat raya	[dʒⁱagat raja]
galaxia (f)	galaksi	[galaksi]
estrella (f)	bintang	[bintaŋ]
constelación (f)	gugusan bintang	[gugusan bintaŋ]
planeta (m)	planet	[planet]
satélite (m)	satelit	[satelit]
meteorito (m)	meteorit	[meteorit]
cometa (m)	komet	[komet]
asteroide (m)	asteroid	[asteroid]
órbita (f)	orbit	[orbit]
girar (vi)	berputar	[berputar]
atmósfera (f)	atmosfer	[atmosfer]
Sol (m)	matahari	[matahari]
sistema (m) solar	tata surya	[tata surja]
eclipse (m) de Sol	gerhana matahari	[gerhana matahari]
Tierra (f)	**Bumi**	[bumi]
Luna (f)	**Bulan**	[bulan]
Marte (m)	**Mars**	[mars]
Venus (f)	**Venus**	[venus]
Júpiter (m)	**Yupiter**	[yupiter]
Saturno (m)	**Saturnus**	[saturnus]
Mercurio (m)	**Merkurius**	[merkurius]
Urano (m)	**Uranus**	[uranus]
Neptuno (m)	**Neptunus**	[neptunus]
Plutón (m)	**Pluto**	[pluto]
la Vía Láctea	**Bimasakti**	[bimasakti]
la Osa Mayor	**Ursa Major**	[ursa madʒor]
la Estrella Polar	**Bintang Utara**	[bintaŋ utara]
marciano (m)	**makhluk Mars**	[mahluʔ mars]
extraterrestre (m)	**makhluk ruang angkasa**	[mahluʔ ruaŋ aŋkasa]

| planetícola (m) | alien, makhluk asing | [alien], [mahlu' asiŋ] |
| platillo (m) volante | piring terbang | [piriŋ tərbaŋ] |

nave (f) espacial	kapal antariksa	[kapal antariksa]
estación (f) orbital	stasiun antariksa	[stasiun antariksa]
despegue (m)	peluncuran	[peluntʃuran]

motor (m)	mesin	[mesin]
tobera (f)	nosel	[nosel]
combustible (m)	bahan bakar	[bahan bakar]

carlinga (f)	kokpit	[kokpit]
antena (f)	antena	[antena]
ventana (f)	jendela	[dʒ'endela]
batería (f) solar	sel surya	[sel surja]
escafandra (f)	pakaian antariksa	[pakajan antariksa]

| ingravidez (f) | keadaan tanpa bobot | [keada'an tanpa bobot] |
| oxígeno (m) | oksigen | [oksigen] |

| atraque (m) | penggabungan | [peŋgabuŋan] |
| realizar el atraque | bergabung | [bərgabuŋ] |

observatorio (m)	observatorium	[observatorium]
telescopio (m)	teleskop	[teleskop]
observar (vt)	mengamati	[məŋamati]
explorar (~ el universo)	mengeksplorasi	[məŋeksplorasi]

196. La tierra

Tierra (f)	Bumi	[bumi]
globo (m) terrestre	bola Bumi	[bola bumi]
planeta (m)	planet	[planet]

atmósfera (f)	atmosfer	[atmosfer]
geografía (f)	geografi	[geografi]
naturaleza (f)	alam	[alam]

globo (m) terráqueo	globe	[globe]
mapa (m)	peta	[peta]
atlas (m)	atlas	[atlas]

| Europa (f) | Eropa | [eropa] |
| Asia (f) | Asia | [asia] |

| África (f) | Afrika | [afrika] |
| Australia (f) | Australia | [australia] |

América (f)	Amerika	[amerika]
América (f) del Norte	Amerika Utara	[amerika utara]
América (f) del Sur	Amerika Selatan	[amerika selatan]

| Antártida (f) | Antartika | [antartika] |
| Ártico (m) | Arktika | [arktika] |

197. Los puntos cardinales

norte (m)	utara	[utara]
al norte	ke utara	[ke utara]
en el norte	di utara	[di utara]
del norte (adj)	utara	[utara]
sur (m)	selatan	[selatan]
al sur	ke selatan	[ke selatan]
en el sur	di selatan	[di selatan]
del sur (adj)	selatan	[selatan]
oeste (m)	barat	[barat]
al oeste	ke barat	[ke barat]
en el oeste	di barat	[di barat]
del oeste (adj)	barat	[barat]
este (m)	timur	[timur]
al este	ke timur	[ke timur]
en el este	di timur	[di timur]
del este (adj)	timur	[timur]

198. El mar. El océano

mar (m)	laut	[laut]
océano (m)	samudra	[samudra]
golfo (m)	teluk	[teluʔ]
estrecho (m)	selat	[selat]
tierra (f) firme	daratan	[daratan]
continente (m)	benua	[benua]
isla (f)	pulau	[pulau]
península (f)	semenanjung, jazirah	[semenandʒᶦuŋ], [dʒᶦazirah]
archipiélago (m)	kepulauan	[kepulauan]
bahía (f)	teluk	[teluʔ]
ensenada, bahía (f)	pelabuhan	[pelabuhan]
laguna (f)	laguna	[laguna]
cabo (m)	tanjung	[tandʒᶦuŋ]
atolón (m)	pulau karang	[pulau karaŋ]
arrecife (m)	terumbu	[tərumbu]
coral (m)	karang	[karaŋ]
arrecife (m) de coral	terumbu karang	[tərumbu karaŋ]
profundo (adj)	dalam	[dalam]
profundidad (f)	kedalaman	[kedalaman]
abismo (m)	jurang	[dʒᶦuraŋ]
fosa (f) oceánica	palung	[paluŋ]
corriente (f)	arus	[arus]
bañar (rodear)	berbatasan dengan	[bərbatasan deŋan]

| orilla (f) | pantai | [pantaj] |
| costa (f) | pantai | [pantaj] |

flujo (m)	air pasang	[air pasaŋ]
reflujo (m)	air surut	[air surut]
banco (m) de arena	beting	[betiŋ]
fondo (m)	dasar	[dasar]

ola (f)	gelombang	[gelombaŋ]
cresta (f) de la ola	puncak gelombang	[puntʃa' gelombaŋ]
espuma (f)	busa, buih	[busa], [buih]

tempestad (f)	badai	[badaj]
huracán (m)	topan	[topan]
tsunami (m)	tsunami	[tsunami]
bonanza (f)	angin tenang	[aŋin tenaŋ]
calmo, tranquilo	tenang	[tenaŋ]

| polo (m) | kutub | [kutub] |
| polar (adj) | kutub | [kutub] |

latitud (f)	lintang	[lintaŋ]
longitud (f)	garis bujur	[garis budʒʲur]
paralelo (m)	sejajar	[sedʒʲadʒʲar]
ecuador (m)	khatulistiwa	[hatulistiwa]

cielo (m)	langit	[laŋit]
horizonte (m)	horizon	[horizon]
aire (m)	udara	[udara]

faro (m)	mercusuar	[mertʃusuar]
bucear (vi)	menyelam	[mənjelam]
hundirse (vr)	karam	[karam]
tesoros (m pl)	harta karun	[harta karun]

199. Los nombres de los mares y los océanos

océano (m) Atlántico	Samudra Atlantik	[samudra atlanti']
océano (m) Índico	Samudra Hindia	[samudra hindia]
océano (m) Pacífico	Samudra Pasifik	[samudra pasifi']
océano (m) Glacial Ártico	Samudra Arktik	[samudra arkti']

mar (m) Negro	Laut Hitam	[laut hitam]
mar (m) Rojo	Laut Merah	[laut merah]
mar (m) Amarillo	Laut Kuning	[laut kuniŋ]
mar (m) Blanco	Laut Putih	[laut putih]

mar (m) Caspio	Laut Kaspia	[laut kaspia]
mar (m) Muerto	Laut Mati	[laut mati]
mar (m) Mediterráneo	Laut Tengah	[laut teŋah]

mar (m) Egeo	Laut Aegean	[laut aegean]
mar (m) Adriático	Laut Adriatik	[laut adriati']
mar (m) Arábigo	Laut Arab	[laut arab]

mar (m) del Japón	Laut Jepang	[laut dʒʲepaŋ]
mar (m) de Bering	Laut Bering	[laut beriŋ]
mar (m) de la China Meridional	Laut Cina Selatan	[laut ʧina selatan]

mar (m) del Coral	Laut Karang	[laut karaŋ]
mar (m) de Tasmania	Laut Tasmania	[laut tasmania]
mar (m) Caribe	Laut Karibia	[laut karibia]

| mar (m) de Barents | Laut Barents | [laut barents] |
| mar (m) de Kara | Laut Kara | [laut kara] |

mar (m) del Norte	Laut Utara	[laut utara]
mar (m) Báltico	Laut Baltik	[laut balti']
mar (m) de Noruega	Laut Norwegia	[laut norwegia]

200. Las montañas

montaña (f)	gunung	[gunuŋ]
cadena (f) de montañas	jajaran gunung	[dʒʲadʒʲaran gunuŋ]
cresta (f) de montañas	sisir gunung	[sisir gunuŋ]

cima (f)	puncak	[punʧa']
pico (m)	puncak	[punʧa']
pie (m)	kaki	[kaki]
cuesta (f)	lereng	[lereŋ]

volcán (m)	gunung api	[gunuŋ api]
volcán (m) activo	gunung api yang aktif	[gunuŋ api yaŋ aktif]
volcán (m) apagado	gunung api yang tidak aktif	[gunuŋ api yaŋ tida' aktif]

erupción (f)	erupsi, letusan	[erupsi], [letusan]
cráter (m)	kawah	[kawah]
magma (m)	magma	[magma]
lava (f)	lava, lahar	[lava], [lahar]
fundido (lava ~a)	pijar	[pidʒʲar]

cañón (m)	kanyon	[kanjon]
desfiladero (m)	jurang	[dʒʲuraŋ]
grieta (f)	celah	[ʧelah]
precipicio (m)	jurang	[dʒʲuraŋ]

puerto (m) (paso)	pass, celah	[pass], [ʧelah]
meseta (f)	plato, dataran tinggi	[plato], [dataran tiŋgi]
roca (f)	tebing	[tebiŋ]
colina (f)	bukit	[bukit]

glaciar (m)	gletser	[gletser]
cascada (f)	air terjun	[air tərdʒʲun]
geiser (m)	geiser	[geyser]
lago (m)	danau	[danau]

| llanura (f) | dataran | [dataran] |
| paisaje (m) | landskap | [landskap] |

eco (m)	gema	[gema]
alpinista (m)	pendaki gunung	[pendaki gunuŋ]
escalador (m)	pemanjat tebing	[pemandʒˈat tebiŋ]
conquistar (vt)	menaklukkan	[mənakluˀkan]
ascensión (f)	pendakian	[pendakian]

201. Los nombres de las montañas

Alpes (m pl)	Alpen	[alpen]
Montblanc (m)	Mont Blanc	[mon blan]
Pirineos (m pl)	Pirenia	[pirenia]
Cárpatos (m pl)	Pegunungan Karpatia	[pegunuŋan karpatia]
Urales (m pl)	Pegunungan Ural	[pegunuŋan ural]
Cáucaso (m)	Kaukasus	[kaukasus]
Elbrus (m)	Elbrus	[elbrus]
Altai (m)	Altai	[altaj]
Tian-Shan (m)	Tien Shan	[tjen ʃan]
Pamir (m)	Pegunungan Pamir	[pegunuŋan pamir]
Himalayos (m pl)	Himalaya	[himalaja]
Everest (m)	Everest	[everest]
Andes (m pl)	Andes	[andes]
Kilimanjaro (m)	Kilimanjaro	[kilimandʒˈaro]

202. Los ríos

río (m)	sungai	[suŋaj]
manantial (m)	mata air	[mata air]
lecho (m) (curso de agua)	badan sungai	[badan suŋaj]
cuenca (f) fluvial	basin	[basin]
desembocar en ...	mengalir ke ...	[məŋalir ke ...]
afluente (m)	anak sungai	[anaˀ suŋaj]
ribera (f)	tebing sungai	[tebiŋ suŋaj]
corriente (f)	arus	[arus]
río abajo (adv)	ke hilir	[ke hilir]
río arriba (adv)	ke hulu	[ke hulu]
inundación (f)	banjir	[bandʒir]
riada (f)	banjir	[bandʒir]
desbordarse (vr)	membanjiri	[membandʒiri]
inundar (vt)	membanjiri	[membandʒiri]
bajo (m) arenoso	beting	[betiŋ]
rápido (m)	jeram	[dʒˈeram]
presa (f)	dam, bendungan	[dam], [benduŋan]
canal (m)	kanal, terusan	[kanal], [tərusan]
lago (m) artificiale	waduk	[waduˀ]

esclusa (f)	pintu air	[pintu air]
cuerpo (m) de agua	kolam	[kolam]
pantano (m)	rawa	[rawa]
ciénaga (f)	bencah, paya	[bentʃah], [paja]
remolino (m)	pusaran air	[pusaran air]

arroyo (m)	selokan	[selokan]
potable (adj)	minum	[minum]
dulce (agua ~)	tawar	[tawar]

| hielo (m) | es | [es] |
| helarse (el lago, etc.) | membeku | [membeku] |

203. Los nombres de los ríos

| Sena (m) | Seine | [seine] |
| Loira (m) | Loire | [loire] |

Támesis (m)	Thames	[tems]
Rin (m)	Rein	[reyn]
Danubio (m)	Donau	[donau]

Volga (m)	Volga	[volga]
Don (m)	Don	[don]
Lena (m)	Lena	[lena]

Río (m) Amarillo	Suang Kuning	[suaŋ kuniŋ]
Río (m) Azul	Yangtze	[yaŋtze]
Mekong (m)	Mekong	[mekoŋ]
Ganges (m)	Gangga	[gaŋga]

Nilo (m)	Sungai Nil	[suŋaj nil]
Congo (m)	Kongo	[koŋo]
Okavango (m)	Okavango	[okavaŋo]
Zambeze (m)	Zambezi	[zambezi]
Limpopo (m)	Limpopo	[limpopo]
Misisipi (m)	Mississippi	[misisipi]

204. El bosque

| bosque (m) | hutan | [hutan] |
| de bosque (adj) | hutan | [hutan] |

espesura (f)	hutan lebat	[hutan lebat]
bosquecillo (m)	hutan kecil	[hutan ketʃil]
claro (m)	pembukaan hutan	[pembuka'an hutan]

| maleza (f) | semak belukar | [sema' belukar] |
| matorral (m) | belukar | [belukar] |

| senda (f) | jalan setapak | [dʒ|alan setapa'] |
| barranco (m) | parit | [parit] |

árbol (m)	pohon	[pohon]
hoja (f)	daun	[daun]
follaje (m)	daun-daunan	[daun-daunan]
caída (f) de hojas	daun berguguran	[daun berguguran]
caer (las hojas)	luruh	[luruh]
cima (f)	puncak	[puntʃaʔ]
rama (f)	cabang	[tʃabaŋ]
rama (f) (gruesa)	dahan	[dahan]
brote (m)	tunas	[tunas]
aguja (f)	daun jarum	[daun dʒʲarum]
piña (f)	buah pinus	[buah pinus]
agujero (m)	lubang pohon	[lubaŋ pohon]
nido (m)	sarang	[saraŋ]
tronco (m)	batang	[bataŋ]
raíz (f)	akar	[akar]
corteza (f)	kulit	[kulit]
musgo (m)	lumut	[lumut]
extirpar (vt)	mencabut	[məntʃabut]
talar (vt)	menebang	[mənebaŋ]
deforestar (vt)	deforestasi, penggundulan hutan	[deforestasi], [peŋgundulan hutan]
tocón (m)	tunggul	[tuŋgul]
hoguera (f)	api unggun	[api uŋgun]
incendio (m) forestal	kebakaran hutan	[kebakaran hutan]
apagar (~ el incendio)	memadamkan	[memadamkan]
guarda (m) forestal	penjaga hutan	[pendʒʲaga hutan]
protección (f)	perlindungan	[pərlinduŋan]
proteger (vt)	melindungi	[melinduŋi]
cazador (m) furtivo	pemburu ilegal	[pemburu ilegal]
cepo (m)	perangkap	[pəraŋkap]
recoger (setas, bayas)	memetik	[memetiʔ]
perderse (vr)	tersesat	[tərsesat]

205. Los recursos naturales

recursos (m pl) naturales	sumber daya alam	[sumber daja alam]
recursos (m pl) subterráneos	bahan tambang	[bahan tambaŋ]
depósitos (m pl)	endapan	[endapan]
yacimiento (m)	ladang	[ladaŋ]
extraer (vt)	menambang	[mənambaŋ]
extracción (f)	pertambangan	[pərtambaŋan]
mena (f)	bijih	[bidʒih]
mina (f)	tambang	[tambaŋ]
pozo (m) de mina	sumur tambang	[sumur tambaŋ]
minero (m)	penambang	[penambaŋ]

gas (m)	gas	[gas]
gasoducto (m)	pipa saluran gas	[pipa saluran gas]
petróleo (m)	petroleum, minyak	[petroleum], [minja⁷]
oleoducto (m)	pipa saluran minyak	[pipa saluran minja⁷]
pozo (m) de petróleo	sumur minyak	[sumur minja⁷]
torre (f) de sondeo	menara bor minyak	[mənara bor minja⁷]
petrolero (m)	kapal tangki	[kapal taŋki]
arena (f)	pasir	[pasir]
caliza (f)	batu kapur	[batu kapur]
grava (f)	kerikil	[kerikil]
turba (f)	gambut	[gambut]
arcilla (f)	tanah liat	[tanah liat]
carbón (m)	arang	[araŋ]
hierro (m)	besi	[besi]
oro (m)	emas	[emas]
plata (f)	perak	[pera⁷]
níquel (m)	nikel	[nikel]
cobre (m)	tembaga	[tembaga]
zinc (m)	seng	[seŋ]
manganeso (m)	mangan	[maŋan]
mercurio (m)	air raksa	[air raksa]
plomo (m)	timbal	[timbal]
mineral (m)	mineral	[mineral]
cristal (m)	kristal, hablur	[kristal], [hablur]
mármol (m)	marmer	[marmer]
uranio (m)	uranium	[uranium]

La tierra. Unidad 2

206. El tiempo

tiempo (m)	cuaca	[ʧuaʧa]
previsión (f) del tiempo	prakiraan cuaca	[prakiraʔan ʧuaʧa]
temperatura (f)	temperatur, suhu	[temperatur], [suhu]
termómetro (m)	termometer	[tərmometər]
barómetro (m)	barometer	[barometer]
húmedo (adj)	lembap	[lembap]
humedad (f)	kelembapan	[kelembapan]
bochorno (m)	panas, gerah	[panas], [gerah]
tórrido (adj)	panas terik	[panas təriʔ]
hace mucho calor	panas	[panas]
hace calor (templado)	hangat	[haŋat]
templado (adj)	hangat	[haŋat]
hace frío	dingin	[diŋin]
frío (adj)	dingin	[diŋin]
sol (m)	matahari	[matahari]
brillar (vi)	bersinar	[bərsinar]
soleado (un día ~)	cerah	[ʧerah]
elevarse (el sol)	terbit	[terbit]
ponerse (vr)	terbenam	[tərbenam]
nube (f)	awan	[awan]
nuboso (adj)	berawan	[bərawan]
nubarrón (m)	awan mendung	[awan menduŋ]
nublado (adj)	mendung	[menduŋ]
lluvia (f)	hujan	[huʤˡan]
está lloviendo	hujan turun	[huʤˡan turun]
lluvioso (adj)	hujan	[huʤˡan]
lloviznar (vi)	gerimis	[gerimis]
aguacero (m)	hujan lebat	[huʤˡan lebat]
chaparrón (m)	hujan lebat	[huʤˡan lebat]
fuerte (la lluvia ~)	lebat	[lebat]
charco (m)	kubangan	[kubaŋan]
mojarse (vr)	kehujanan	[kehuʤˡanan]
niebla (f)	kabut	[kabut]
nebuloso (adj)	berkabut	[bərkabut]
nieve (f)	salju	[salʤˡu]
está nevando	turun salju	[turun salʤˡu]

207. Los eventos climáticos severos. Los desastres naturales

tormenta (f)	hujan badai	[hudʒ'an badaj]
relámpago (m)	kilat	[kilat]
relampaguear (vi)	berkilau	[bərkilau]
trueno (m)	petir	[petir]
tronar (vi)	bergemuruh	[bərgemuruh]
está tronando	bergemuruh	[bərgemuruh]
granizo (m)	hujan es	[hudʒ'an es]
está granizando	hujan es	[hudʒ'an es]
inundar (vt)	membanjiri	[membandʒiri]
inundación (f)	banjir	[bandʒir]
terremoto (m)	gempa bumi	[gempa bumi]
sacudida (f)	gempa	[gempa]
epicentro (m)	episentrum	[episentrum]
erupción (f)	erupsi, letusan	[erupsi], [letusan]
lava (f)	lava, lahar	[lava], [lahar]
torbellino (m)	puting beliung	[putiŋ beliuŋ]
tornado (m)	tornado	[tornado]
tifón (m)	topan	[topan]
huracán (m)	topan	[topan]
tempestad (f)	badai	[badaj]
tsunami (m)	tsunami	[tsunami]
ciclón (m)	siklon	[siklon]
mal tiempo (m)	cuaca buruk	[ʧuaʧa buru']
incendio (m)	kebakaran	[kebakaran]
catástrofe (f)	bencana	[benʧana]
meteorito (m)	meteorit	[meteorit]
avalancha (f)	longsor	[loŋsor]
alud (m) de nieve	salju longsor	[saldʒ'u loŋsor]
ventisca (f)	badai salju	[badaj saldʒ'u]
nevasca (f)	badai salju	[badaj saldʒ'u]

208. Los ruidos. Los sonidos

silencio (m)	kesunyian	[kesunjian]
sonido (m)	bunyi	[bunji]
ruido (m)	bising	[bisiŋ]
hacer ruido	membuat bising	[membuat bisiŋ]
ruidoso (adj)	bising	[bisiŋ]
alto (adv)	keras	[keras]
fuerte (~ voz)	lantang	[lantaŋ]
constante (ruido, etc.)	terus menerus	[terus menerus]

grito (m)	teriakan	[təriakan]
gritar (vi)	berteriak	[bərteria']
susurro (m)	bisikan	[bisikan]
susurrar (vi, vt)	berbisik	[bərbisi']

| ladrido (m) | salak | [sala'] |
| ladrar (vi) | menyalak | [mənjala'] |

gemido (m)	rintihan	[rintihan]
gemir (vi)	merintih	[merintih]
tos (f)	batuk	[batu']
toser (vi)	batuk	[batu']

silbido (m)	siulan	[siulan]
silbar (vi)	bersiul	[bərsiul]
toque (m) en la puerta	ketukan	[ketukan]
golpear (la puerta)	mengetuk	[mənetu']

| crepitar (vi) | retak | [reta'] |
| crepitación (f) | gemeretak | [gemereta'] |

sirena (f)	sirene	[sirene]
pito (m) (de la fábrica)	peluit	[peluit]
pitar (un tren, etc.)	membunyikan peluit	[membunjikan peluit]
bocinazo (m)	klakson	[klakson]
tocar la bocina	membunyikan klakson	[membunjikan klakson]

209. El invierno

invierno (m)	musim dingin	[musim dinin]
de invierno (adj)	musim dingin	[musim dinin]
en invierno	pada musim dingin	[pada musim dinin]

nieve (f)	salju	[saldʒʲu]
está nevando	turun salju	[turun saldʒʲu]
nevada (f)	hujan salju	[hudʒʲan saldʒʲu]
montón (m) de nieve	timbunan salju	[timbunan saldʒʲu]

copo (m) de nieve	kepingan salju	[kepinan saldʒʲu]
bola (f) de nieve	bola salju	[bola saldʒʲu]
monigote (m) de nieve	patung salju	[patuŋ saldʒʲu]
carámbano (m)	tetes air beku	[tetes air beku]

diciembre (m)	Desember	[desember]
enero (m)	Januari	[dʒʲanuari]
febrero (m)	Februari	[februari]

| helada (f) | dingin | [dinin] |
| helado (~a noche) | dingin | [dinin] |

bajo cero (adv)	di bawah nol	[di bawah nol]
primeras heladas (f pl)	es pertama	[es pərtama]
escarcha (f)	embun beku	[embun beku]
frío (m)	cuaca dingin	[tʃuatʃa dinin]

hace frío	**dingin**	[diŋin]
abrigo (m) de piel	**mantel bulu**	[mantel bulu]
manoplas (f pl)	**sarung tangan**	[saruŋ taŋan]
enfermarse (vr)	**sakit, jatuh sakit**	[sakit], [dʒatuh sakit]
resfriado (m)	**pilek, selesma**	[pilek], [selesma]
resfriarse (vr)	**masuk angin**	[masuʔ aŋin]
hielo (m)	**es**	[es]
hielo (m) negro	**es hitam**	[es hitam]
helarse (el lago, etc.)	**membeku**	[membeku]
bloque (m) de hielo	**gumpalan es terapung**	[gumpalan es tərapuŋ]
esquís (m pl)	**ski**	[ski]
esquiador (m)	**pemain ski**	[pemajn ski]
esquiar (vi)	**bermain ski**	[bərmajn ski]
patinar (vi)	**berseluncur**	[bərseluntʃur]

La fauna

210. Los mamíferos. Los predadores

carnívoro (m)	**predator, pemangsa**	[predator], [pemaŋsa]
tigre (m)	**harimau**	[harimau]
león (m)	**singa**	[siŋa]
lobo (m)	**serigala**	[serigala]
zorro (m)	**rubah**	[rubah]
jaguar (m)	**jaguar**	[dʒʲaguar]
leopardo (m)	**leopard, macan tutul**	[leopard], [matʃan tutul]
guepardo (m)	**cheetah**	[tʃeetah]
pantera (f)	**harimau kumbang**	[harimau kumbaŋ]
puma (f)	**singa gunung**	[siŋa gunuŋ]
leopardo (m) de las nieves	**harimau bintang salju**	[harimau bintaŋ saldʒʲu]
lince (m)	**lynx**	[links]
coyote (m)	**koyote**	[koyot]
chacal (m)	**jakal**	[dʒʲakal]
hiena (f)	**hiena**	[hiena]

211. Los animales salvajes

animal (m)	**binatang**	[binataŋ]
bestia (f)	**binatang buas**	[binataŋ buas]
ardilla (f)	**bajing**	[badʒiŋ]
erizo (m)	**landak susu**	[landaʔ susu]
liebre (f)	**terwelu**	[tərwelu]
conejo (m)	**kelinci**	[kelintʃi]
tejón (m)	**luak**	[luaʔ]
mapache (m)	**rakun**	[rakun]
hámster (m)	**hamster**	[hamster]
marmota (f)	**marmut**	[marmut]
topo (m)	**tikus mondok**	[tikus mondoʔ]
ratón (m)	**tikus**	[tikus]
rata (f)	**tikus besar**	[tikus besar]
murciélago (m)	**kelelawar**	[kelelawar]
armiño (m)	**ermin**	[ermin]
cebellina (f)	**sabel**	[sabel]
marta (f)	**marten**	[marten]
comadreja (f)	**musang**	[musaŋ]
visón (m)	**cerpelai**	[tʃerpelaj]

castor (m)	beaver	[beaver]
nutria (f)	berang-berang	[bəraŋ-bəraŋ]
caballo (m)	kuda	[kuda]
alce (m)	rusa besar	[rusa besar]
ciervo (m)	rusa	[rusa]
camello (m)	unta	[unta]
bisonte (m)	bison	[bison]
uro (m)	aurochs	[oroks]
búfalo (m)	kerbau	[kerbau]
cebra (f)	kuda belang	[kuda belaŋ]
antílope (m)	antelop	[antelop]
corzo (m)	kijang	[kidʒⁱaŋ]
gamo (m)	rusa	[rusa]
gamuza (f)	chamois	[ʃemva]
jabalí (m)	babi hutan jantan	[babi hutan dʒⁱantan]
ballena (f)	ikan paus	[ikan paus]
foca (f)	anjing laut	[andʒiŋ laut]
morsa (f)	walrus	[walrus]
oso (m) marino	anjing laut berbulu	[andʒiŋ laut bərbulu]
delfín (m)	lumba-lumba	[lumba-lumba]
oso (m)	beruang	[bəruaŋ]
oso (m) blanco	beruang kutub	[bəruaŋ kutub]
panda (f)	panda	[panda]
mono (m)	monyet	[monjet]
chimpancé (m)	simpanse	[simpanse]
orangután (m)	orang utan	[oraŋ utan]
gorila (m)	gorila	[gorila]
macaco (m)	kera	[kera]
gibón (m)	siamang, ungka	[siamaŋ], [uŋka]
elefante (m)	gajah	[gadʒⁱah]
rinoceronte (m)	badak	[badaʔ]
jirafa (f)	jerapah	[dʒⁱerapah]
hipopótamo (m)	kuda nil	[kuda nil]
canguro (m)	kanguru	[kaŋuru]
koala (f)	koala	[koala]
mangosta (f)	garangan	[garaŋan]
chinchilla (f)	chinchilla	[tʃintʃilla]
mofeta (f)	sigung	[siguŋ]
espín (m)	landak	[landaʔ]

212. Los animales domésticos

gata (f)	kucing betina	[kutʃiŋ betina]
gato (m)	kucing jantan	[kutʃiŋ dʒⁱantan]
perro (m)	anjing	[andʒiŋ]

caballo (m)	kuda	[kuda]
garañón (m)	kuda jantan	[kuda ʤ‌antan]
yegua (f)	kuda betina	[kuda betina]

vaca (f)	sapi	[sapi]
toro (m)	sapi jantan	[sapi ʤ‌antan]
buey (m)	lembu jantan	[lembu ʤ‌antan]

oveja (f)	domba	[domba]
carnero (m)	domba jantan	[domba ʤ‌antan]
cabra (f)	kambing betina	[kambiŋ betina]
cabrón (m)	kambing jantan	[kambiŋ ʤ‌antan]

| asno (m) | keledai | [keledaj] |
| mulo (m) | bagal | [bagal] |

cerdo (m)	babi	[babi]
cerdito (m)	anak babi	[ana' babi]
conejo (m)	kelinci	[kelinʧi]

| gallina (f) | ayam betina | [ajam betina] |
| gallo (m) | ayam jago | [ajam ʤ‌ago] |

pato (m)	bebek	[bebe']
ánade (m)	bebek jantan	[bebe' ʤ‌antan]
ganso (m)	angsa	[aŋsa]

| pavo (m) | kalkun jantan | [kalkun ʤ‌antan] |
| pava (f) | kalkun betina | [kalkun betina] |

animales (m pl) domésticos	binatang piaraan	[binataŋ piara'an]
domesticado (adj)	jinak	[ʤ‌ina']
domesticar (vt)	menjinakkan	[mənʤ‌ina'kan]
criar (vt)	membiakkan	[membia'kan]

granja (f)	peternakan	[peternakan]
aves (f pl) de corral	unggas	[uŋgas]
ganado (m)	ternak	[terna']
rebaño (m)	kawanan	[kawanan]

caballeriza (f)	kandang kuda	[kandaŋ kuda]
porqueriza (f)	kandang babi	[kandaŋ babi]
vaquería (f)	kandang sapi	[kandaŋ sapi]
conejal (m)	sangkar kelinci	[saŋkar kelinʧi]
gallinero (m)	kandang ayam	[kandaŋ ajam]

213. Los perros. Las razas de perros

perro (m)	anjing	[anʤ‌iŋ]
perro (m) pastor	anjing gembala	[anʤ‌iŋ gembala]
pastor (m) alemán	anjing gembala jerman	[anʤ‌iŋ gembala ʤ‌erman]
caniche (m)	pudel	[pudel]
teckel (m)	anjing tekel	[anʤ‌iŋ tekel]
bulldog (m)	buldog	[buldog]

bóxer (m)	boxer	[bokser]
mastín (m) inglés	Mastiff	[mastiff]
rottweiler (m)	Rottweiler	[rotweyler]
doberman (m)	Doberman	[doberman]
basset hound (m)	Basset	[basset]
bobtail (m)	bobtail	[bobteyl]
dálmata (m)	Dalmatian	[dalmatian]
cocker spaniel (m)	Cocker Spaniel	[koker spaniel]
terranova (m)	Newfoundland	[njufaundland]
san bernardo (m)	Saint Bernard	[sen bərnar]
husky (m)	Husky	[haski]
chow chow (m)	Chow Chow	[ʧau ʧau]
pomerania (m)	Spitz	[spits]
pug (m), carlino (m)	Pug	[pag]

214. Los sonidos de los animales

ladrido (m)	salak	[sala']
ladrar (vi)	menyalak	[mənjala']
maullar (vi)	mengeong	[məŋeoŋ]
ronronear (vi)	mendengkur	[məndeŋkur]
mugir (vi)	melenguh	[meleŋuh]
bramar (toro)	menguak	[meŋua']
rugir (vi)	menggeram	[məŋgeram]
aullido (m)	auman	[auman]
aullar (vi)	mengaum	[məŋaum]
gañir (vi)	merengek	[mereŋe']
balar (vi)	mengembik	[məŋembi']
gruñir (cerdo)	menguik	[meŋui']
chillar (vi)	memekik	[memeki']
croar (vi)	berdengkang	[bərdeŋkaŋ]
zumbar (vi)	mendengung	[məndeŋuŋ]
chirriar (vi)	mencicit	[mənʧiʧit]

215. Los animales jóvenes

cría (f)	anak	[ana']
gatito (m)	anak kucing	[ana' kuʧiŋ]
ratoncillo (m)	anak tikus	[ana' tikus]
cachorro (m)	anak anjing	[ana' anʤiŋ]
lebrato (m)	anak terwelu	[ana' tərwelu]
gazapo (m)	anak kelinci	[ana' kelinʧi]
lobato (m)	anak serigala	[ana' serigala]
cachorro (m) de zorro	anak rubah	[ana' rubah]

osito (m)	anak beruang	[ana' bəruaŋ]
cachorro (m) de león	anak singa	[ana' siŋa]
cachorro (m) de tigre	anak harimau	[ana' harimau]
elefante bebé (m)	anak gajah	[ana' gadʒ'ah]

cerdito (m)	anak babi	[ana' babi]
ternero (m)	anak sapi	[ana' sapi]
cabrito (m)	anak kambing	[ana' kambiŋ]
cordero (m)	anak domba	[ana' domba]
cervato (m)	anak rusa	[ana' rusa]
cría (f) de camello	anak unta	[ana' unta]

| serpiente (f) joven | anak ular | [ana' ular] |
| rana (f) juvenil | anak katak | [ana' kata'] |

polluelo (m)	anak burung	[ana' buruŋ]
pollito (m)	anak ayam	[ana' ajam]
patito (m)	anak bebek	[ana' bebe']

216. Los pájaros

pájaro (m)	burung	[buruŋ]
paloma (f)	burung dara	[buruŋ dara]
gorrión (m)	burung gereja	[buruŋ geredʒ'a]
carbonero (m)	burung tit	[buruŋ tit]
urraca (f)	burung murai	[buruŋ muraj]

cuervo (m)	burung raven	[buruŋ raven]
corneja (f)	burung gagak	[buruŋ gaga']
chova (f)	burung gagak kecil	[buruŋ gaga' ketʃil]
grajo (m)	burung rook	[buruŋ roo']

pato (m)	bebek	[bebe']
ganso (m)	angsa	[aŋsa]
faisán (m)	burung kuau	[buruŋ kuau]

águila (f)	rajawali	[radʒ'awali]
azor (m)	elang	[elaŋ]
halcón (m)	alap-alap	[alap-alap]
buitre (m)	hering	[heriŋ]
cóndor (m)	kondor	[kondor]

cisne (m)	angsa	[aŋsa]
grulla (f)	burung jenjang	[buruŋ dʒ'endʒ'aŋ]
cigüeña (f)	bangau	[baŋau]

loro (m), papagayo (m)	burung nuri	[buruŋ nuri]
colibrí (m)	burung kolibri	[buruŋ kolibri]
pavo (m) real	burung merak	[buruŋ mera']

avestruz (m)	burung unta	[buruŋ unta]
garza (f)	kuntul	[kuntul]
flamenco (m)	burung flamingo	[buruŋ flamiŋo]
pelícano (m)	pelikan	[pelikan]

| ruiseñor (m) | burung bulbul | [buruŋ bulbul] |
| golondrina (f) | burung walet | [buruŋ walet] |

tordo (m)	burung jalak	[buruŋ dʒialaʔ]
zorzal (m)	burung jalak suren	[buruŋ dʒialaʔ suren]
mirlo (m)	burung jalak hitam	[buruŋ dʒialaʔ hitam]

vencejo (m)	burung apus-apus	[buruŋ apus-apus]
alondra (f)	burung lark	[buruŋ larʔ]
codorniz (f)	burung puyuh	[buruŋ puyuh]

pájaro carpintero (m)	burung pelatuk	[buruŋ pelatuʔ]
cuco (m)	burung kukuk	[buruŋ kukuʔ]
lechuza (f)	burung hantu	[buruŋ hantu]
búho (m)	burung hantu bertanduk	[buruŋ hantu bertanduʔ]
urogallo (m)	burung murai kayu	[buruŋ muraj kaju]
gallo lira (m)	burung belibis hitam	[buruŋ belibis hitam]
perdiz (f)	ayam hutan	[ajam hutan]

estornino (m)	burung starling	[buruŋ starliŋ]
canario (m)	burung kenari	[buruŋ kenari]
ortega (f)	ayam hutan hazel	[ajam hutan hazel]
pinzón (m)	burung chaffinch	[buruŋ tʃaffintʃ]
camachuelo (m)	burung bullfinch	[buruŋ bullfintʃ]

gaviota (f)	burung camar	[buruŋ tʃamar]
albatros (m)	albatros	[albatros]
pingüino (m)	penguin	[peŋuin]

217. Los pájaros. El canto y los sonidos

cantar (vi)	menyanyi	[mənjanji]
gritar, llamar (vi)	berteriak	[berteriaʔ]
cantar (el gallo)	berkokok	[berkokoʔ]
quiquiriquí (m)	kukuruyuk	[kukuruyuʔ]

cloquear (vi)	berkotek	[berkoteʔ]
graznar (vi)	berkaok-kaok	[berkaoʔ-kaoʔ]
graznar, parpar (vi)	meleter	[meleter]
piar (vi)	berdecit	[berdetʃit]
gorjear (vi)	berkicau	[berkitʃau]

218. Los peces. Los animales marinos

brema (f)	ikan bream	[ikan bream]
carpa (f)	ikan karper	[ikan karper]
perca (f)	ikan tilapia	[ikan tilapia]
siluro (m)	lais junggang	[lajs dʒiuŋgaŋ]
lucio (m)	ikan pike	[ikan paik]

| salmón (m) | salmon | [salmon] |
| esturión (m) | ikan sturgeon | [ikan sturdʒien] |

arenque (m)	ikan haring	[ikan hariŋ]
salmón (m) del Atlántico	ikan salem	[ikan salem]
caballa (f)	ikan kembung	[ikan kembuŋ]
lenguado (m)	ikan sebelah	[ikan sebelah]
lucioperca (f)	ikan seligi tenggeran	[ikan seligi teŋgeran]
bacalao (m)	ikan kod	[ikan kod]
atún (m)	tuna	[tuna]
trucha (f)	ikan forel	[ikan forel]
anguila (f)	belut	[belut]
raya (f) eléctrica	ikan pari listrik	[ikan pari listriʔ]
morena (f)	belut moray	[belut morey]
piraña (f)	ikan piranha	[ikan piranha]
tiburón (m)	ikan hiu	[ikan hiu]
delfín (m)	lumba-lumba	[lumba-lumba]
ballena (f)	ikan paus	[ikan paus]
centolla (f)	kepiting	[kepitiŋ]
medusa (f)	ubur-ubur	[ubur-ubur]
pulpo (m)	gurita	[gurita]
estrella (f) de mar	bintang laut	[bintaŋ laut]
erizo (m) de mar	landak laut	[landaʔ laut]
caballito (m) de mar	kuda laut	[kuda laut]
ostra (f)	tiram	[tiram]
camarón (m)	udang	[udaŋ]
bogavante (m)	udang karang	[udaŋ karaŋ]
langosta (f)	lobster berduri	[lobster berduri]

219. Los anfibios. Los reptiles

serpiente (f)	ular	[ular]
venenoso (adj)	berbisa	[berbisa]
víbora (f)	ular viper	[ular viper]
cobra (f)	kobra	[kobra]
pitón (m)	ular sanca	[ular santʃa]
boa (f)	ular boa	[ular boa]
culebra (f)	ular tanah	[ular tanah]
serpiente (m) de cascabel	ular derik	[ular deriʔ]
anaconda (f)	ular anakonda	[ular anakonda]
lagarto (m)	kadal	[kadal]
iguana (f)	iguana	[iguana]
varano (m)	biawak	[biawaʔ]
salamandra (f)	salamander	[salamander]
camaleón (m)	bunglon	[buŋlon]
escorpión (m)	kalajengking	[kaladʒʲeŋkiŋ]
tortuga (f)	kura-kura	[kura-kura]
rana (f)	katak	[kataʔ]

sapo (m)	kodok	[kodo']
cocodrilo (m)	buaya	[buaja]

220. Los insectos

insecto (m)	serangga	[seraŋga]
mariposa (f)	kupu-kupu	[kupu-kupu]
hormiga (f)	semut	[semut]
mosca (f)	lalat	[lalat]
mosquito (m) (picadura de ~)	nyamuk	[njamu']
escarabajo (m)	kumbang	[kumbaŋ]

avispa (f)	tawon	[tawon]
abeja (f)	lebah	[lebah]
abejorro (m)	kumbang	[kumbaŋ]
moscardón (m)	lalat kerbau	[lalat kerbau]

araña (f)	laba-laba	[laba-laba]
telaraña (f)	sarang laba-laba	[saraŋ laba-laba]

libélula (f)	capung	[ʧapuŋ]
saltamontes (m)	belalang	[belalaŋ]
mariposa (f) nocturna	ngengat	[ŋeŋat]

cucaracha (f)	kecoa	[keʧoa]
garrapata (f)	kutu	[kutu]
pulga (f)	kutu loncat	[kutu lonʧat]
mosca (f) negra	agas	[agas]

langosta (f)	belalang	[belalaŋ]
caracol (m)	siput	[siput]
grillo (m)	jangkrik	[ʤ'aŋkri']
luciérnaga (f)	kunang-kunang	[kunaŋ-kunaŋ]
mariquita (f)	kumbang koksi	[kumbaŋ koksi]
sanjuanero (m)	kumbang Cockchafer	[kumbaŋ kokʃafer]

sanguijuela (f)	lintah	[lintah]
oruga (f)	ulat	[ulat]
lombriz (m) de tierra	cacing	[ʧaʧiŋ]
larva (f)	larva	[larva]

221. Los animales. Las partes del cuerpo

pico (m)	paruh	[paruh]
alas (f pl)	sayap	[sajap]
pata (f)	kaki	[kaki]
plumaje (m)	bulu-bulu	[bulu-bulu]
pluma (f)	bulu	[bulu]
penacho (m)	jambul	[ʤ'ambul]

branquias (f pl)	insang	[insaŋ]
huevas (f pl)	telur ikan	[telur ikan]

larva (f)	larva	[larva]
aleta (f)	sirip	[sirip]
escamas (f pl)	sisik	[sisiʔ]

colmillo (m)	taring	[tariŋ]
garra (f), pata (f)	kaki	[kaki]
hocico (m)	moncong	[montʃoŋ]
boca (f)	mulut	[mulut]
cola (f)	ekor	[ekor]
bigotes (m pl)	kumis	[kumis]

| casco (m) (pezuña) | tapak, kuku | [tapak], [kuku] |
| cuerno (m) | tanduk | [tanduʔ] |

caparazón (m)	cangkang	[tʃaŋkaŋ]
concha (f) (de moluscos)	kerang	[keraŋ]
cáscara (f) (de huevo)	kulit telur	[kulit telur]

| pelo (m) (de perro) | bulu | [bulu] |
| piel (f) (de vaca, etc.) | kulit | [kulit] |

222. Los animales. Acciones. Conducta.

| volar (vi) | terbang | [tərbaŋ] |
| dar vueltas | berputar-putar | [bərputar-putar] |

| echar a volar | terbang | [tərbaŋ] |
| batir las alas | mengepakkan | [məŋepaʔkan] |

| picotear (vt) | mematuk | [mematuʔ] |
| empollar (vt) | mengeram | [məŋeram] |

| salir del cascarón | menetas | [mənetas] |
| hacer el nido | membuat sarang | [membuat saraŋ] |

reptar (serpiente)	merayap, merangkak	[merajap], [meraŋkaʔ]
picar (vt)	menyengat	[mənjeŋat]
morder (animal)	menggigit	[məŋgigit]

olfatear (vt)	mencium	[məntʃium]
ladrar (vi)	menyalak	[mənjalaʔ]
sisear (culebra)	mendesis	[məndesis]

| asustar (vt) | menakuti | [mənakuti] |
| atacar (vt) | menyerang | [mənjeraŋ] |

roer (vt)	menggerogoti	[məŋgerogoti]
arañar (vt)	mencakar	[məntʃakar]
esconderse (vr)	bersembunyi	[bərsembunji]

jugar (gatitos, etc.)	bermain	[bərmajn]
cazar (vi, vt)	berburu	[bərburu]
hibernar (vi)	hibernasi, tidur	[hibernasi], [tidur]
extinguirse (vr)	punah	[punah]

223. Los animales. El hábitat

hábitat (m)	habitat	[habitat]
migración (f)	migrasi	[migrasi]
montaña (f)	gunung	[gunuŋ]
arrecife (m)	terumbu	[tərumbu]
roca (f)	tebing	[tebiŋ]
bosque (m)	hutan	[hutan]
jungla (f)	rimba	[rimba]
sabana (f)	sabana	[sabana]
tundra (f)	tundra	[tundra]
estepa (f)	stepa	[stepa]
desierto (m)	gurun	[gurun]
oasis (m)	oasis, oase	[oasis], [oase]
mar (m)	laut	[laut]
lago (m)	danau	[danau]
océano (m)	samudra	[samudra]
pantano (m)	rawa	[rawa]
de agua dulce (adj)	air tawar	[air tawar]
estanque (m)	kolam	[kolam]
río (m)	sungai	[suŋaj]
cubil (m)	goa	[goa]
nido (m)	sarang	[saraŋ]
agujero (m)	lubang pohon	[lubaŋ pohon]
madriguera (f)	lubang	[lubaŋ]
hormiguero (m)	sarang semut	[saraŋ semut]

224. El cuidado de los animales

zoológico (m)	kebun binatang	[kebun binataŋ]
reserva (f) natural	cagar alam	[ʧagar alam]
criadero (m)	peternak, penangkar	[peternak], [penaŋkar]
jaula (f) al aire libre	kandang terbuka	[kandaŋ tərbuka]
jaula (f)	sangkar	[saŋkar]
perrera (f)	rumah anjing	[rumah anʤiŋ]
palomar (m)	rumah burung dara	[rumah buruŋ dara]
acuario (m)	akuarium	[akuarium]
delfinario (m)	dolfinarium	[dolfinarium]
criar (~ animales)	mengembangbiakkan	[məŋembaŋbia'kan]
crías (f pl)	mengerami	[məŋerami]
domesticar (vt)	menjinakkan	[mənʤina'kan]
adiestrar (~ animales)	melatih	[melatih]
pienso (m), comida (f)	pakan	[pakan]
dar de comer	memberi pakan	[memberi pakan]

tienda (f) de animales	toko binatang piaraan	[toko binataŋ piara'an]
bozal (m) de perro	berangus	[bəraŋus]
collar (m)	kalung anjing	[kaluŋ andʒiŋ]
nombre (m) (de perro, etc.)	nama	[nama]
pedigrí (m)	silsilah, trah	[silsilah], [trah]

225. Los animales. Miscelánea

manada (f) (de lobos)	kawanan	[kawanan]
bandada (f) (de pájaros)	kawanan	[kawanan]
banco (m) de peces	kawanan	[kawanan]
caballada (f)	kawanan	[kawanan]
macho (m)	jantan	[dʒʲantan]
hembra (f)	betina	[betina]
hambriento (adj)	lapar	[lapar]
salvaje (adj)	liar	[liar]
peligroso (adj)	berbahaya	[bərbahaja]

226. Los caballos

caballo (m)	kuda	[kuda]
raza (f)	keturunan	[keturunan]
potro (m)	anak kuda	[ana' kuda]
yegua (f)	kuda betina	[kuda betina]
mustang (m)	mustang	[mustaŋ]
poni (m)	kuda poni	[kuda poni]
caballo (m) de tiro	kuda penarik	[kuda penari']
crin (f)	surai	[suraj]
cola (f)	ekor	[ekor]
casco (m) (pezuña)	tapak, kuku	[tapak], [kuku]
herradura (f)	ladam	[ladam]
herrar (vt)	memakaikan ladam	[memakajkan ladam]
herrero (m)	tukang besi	[tukaŋ besi]
silla (f)	pelana	[pelana]
estribo (m)	sanggurdi	[saŋgurdi]
bridón (m)	kendali	[kendali]
riendas (f pl)	tali kendali	[tali kendali]
fusta (f)	cemeti	[tʃemeti]
jinete (m)	penunggang	[penuŋgaŋ]
ensillar (vt)	memelanai	[memelanaj]
montar al caballo	berpelana	[bərpelana]
galope (m)	congklang	[derap]
ir al galope	mencongklang	[məntʃoŋlaŋ]

trote (m)	**derap, drap**	[derap], [drap]
ir al trote, trotar (vi)	**menderap**	[mənderap]
caballo (m) de carreras	**kuda pacuan**	[kuda patʃuan]
carreras (f pl)	**pacuan kuda**	[patʃuan kuda]
caballeriza (f)	**kandang kuda**	[kandaŋ kuda]
dar de comer	**memberi pakan**	[memberi pakan]
heno (m)	**rumput kering**	[rumput keriŋ]
dar de beber	**memberi minum**	[memberi minum]
limpiar (el caballo)	**membersihkan**	[membersihkan]
carro (m)	**pedati**	[pedati]
pastar (vi)	**bergembala**	[bərgembala]
relinchar (vi)	**meringkuk**	[meriŋkuʔ]
cocear (vi)	**menendang**	[mənendaŋ]

La flora

árbol (m)	pohon	[pohon]
foliáceo (adj)	daun luruh	[daun luruh]
conífero (adj)	pohon jarum	[pohon ʤʲarum]
de hoja perenne	selalu hijau	[selalu hiʤʲau]
manzano (m)	pohon apel	[pohon apel]
peral (m)	pohon pir	[pohon pir]
cerezo (m)	pohon ceri manis	[pohon ʧeri manis]
guindo (m)	pohon ceri asam	[pohon ʧeri asam]
ciruelo (m)	pohon plum	[pohon plum]
abedul (m)	pohon berk	[pohon bər⁷]
roble (m)	pohon eik	[pohon ei⁷]
tilo (m)	pohon linden	[pohon linden]
pobo (m)	pohon aspen	[pohon aspen]
arce (m)	pohon mapel	[pohon mapel]
pícea (f)	pohon den	[pohon den]
pino (m)	pohon pinus	[pohon pinus]
alerce (m)	pohon larch	[pohon larʧ]
abeto (m)	pohon fir	[pohon fir]
cedro (m)	pohon aras	[pohon aras]
álamo (m)	pohon poplar	[pohon poplar]
serbal (m)	pohon rowan	[pohon rowan]
sauce (m)	pohon dedalu	[pohon dedalu]
aliso (m)	pohon alder	[pohon alder]
haya (f)	pohon nothofagus	[pohon notofagus]
olmo (m)	pohon elm	[pohon elm]
fresno (m)	pohon abu	[pohon abu]
castaño (m)	kastanye	[kastanje]
magnolia (f)	magnolia	[magnolia]
palmera (f)	palem	[palem]
ciprés (m)	pokok cipres	[poko' sipres]
mangle (m)	bakau	[bakau]
baobab (m)	baobab	[baobab]
eucalipto (m)	kayu putih	[kaju putih]
secoya (f)	sequoia	[sekuoia]

mata (f)	rumpun	[rumpun]
arbusto (m)	semak	[sema⁷]

| vid (f) | pohon anggur | [pohon aŋgur] |
| viñedo (m) | kebun anggur | [kebun aŋgur] |

frambueso (m)	pohon frambus	[pohon frambus]
grosellero (m) negro	pohon blackcurrant	[pohon ble'karen]
grosellero (m) rojo	pohon redcurrant	[pohon redkaren]
grosellero (m) espinoso	pohon arbei hijau	[pohon arbei hidʒɪau]

acacia (f)	pohon akasia	[pohon akasia]
berberís (m)	pohon barberis	[pohon barberis]
jazmín (m)	melati	[melati]

enebro (m)	pohon juniper	[pohon dʒɪuniper]
rosal (m)	pohon mawar	[pohon mawar]
escaramujo (m)	pohon mawar liar	[pohon mawar liar]

229. Los hongos

seta (f)	jamur	[dʒɪamur]
seta (f) comestible	jamur makanan	[dʒɪamur makanan]
seta (f) venenosa	jamur beracun	[dʒɪamur bəratʃun]
sombrerete (m)	kepala jamur	[kepala dʒɪamur]
estipe (m)	batang jamur	[bataŋ dʒɪamur]

seta calabaza (f)	jamur boletus	[dʒɪamur boletus]
boleto (m) castaño	jamur topi jingga	[dʒɪamur topi dʒiŋga]
boleto (m) áspero	jamur boletus berk	[dʒɪamur boletus bər']
rebozuelo (m)	jamur chanterelle	[dʒɪamur tʃanterelle]
rúsula (f)	jamur rusula	[dʒɪamur rusula]

colmenilla (f)	jamur morel	[dʒɪamur morel]
matamoscas (m)	jamur Amanita muscaria	[dʒɪamur amanita mustʃaria]
oronja (f) verde	jamur topi kematian	[dʒɪamur topi kematian]

230. Las frutas. Las bayas

| fruto (m) | buah | [buah] |
| frutos (m pl) | buah-buahan | [buah-buahan] |

manzana (f)	apel	[apel]
pera (f)	pir	[pir]
ciruela (f)	plum	[plum]

fresa (f)	stroberi	[stroberi]
guinda (f)	buah ceri asam	[buah tʃeri asam]
cereza (f)	buah ceri manis	[buah tʃeri manis]
uva (f)	buah anggur	[buah aŋgur]

frambuesa (f)	buah frambus	[buah frambus]
grosella (f) negra	blackcurrant	[ble'karen]
grosella (f) roja	redcurrant	[redkaren]
grosella (f) espinosa	buah arbei hijau	[buah arbei hidʒɪau]

arándano (m) agrio	buah kranberi	[buah kranberi]
naranja (f)	jeruk manis	[dʒʲeruʔ manis]
mandarina (f)	jeruk mandarin	[dʒʲeruʔ mandarin]
piña (f)	nanas	[nanas]
banana (f)	pisang	[pisaŋ]
dátil (m)	buah kurma	[buah kurma]

limón (m)	jeruk sitrun	[dʒʲeruʔ sitrun]
albaricoque (m)	aprikot	[aprikot]
melocotón (m)	persik	[persiʔ]
kiwi (m)	kiwi	[kiwi]
toronja (f)	jeruk Bali	[dʒʲeruʔ bali]

baya (f)	buah beri	[buah bəri]
bayas (f pl)	buah-buah beri	[buah-buah bəri]
arándano (m) rojo	buah cowberry	[buah kowberi]
fresa (f) silvestre	stroberi liar	[stroberi liar]
arándano (m)	buah bilberi	[buah bilberi]

231. Las flores. Las plantas

| flor (f) | bunga | [buŋa] |
| ramo (m) de flores | buket | [buket] |

rosa (f)	mawar	[mawar]
tulipán (m)	tulip	[tulip]
clavel (m)	bunga anyelir	[buŋa anjelir]
gladiolo (m)	bunga gladiol	[buŋa gladiol]

aciano (m)	cornflower	[kornflawa]
campanilla (f)	bunga lonceng biru	[buŋa lontʃeŋ biru]
diente (m) de león	dandelion	[dandelion]
manzanilla (f)	bunga margrit	[buŋa margrit]

áloe (m)	lidah buaya	[lidah buaja]
cacto (m)	kaktus	[kaktus]
ficus (m)	pohon ara	[pohon ara]

azucena (f)	bunga lili	[buŋa lili]
geranio (m)	geranium	[geranium]
jacinto (m)	bunga bakung lembayung	[buŋa bakuŋ lembajuŋ]

mimosa (f)	putri malu	[putri malu]
narciso (m)	bunga narsis	[buŋa narsis]
capuchina (f)	bunga nasturtium	[buŋa nasturtium]

orquídea (f)	anggrek	[aŋgreʔ]
peonía (f)	bunga peoni	[buŋa peoni]
violeta (f)	bunga violet	[buŋa violet]

trinitaria (f)	bunga pansy	[buŋa pansi]
nomeolvides (f)	bunga jangan-lupakan-daku	[buŋa dʒʲaŋan-lupakan-daku]
margarita (f)	bunga desi	[buŋa desi]

amapola (f)	bunga madat	[buŋa madat]
cáñamo (m)	rami	[rami]
menta (f)	mint	[min]

| muguete (m) | lili lembah | [lili lembah] |
| campanilla (f) de las nieves | bunga tetesan salju | [buŋa tetesan saldʒʲu] |

ortiga (f)	jelatang	[dʒʲelataŋ]
acedera (f)	daun sorrel	[daun sorrel]
nenúfar (m)	lili air	[lili air]
helecho (m)	pakis	[pakis]
liquen (m)	lichen	[litʃen]

invernadero (m) tropical	rumah kaca	[rumah katʃa]
césped (m)	halaman berumput	[halaman bərumput]
macizo (m) de flores	bedeng bunga	[bedeŋ buŋa]

planta (f)	tumbuhan	[tumbuhan]
hierba (f)	rumput	[rumput]
hoja (f) de hierba	sehelai rumput	[sehelaj rumput]

hoja (f)	daun	[daun]
pétalo (m)	kelopak	[kelopaʔ]
tallo (m)	batang	[bataŋ]
tubérculo (m)	ubi	[ubi]

| retoño (m) | tunas | [tunas] |
| espina (f) | duri | [duri] |

florecer (vi)	berbunga	[bərbuŋa]
marchitarse (vr)	layu	[laju]
olor (m)	bau	[bau]
cortar (vt)	memotong	[memotoŋ]
coger (una flor)	memetik	[memetiʔ]

232. Los cereales, los granos

grano (m)	biji-bijian	[bidʒi-bidʒian]
cereales (m pl) (plantas)	padi-padian	[padi-padian]
espiga (f)	bulir	[bulir]

trigo (m)	gandum	[gandum]
centeno (m)	gandum hitam	[gandum hitam]
avena (f)	oat	[oat]
mijo (m)	jawawut	[dʒʲawawut]
cebada (f)	jelai	[dʒʲelaj]

maíz (m)	jagung	[dʒʲaguŋ]
arroz (m)	beras	[beras]
alforfón (m)	buckwheat	[bakvit]

guisante (m)	kacang polong	[katʃaŋ poloŋ]
fréjol (m)	kacang buncis	[katʃaŋ buntʃis]
soya (f)	kacang kedelai	[katʃaŋ kedelaj]

| lenteja (f) | kacang lentil | [katʃaŋ lentil] |
| habas (f pl) | kacang-kacangan | [katʃaŋ-katʃaŋan] |

233. Los vegetales. Las verduras

| legumbres (f pl) | sayuran | [sajuran] |
| verduras (f pl) | sayuran hijau | [sajuran hidʒjau] |

tomate (m)	tomat	[tomat]
pepino (m)	mentimun, ketimun	[məntimun], [ketimun]
zanahoria (f)	wortel	[wortel]
patata (f)	kentang	[kentaŋ]
cebolla (f)	bawang	[bawaŋ]
ajo (m)	bawang putih	[bawaŋ putih]

col (f)	kol	[kol]
coliflor (f)	kembang kol	[kembaŋ kol]
col (f) de Bruselas	kol Brussels	[kol brusels]
brócoli (m)	brokoli	[brokoli]

remolacha (f)	ubi bit merah	[ubi bit merah]
berenjena (f)	terung, terong	[teruŋ], [teroŋ]
calabacín (m)	labu siam	[labu siam]
calabaza (f)	labu	[labu]
nabo (m)	turnip	[turnip]

perejil (m)	peterseli	[peterseli]
eneldo (m)	adas sowa	[adas sowa]
lechuga (f)	selada	[selada]
apio (m)	seledri	[seledri]
espárrago (m)	asparagus	[asparagus]
espinaca (f)	bayam	[bajam]

guisante (m)	kacang polong	[katʃaŋ poloŋ]
habas (f pl)	kacang-kacangan	[katʃaŋ-katʃaŋan]
maíz (m)	jagung	[dʒjaguŋ]
fréjol (m)	kacang buncis	[katʃaŋ buntʃis]

pimentón (m)	cabai	[tʃabaj]
rábano (m)	radis	[radis]
alcachofa (f)	artisyok	[artiʃoʔ]

GEOGRAFÍA REGIONAL

234. Europa occidental

Europa (f)	**Eropa**	[eropa]
Unión (f) Europea	**Uni Eropa**	[uni eropa]
europeo (m)	**orang Eropa**	[oraŋ eropa]
europeo (adj)	**Eropa**	[eropa]
Austria (f)	**Austria**	[austria]
austriaco (m)	**lelaki Austria**	[lelaki austria]
austriaca (f)	**wanita Austria**	[wanita austria]
austriaco (adj)	**Austria**	[austria]
Gran Bretaña (f)	**Britania Raya**	[britania raja]
Inglaterra (f)	**Inggris**	[iŋgris]
inglés (m)	**lelaki Inggris**	[lelaki iŋgris]
inglesa (f)	**wanita Inggris**	[wanita iŋgris]
inglés (adj)	**Inggris**	[iŋgris]
Bélgica (f)	**Belgia**	[belgia]
belga (m)	**lelaki Belgia**	[lelaki belgia]
belga (f)	**wanita Belgia**	[wanita belgia]
belga (adj)	**Belgia**	[belgia]
Alemania (f)	**Jerman**	[dʒʲerman]
alemán (m)	**lelaki Jerman**	[lelaki dʒʲerman]
alemana (f)	**wanita Jerman**	[wanita dʒʲerman]
alemán (adj)	**Jerman**	[dʒʲerman]
Países Bajos (m pl)	**Belanda**	[belanda]
Holanda (f)	**Belanda**	[belanda]
holandés (m)	**lelaki Belanda**	[lelaki belanda]
holandesa (f)	**wanita Belanda**	[wanita belanda]
holandés (adj)	**Belanda**	[belanda]
Grecia (f)	**Yunani**	[yunani]
griego (m)	**lelaki Yunani**	[lelaki yunani]
griega (f)	**wanita Yunani**	[wanita yunani]
griego (adj)	**Yunani**	[yunani]
Dinamarca (f)	**Denmark**	[denmarʔ]
danés (m)	**lelali Denmark**	[lelali denmarʔ]
danesa (f)	**wanita Denmark**	[wanita denmarʔ]
danés (adj)	**Denmark**	[denmarʔ]
Irlanda (f)	**Irlandia**	[irlandia]
irlandés (m)	**lelaki Irlandia**	[lelaki irlandia]
irlandesa (f)	**wanita Irlandia**	[wanita irlandia]
irlandés (adj)	**Irlandia**	[irlandia]

Islandia (f)	**Islandia**	[islandia]
islandés (m)	**lelaki Islandia**	[lelaki islandia]
islandesa (f)	**wanita Islandia**	[wanita islandia]
islandés (adj)	**Islandia**	[islandia]
España (f)	**Spanyol**	[spanjol]
español (m)	**lelaki Spanyol**	[lelaki spanjol]
española (f)	**wanita Spanyol**	[wanita spanjol]
español (adj)	**Spanyol**	[spanjol]
Italia (f)	**Italia**	[italia]
italiano (m)	**lelaki Italia**	[lelaki italia]
italiana (f)	**wanita Italia**	[wanita italia]
italiano (adj)	**Italia**	[italia]
Chipre (m)	**Siprus**	[siprus]
chipriota (m)	**lelaki Siprus**	[lelaki siprus]
chipriota (f)	**wanita Siprus**	[wanita siprus]
chipriota (adj)	**Siprus**	[siprus]
Malta (f)	**Malta**	[malta]
maltés (m)	**lelaki Malta**	[lelaki malta]
maltesa (f)	**wanita Malta**	[wanita malta]
maltés (adj)	**Malta**	[malta]
Noruega (f)	**Norwegia**	[norwegia]
noruego (m)	**lelaki Norwegia**	[lelaki norwegia]
noruega (f)	**wanita Norwegia**	[wanita norwegia]
noruego (adj)	**Norwegia**	[norwegia]
Portugal (m)	**Portugal**	[portugal]
portugués (m)	**lelaki Portugis**	[lelaki portugis]
portuguesa (f)	**wanita Portugis**	[wanita portugis]
portugués (adj)	**Portugis**	[portugis]
Finlandia (f)	**Finlandia**	[finlandia]
finlandés (m)	**lelaki Finlandia**	[lelaki finlandia]
finlandesa (f)	**wanita Finlandia**	[wanita finlandia]
finlandés (adj)	**Finlandia**	[finlandia]
Francia (f)	**Prancis**	[prantʃis]
francés (m)	**lelaki Prancis**	[lelaki prantʃis]
francesa (f)	**wanita Prancis**	[wanita prantʃis]
francés (adj)	**Prancis**	[prantʃis]
Suecia (f)	**Swedia**	[swedia]
sueco (m)	**lelaki Swedia**	[lelaki swedia]
sueca (f)	**wanita Swedia**	[wanita swedia]
sueco (adj)	**Swedia**	[swedia]
Suiza (f)	**Swiss**	[swiss]
suizo (m)	**lelaki Swiss**	[lelaki swiss]
suiza (f)	**wanita Swiss**	[wanita swiss]
suizo (adj)	**Swiss**	[swiss]
Escocia (f)	**Skotlandia**	[skotlandia]
escocés (m)	**lelaki Skotlandia**	[lelaki skotlandia]

| escocesa (f) | wanita Skotlandia | [wanita skotlandia] |
| escocés (adj) | Skotlandia | [skotlandia] |

Vaticano (m)	Vatikan	[vatikan]
Liechtenstein (m)	Liechtenstein	[lajhtensteyn]
Luxemburgo (m)	Luksemburg	[luksemburg]
Mónaco (m)	Monako	[monako]

235. Europa central y oriental

Albania (f)	Albania	[albania]
albanés (m)	lelaki Albania	[lelaki albania]
albanesa (f)	wanita Albania	[wanita albania]
albanés (adj)	Albania	[albania]

Bulgaria (f)	Bulgaria	[bulgaria]
búlgaro (m)	lelaki Bulgaria	[lelaki bulgaria]
búlgara (f)	wanita Bulgaria	[wanita bulgaria]
búlgaro (adj)	Bulgaria	[bulgaria]

Hungría (f)	Hongaria	[hoŋaria]
húngaro (m)	lelaki Hongaria	[lelaki hoŋaria]
húngara (f)	wanita Hongaria	[wanita hoŋaria]
húngaro (adj)	Hongaria	[hoŋaria]

Letonia (f)	Latvia	[latvia]
letón (m)	lelaki Latvia	[lelaki latvia]
letona (f)	wanita Latvia	[wanita latvia]
letón (adj)	Latvia	[latvia]

Lituania (f)	Lituania	[lituania]
lituano (m)	lelaki Lituania	[lelaki lituania]
lituana (f)	wanita Lituania	[wanita lituania]
lituano (adj)	Lituania	[lituania]

Polonia (f)	Polandia	[polandia]
polaco (m)	lelaki Polandia	[lelaki polandia]
polaca (f)	wanita Polandia	[wanita polandia]
polaco (adj)	Polandia	[polandia]

Rumania (f)	Romania	[romania]
rumano (m)	lelaki Romania	[lelaki romania]
rumana (f)	wanita Romania	[wanita romania]
rumano (adj)	Romania	[romania]

Serbia (f)	Serbia	[serbia]
serbio (m)	lelaki Serbia	[lelaki serbia]
serbia (f)	wanita Serbia	[wanita serbia]
serbio (adj)	Serbia	[serbia]

Eslovaquia (f)	Slowakia	[slowakia]
eslovaco (m)	lelaki Slowakia	[lelaki slowakia]
eslovaca (f)	wanita Slowakia	[wanita slowakia]
eslovaco (adj)	Slowakia	[slowakia]

Croacia (f)	Kroasia	[kroasia]
croata (m)	lelaki Kroasia	[lelaki kroasia]
croata (f)	wanita Kroasia	[wanita kroasia]
croata (adj)	Kroasia	[kroasia]

Chequia (f)	Republik Ceko	[republi' tʃeko]
checo (m)	lelaki Ceko	[lelaki tʃeko]
checa (f)	wanita Ceko	[wanita tʃeko]
checo (adj)	Ceko	[tʃeko]

Estonia (f)	Estonia	[estonia]
estonio (m)	lelaki Estonia	[lelaki estonia]
estonia (f)	wanita Estonia	[wanita estonia]
estonio (adj)	Estonia	[estonia]

Bosnia y Herzegovina	Bosnia-Hercegovina	[bosnia-hersegovina]
Macedonia	Makedonia	[makedonia]
Eslovenia	Slovenia	[slovenia]
Montenegro (m)	Montenegro	[montenegro]

236. Los países de la antes Unión Soviética

Azerbaiyán (m)	Azerbaijan	[azerbajdʒan]
azerbaiyano (m)	lelaki Azerbaijan	[lelaki azerbajdʒan]
azerbaiyana (f)	wanita Azerbaijan	[wanita azerbajdʒan]
azerbaiyano (adj)	Azerbaijan	[azerbajdʒan]

Armenia (f)	Armenia	[armenia]
armenio (m)	lelaki Armenia	[lelaki armenia]
armenia (f)	wanita Armenia	[wanita armenia]
armenio (adj)	Armenia	[armenia]

Bielorrusia (f)	Belarusia	[belarusia]
bielorruso (m)	lelaki Belarusia	[lelaki belarusia]
bielorrusa (f)	wanita Belarusia	[wanita belarusia]
bielorruso (adj)	Belarusia	[belarusia]

Georgia (f)	Georgia	[dʒordʒia]
georgiano (m)	lelaki Georgia	[lelaki dʒordʒia]
georgiana (f)	wanita Georgia	[wanita georgia]
georgiano (adj)	Georgia	[dʒordʒia]

Kazajstán (m)	Kazakistan	[kazakstan]
kazajo (m)	lelaki Kazakh	[lelaki kazah]
kazaja (f)	wanita Kazakh	[wanita kazah]
kazajo (adj)	Kazakh	[kazah]

Kirguizistán (m)	Kirgizia	[kirgizia]
kirguís (m)	lelaki Kirgiz	[lelaki kirgiz]
kirguisa (f)	wanita Kirgiz	[wanita kirgiz]
kirguís (adj)	Kirgiz	[kirgiz]

| Moldavia (f) | Moldova | [moldova] |
| moldavo (m) | lelaki Moldova | [lelaki moldova] |

| moldava (f) | wanita Moldova | [wanita moldova] |
| moldavo (adj) | Moldova | [moldova] |

Rusia (f)	Rusia	[rusia]
ruso (m)	lelaki Rusia	[lelaki rusia]
rusa (f)	wanita Rusia	[wanita rusia]
ruso (adj)	Rusia	[rusia]

Tayikistán (m)	Tajikistan	[tadʒikistan]
tayiko (m)	lelaki Tajik	[lelaki tadʒiʔ]
tayika (f)	wanitaTajik	[wanitatadʒiʔ]
tayiko (adj)	Tajik	[tadʒiʔ]

Turkmenistán (m)	Turkmenistan	[turkmenistan]
turkmeno (m)	lelaki Turkmen	[lelaki turkmen]
turkmena (f)	wanita Turkmen	[wanita turkmen]
turkmeno (adj)	Turkmen	[turkmen]

Uzbekistán (m)	Uzbekistan	[uzbekistan]
uzbeko (m)	lelaki Uzbek	[lelaki uzbeʔ]
uzbeka (f)	wanita Uzbek	[wanita uzbeʔ]
uzbeko (adj)	Uzbek	[uzbeʔ]

Ucrania (f)	Ukraina	[ukrajna]
ucraniano (m)	lelaki Ukraina	[lelaki ukrajna]
ucraniana (f)	wanita Ukraina	[wanita ukrajna]
ucraniano (adj)	Ukraina	[ukrajna]

237. Asia

| Asia (f) | Asia | [asia] |
| asiático (adj) | Asia | [asia] |

Vietnam (m)	Vietnam	[vjetnam]
vietnamita (m)	lelaki Vietnam	[lelaki vjetnam]
vietnamita (f)	wanita Vietnam	[wanita vjetnam]
vietnamita (adj)	Vietnam	[vjetnam]

India (f)	India	[india]
indio (m)	lelaki India	[lelaki india]
india (f)	wanita India	[wanita india]
indio (adj)	India	[india]

Israel (m)	Israel	[israel]
israelí (m)	lelaki Israel	[lelaki israel]
israelí (f)	wanita Israel	[wanita israel]
israelí (adj)	Israel	[israel]

hebreo (m)	lelaki Yahudi	[lelaki yahudi]
hebrea (f)	wanita Yahudi	[wanita yahudi]
hebreo (adj)	Yahudi	[yahudi]

| China (f) | Tiongkok | [tjoŋkoʔ] |
| chino (m) | lelaki Tionghoa | [lelaki tioŋhoa] |

| china (f) | wanita Tionghoa | [wanita tioŋhoa] |
| chino (adj) | Tionghua | [tjoŋhua] |

Corea (f) del Sur	Korea Selatan	[korea selatan]
Corea (f) del Norte	Korea Utara	[korea utara]
coreano (m)	lelaki Korea	[lelaki korea]
coreana (f)	wanita Korea	[wanita korea]
coreano (adj)	Korea	[korea]

Líbano (m)	Lebanon	[lebanon]
libanés (m)	lelaki Lebanon	[lelaki lebanon]
libanesa (f)	wanita Lebanon	[wanita lebanon]
libanés (adj)	Lebanon	[lebanon]

Mongolia (f)	Mongolia	[moŋolia]
mongol (m)	lelaki Mongolia	[lelaki moŋolia]
mongola (f)	wanita Mongolia	[wanita moŋolia]
mongol (adj)	Mongolia	[moŋolia]

Malasia (f)	Malaysia	[malajsia]
malayo (m)	lelaki Malaysia	[lelaki malajsia]
malaya (f)	wanita Malaysia	[wanita malajsia]
malayo (adj)	Melayu	[melaju]

Pakistán (m)	Pakistan	[pakistan]
pakistaní (m)	lelaki Pakistan	[lelaki pakistan]
pakistaní (f)	wanita Pakistan	[wanita pakistan]
pakistaní (adj)	Pakistan	[pakistan]

Arabia (f) Saudita	Arab Saudi	[arab saudi]
árabe (m)	lelaki Arab	[lelaki arab]
árabe (f)	wanita Arab	[wanita arab]
árabe (adj)	Arab	[arab]

Tailandia (f)	Thailand	[tajland]
tailandés (m)	lelaki Thai	[lelaki taj]
tailandesa (f)	wanita Thai	[wanita tajwan]
tailandés (adj)	Thai	[taj]

Taiwán (m)	Taiwan	[tajwan]
taiwanés (m)	lelaki Taiwan	[lelaki tajwan]
taiwanesa (f)	wanita Taiwan	[wanita tajwan]
taiwanés (adj)	Taiwan	[tajwan]

Turquía (f)	Turki	[turki]
turco (m)	lelaki Turki	[lelaki turki]
turca (f)	wanita Turki	[wanita turki]
turco (adj)	Turki	[turki]

Japón (m)	Jepang	[dʒˈepaŋ]
japonés (m)	lelaki Jepang	[lelaki dʒˈepaŋ]
japonesa (f)	wanita Jepang	[wanita dʒˈepaŋ]
japonés (adj)	Jepang	[dʒˈepaŋ]

| Afganistán (m) | Afghanistan | [afganistan] |
| Bangladesh (m) | Bangladesh | [baŋladeʃ] |

| Indonesia (f) | Indonesia | [indonesia] |
| Jordania (f) | Yordania | [yordania] |

Irak (m)	Irak	[iraʔ]
Irán (m)	Iran	[iran]
Camboya (f)	Kamboja	[kamboʤʲa]
Kuwait (m)	Kuwait	[kuweyt]

Laos (m)	Laos	[laos]
Myanmar (m)	Myanmar	[myanmar]
Nepal (m)	Nepal	[nepal]
Emiratos (m pl) Árabes Unidos	Uni Emirat Arab	[uni emirat arab]

| Siria (f) | Suriah | [suriah] |
| Palestina (f) | Palestina | [palestina] |

238. América del Norte

Estados Unidos de América (m pl)	Amerika Serikat	[amerika serikat]
americano (m)	lelaki Amerika	[lelaki amerika]
americana (f)	wanita Amerika	[wanita amerika]
americano (adj)	Amerika	[amerika]

Canadá (f)	Kanada	[kanada]
canadiense (m)	lelaki Kanada	[lelaki kanada]
canadiense (f)	wanita Kanada	[wanita kanada]
canadiense (adj)	Kanada	[kanada]

Méjico (m)	Meksiko	[meksiko]
mejicano (m)	lelaki Meksiko	[lelaki meksiko]
mejicana (f)	wanita Meksiko	[wanita meksiko]
mejicano (adj)	Meksiko	[meksiko]

239. Centroamérica y Sudamérica

Argentina (f)	Argentina	[argentina]
argentino (m)	lelaki Argentina	[lelaki argentina]
argentina (f)	wanita Argentina	[wanita argentina]
argentino (adj)	Argentina	[argentina]

Brasil (m)	Brasil	[brasil]
brasileño (m)	lelaki Brasil	[lelaki brasil]
brasileña (f)	wanita Brasil	[wanita brasil]
brasileño (adj)	Brasil	[brasil]

Colombia (f)	Kolombia	[kolombia]
colombiano (m)	lelaki Kolombia	[lelaki kolombia]
colombiana (f)	wanita Kolombia	[wanita kolombia]
colombiano (adj)	Kolombia	[kolombia]
Cuba (f)	Kuba	[kuba]
cubano (m)	lelaki Kuba	[lelaki kuba]

cubana (f)	wanita Kuba	[wanita kuba]
cubano (adj)	Kuba	[kuba]
Chile (m)	Chili	[ʧili]
chileno (m)	lelaki Chili	[lelaki ʧili]
chilena (f)	wanita Chili	[wanita ʧili]
chileno (adj)	Chili	[ʧili]
Bolivia (f)	Bolivia	[bolivia]
Venezuela (f)	Venezuela	[venezuela]
Paraguay (m)	Paraguay	[paraguaj]
Perú (m)	Peru	[peru]
Surinam (m)	Suriname	[suriname]
Uruguay (m)	Uruguay	[uruguaj]
Ecuador (m)	Ekuador	[ekuador]
Islas (f pl) Bahamas	Kepulauan Bahama	[kepulauan bahama]
Haití (m)	Haiti	[haiti]
República (f) Dominicana	Republik Dominika	[republiˀ dominika]
Panamá (f)	Panama	[panama]
Jamaica (f)	Jamaika	[dʒʲamajka]

240. África

Egipto (m)	Mesir	[mesir]
egipcio (m)	lelaki Mesir	[lelaki mesir]
egipcia (f)	wanita Mesir	[wanita mesir]
egipcio (adj)	Mesir	[mesir]
Marruecos (m)	Maroko	[maroko]
marroquí (m)	lelaki Maroko	[lelaki maroko]
marroquí (f)	wanita Maroko	[wanita maroko]
marroquí (adj)	Maroko	[maroko]
Túnez (m)	Tunisia	[tunisia]
tunecino (m)	lelaki Tunisia	[lelaki tunisia]
tunecina (f)	wanita Tunisia	[wanita tunisia]
tunecino (adj)	Tunisia	[tunisia]
Ghana (f)	Ghana	[gana]
Zanzíbar (m)	Zanzibar	[zanzibar]
Kenia (f)	Kenya	[kenia]
Libia (f)	Libia	[libia]
Madagascar (m)	Madagaskar	[madagaskar]
Namibia (f)	Namibia	[namibia]
Senegal (m)	Senegal	[senegal]
Tanzania (f)	Tanzania	[tanzania]
República (f) Sudafricana	Afrika Selatan	[afrika selatan]
africano (m)	lelaki Afrika	[lelaki afrika]
africana (f)	wanita Afrika	[wanita afrika]
africano (adj)	Afrika	[afrika]

241. Australia. Oceanía

Australia (f)	Australia	[australia]
australiano (m)	lelaki Australia	[lelaki australia]
australiana (f)	wanita Australia	[wanita australia]
australiano (adj)	Australia	[australia]
Nueva Zelanda (f)	Selandia Baru	[selandia baru]
neocelandés (m)	lelaki Selandia Baru	[lelaki selandia baru]
neocelandesa (f)	wanita Selandia Baru	[wanita selandia baru]
neocelandés (adj)	Selandia Baru	[selandia baru]
Tasmania (f)	Tasmania	[tasmania]
Polinesia (f) Francesa	Polinesia Prancis	[polinesia prantʃis]

242. Las ciudades

Ámsterdam	Amsterdam	[amsterdam]
Ankara	Ankara	[ankara]
Atenas	Athena	[atena]
Bagdad	Bagdad	[bagdad]
Bangkok	Bangkok	[baŋkoʔ]
Barcelona	Barcelona	[bartʃelona]
Beirut	Beirut	[beyrut]
Berlín	Berlin	[berlin]
Mumbai	Mumbai	[mumbaj]
Bonn	Bonn	[bonn]
Bratislava	Bratislava	[bratislava]
Bruselas	Brussel	[brusel]
Bucarest	Bukares	[bukares]
Budapest	Budapest	[budapest]
Burdeos	Bordeaux	[bordo]
El Cairo	Kairo	[kajro]
Calcuta	Kolkata	[kolkata]
Chicago	Chicago	[tʃikago]
Copenhague	Kopenhagen	[kopenhagen]
Dar-es-Salam	Darussalam	[darussalam]
Delhi	Delhi	[delhi]
Dubai	Dubai	[dubaj]
Dublín	Dublin	[dublin]
Dusseldorf	Düsseldorf	[dyuseldorf]
Estambul	Istambul	[istambul]
Estocolmo	Stockholm	[stokholm]
Florencia	Firenze	[firenze]
Fráncfort del Meno	Frankfurt	[frankfurt]
Ginebra	Jenewa	[dʒʲenewa]
La Habana	Havana	[havana]
Hamburgo	Hamburg	[hamburg]

Hanói	Hanoi	[hanoi]
La Haya	Den Hague	[den hag]
Helsinki	Helsinki	[helsinki]
Hiroshima	Hiroshima	[hiroʃima]
Hong Kong	Hong Kong	[hoŋ koŋ]

Jerusalén	Yerusalem	[erusalem]
Kiev	Kiev	[kiev]
Kuala Lumpur	Kuala Lumpur	[kuala lumpur]

Lisboa	Lisbon	[lisbon]
Londres	London	[london]
Los Ángeles	Los Angeles	[los enzheles]
Lyon	Lyons	[lion]

Madrid	Madrid	[madrid]
Marsella	Marseille	[marseille]
Ciudad de México	Meksiko	[meksiko]
Miami	Miami	[miami]
Montreal	Montréal	[montreal]
Moscú	Moskow	[moskow]
Múnich	Munich	[munitʃ]

Nairobi	Nairobi	[najrobi]
Nápoles	Napoli	[napoli]
Niza	Nice	[nitʃe]
Nueva York	New York	[nju yorʔ]

Oslo	Oslo	[oslo]
Ottawa	Ottawa	[ottawa]
París	Paris	[paris]
Pekín	Beijing	[beydʒiŋ]
Praga	Praha	[praha]

Río de Janeiro	Rio de Janeiro	[rio de dʒ'aneyro]
Roma	Roma	[roma]
San Petersburgo	Saint Petersburg	[sajnt petersburg]
Seúl	Seoul	[seoul]
Shanghái	Shanghai	[ʃanhaj]
Singapur	Singapura	[siŋapura]
Sydney	Sydney	[sidni]

Taipei	Taipei	[tajpey]
Tokio	Tokyo	[tokio]
Toronto	Toronto	[toronto]
Varsovia	Warsawa	[warsawa]
Venecia	Venesia	[venesia]
Viena	Wina	[wina]
Washington	Washington	[waʃiŋton]

243. La política. El gobierno. Unidad 1

| política (f) | politik | [politiʔ] |
| político (adj) | politis | [politis] |

político (m)	politisi, politikus	[politisi], [politikus]
estado (m)	negara	[negara]
ciudadano (m)	warganegara	[warganegara]
ciudadanía (f)	kewarganegaraan	[kewarganegara'an]

| escudo (m) nacional | lambang negara | [lambaŋ negara] |
| himno (m) nacional | lagu kebangsaan | [lagu kebaŋsa'an] |

gobierno (m)	pemerintah	[pemerintah]
jefe (m) de estado	kepala negara	[kepala negara]
parlamento (m)	parlemen	[parlemen]
partido (m)	partai	[partaj]

| capitalismo (m) | kapitalisme | [kapitalisme] |
| capitalista (adj) | kapitalis | [kapitalis] |

| socialismo (m) | sosialisme | [sosialisme] |
| socialista (adj) | sosialis | [sosialis] |

comunismo (m)	komunisme	[komunisme]
comunista (adj)	komunis	[komunis]
comunista (m)	orang komunis	[oraŋ komunis]

democracia (f)	demokrasi	[demokrasi]
demócrata (m)	demokrat	[demokrat]
democrático (adj)	demokratis	[demokratis]
Partido (m) Democrático	Partai Demokrasi	[partaj demokrasi]

liberal (m)	orang liberal	[oraŋ liberal]
liberal (adj)	liberal	[liberal]
conservador (m)	orang yang konservatif	[oraŋ yaŋ konservatif]
conservador (adj)	konservatif	[konservatif]

república (f)	republik	[republi']
republicano (m)	pendukung Partai Republik	[pendukuŋ partaj republi']
Partido (m) Republicano	Partai Republik	[partaj republi']

elecciones (f pl)	pemilu	[pemilu]
elegir (vi)	memilih	[memilih]
elector (m)	pemilih	[pemilih]
campaña (f) electoral	kampanye pemilu	[kampane pemilu]

votación (f)	pemungutan suara	[pemuŋutan suara]
votar (vi)	memberikan suara	[memberikan suara]
derecho (m) a voto	hak suara	[ha' suara]

candidato (m)	kandidat, calon	[kandidat], [ʧalon]
presentarse como candidato	mencalonkan diri	[mənʧalonkan diri]
campaña (f)	kampanye	[kampanje]

| de oposición (adj) | oposisi | [oposisi] |
| oposición (f) | oposisi | [oposisi] |

visita (f)	kunjungan	[kundʒiuŋan]
visita (f) oficial	kunjungan resmi	[kundʒiuŋan resmi]
internacional (adj)	internasional	[internasional]

| negociaciones (f pl) | negosiasi, perundingan | [negosiasi], [pərundiŋan] |
| negociar (vi) | bernegosiasi | [bərnegosiasi] |

244. La política. El gobierno. Unidad 2

sociedad (f)	masyarakat	[maʃarakat]
constitución (f)	Konstitusi, Undang-Undang Dasar	[konstitusi], [undaŋ-undaŋ dasar]
poder (m)	kekuasaan	[kekuasa'an]
corrupción (f)	korupsi	[korupsi]

| ley (f) | hukum | [hukum] |
| legal (adj) | sah | [sah] |

| justicia (f) | keadilan | [keadilan] |
| justo (adj) | adil | [adil] |

comité (m)	komite	[komite]
proyecto (m) de ley	rancangan undang-undang	[rantʃaŋan undaŋ-undaŋ]
presupuesto (m)	anggaran belanja	[aŋgaran belandʒʲa]
política (f)	kebijakan	[kebidʒʲakan]
reforma (f)	reformasi	[reformasi]
radical (adj)	radikal	[radikal]

potencia (f) (~ militar, etc.)	kuasa	[kuasa]
poderoso (adj)	adikuasa, berkuasa	[adikuasa], [bərkuasa]
partidario (m)	pendukung	[pendukuŋ]
influencia (f)	pengaruh	[peŋaruh]

régimen (m)	rezim	[rezim]
conflicto (m)	konflik	[konfli']
complot (m)	komplotan	[komplotan]
provocación (f)	provokasi	[provokasi]

derrocar (al régimen)	menggulingkan	[məŋguliŋkan]
derrocamiento (m)	penggulingan	[peŋguliŋan]
revolución (f)	revolusi	[revolusi]

| golpe (m) de estado | kudeta | [kudeta] |
| golpe (m) militar | kudeta militer | [kudeta militer] |

crisis (f)	krisis	[krisis]
recesión (f) económica	resesi ekonomi	[resesi ekonomi]
manifestante (m)	pendemo	[pendemo]
manifestación (f)	demonstrasi	[demonstrasi]
ley (f) marcial	darurat militer	[darurat militer]
base (f) militar	pangkalan militer	[paŋkalan militer]

| estabilidad (f) | stabilitas | [stabilitas] |
| estable (adj) | stabil | [stabil] |

explotación (f)	eksploitasi	[eksploitasi]
explotar (vt)	mengeksploitasi	[məŋeksploitasi]
racismo (m)	rasisme	[rasisme]

racista (m)	rasis	[rasis]
fascismo (m)	fasisme	[fasisme]
fascista (m)	fasis	[fasis]

245. Los países. Miscelánea

extranjero (m)	orang asing	[oraŋ asiŋ]
extranjero (adj)	asing	[asiŋ]
en el extranjero	di luar negeri	[di luar negeri]

emigrante (m)	emigran	[emigran]
emigración (f)	emigrasi	[emigrasi]
emigrar (vi)	beremigrasi	[beremigrasi]

Oeste (m)	Barat	[barat]
Oriente (m)	Timur	[timur]
Extremo Oriente (m)	Timur Jauh	[timur dʒʲauh]
civilización (f)	peradaban	[pəradaban]
humanidad (f)	umat manusia	[umat manusia]
mundo (m)	dunia	[dunia]
paz (f)	perdamaian	[pərdamajan]
mundial (adj)	sedunia	[sedunia]

patria (f)	tanah air	[tanah air]
pueblo (m)	rakyat	[rakjat]
población (f)	populasi, penduduk	[populasi], [pendudu?]
gente (f)	orang-orang	[oraŋ-oraŋ]
nación (f)	bangsa	[baŋsa]
generación (f)	generasi	[generasi]
territorio (m)	wilayah	[wilajah]
región (f)	kawasan	[kawasan]
estado (m) (parte de un país)	negara bagian	[negara bagian]

tradición (f)	tradisi	[tradisi]
costumbre (f)	adat	[adat]
ecología (f)	ekologi	[ekologi]

indio (m)	orang Indian	[oraŋ indian]
gitano (m)	lelaki Gipsi	[lelaki gipsi]
gitana (f)	wanita Gipsi	[wanita gipsi]
gitano (adj)	Gipsi, Rom	[gipsi], [rom]

imperio (m)	kekaisaran	[kekajsaran]
colonia (f)	koloni, negeri jajahan	[koloni], [negeri dʒʲadʒʲahan]
esclavitud (f)	perbudakan	[pərbudakan]
invasión (f)	invasi, penyerbuan	[invasi], [penerbuan]
hambruna (f)	kelaparan, paceklik	[kelaparan], [patʃekli?]

246. Grupos religiosos principales. Las confesiones

| religión (f) | agama | [agama] |
| religioso (adj) | religius | [religius] |

creencia (f)	keyakinan, iman	[keyakinan], [iman]
creer (en Dios)	percaya	[pərtʃaja]
creyente (m)	penganut agama	[peŋanut agama]

| ateísmo (m) | ateisme | [ateisme] |
| ateo (m) | ateis | [ateis] |

cristianismo (m)	agama Kristen	[agama kristen]
cristiano (m)	orang Kristen	[oraŋ kristen]
cristiano (adj)	Kristen	[kristen]

catolicismo (m)	agama Katolik	[agama katoliʔ]
católico (m)	orang Katolik	[oraŋ katoliʔ]
católico (adj)	Katolik	[katoliʔ]

protestantismo (m)	Protestanisme	[protestanisme]
Iglesia (f) protestante	Gereja Protestan	[geredʒˈa protestan]
protestante (m)	Protestan	[protestan]

ortodoxia (f)	Kristen Ortodoks	[kristen ortodoks]
Iglesia (f) ortodoxa	Gereja Kristen Ortodoks	[geredʒˈa kristen ortodoks]
ortodoxo (m)	Ortodoks	[ortodoks]

presbiterianismo (m)	Gereja Presbiterian	[geredʒˈa presbiterian]
Iglesia (f) presbiteriana	Gereja Presbiterian	[geredʒˈa presbiterian]
presbiteriano (m)	penganut	[peŋanut
	Gereja Presbiterian	geredʒˈa presbiterian]

| Iglesia (f) luterana | Gereja Lutheran | [geredʒˈa luteran] |
| luterano (m) | pengikut Gereja Lutheran | [peŋikut geredʒˈa luteran] |

| Iglesia (f) bautista | Gereja Baptis | [geredʒˈa baptis] |
| bautista (m) | penganut Gereja Baptis | [peŋanut geredʒˈa baptis] |

Iglesia (f) anglicana	Gereja Anglikan	[geredʒˈa aŋlikan]
anglicano (m)	penganut Anglikanisme	[peŋanut aŋlikanisme]
mormonismo (m)	Mormonisme	[mormonisme]
mormón (m)	Mormon	[mormon]

| judaísmo (m) | agama Yahudi | [agama yahudi] |
| judío (m) | orang Yahudi | [oraŋ yahudi] |

| budismo (m) | agama Buddha | [agama budda] |
| budista (m) | penganut Buddha | [peŋanut budda] |

| hinduismo (m) | agama Hindu | [agama hindu] |
| hinduista (m) | penganut Hindu | [peŋanut hindu] |

Islam (m)	Islam	[islam]
musulmán (m)	Muslim	[muslim]
musulmán (adj)	Muslim	[muslim]

chiísmo (m)	Syi'ah	[ʃi-a]
chiita (m)	penganut Syi'ah	[peŋanut ʃi-a]
sunismo (m)	Sunni	[sunni]
suní (m, f)	ahli Sunni	[ahli sunni]

247. Las religiones. Los sacerdotes

sacerdote (m)	pendeta	[pendeta]
Papa (m)	Paus	[paus]
monje (m)	biarawan, rahib	[biarawan], [rahib]
monja (f)	biarawati	[biarawati]
pastor (m)	pastor	[pastor]
abad (m)	abbas	[abbas]
vicario (m)	vikaris	[vikaris]
obispo (m)	uskup	[uskup]
cardenal (m)	kardinal	[kardinal]
predicador (m)	pengkhotbah	[peŋhotbah]
prédica (f)	khotbah	[hotbah]
parroquianos (pl)	ahli paroki	[ahli paroki]
creyente (m)	penganut agama	[peŋanut agama]
ateo (m)	ateis	[ateis]

248. La fe. El cristianismo. El islamismo

Adán	Adam	[adam]
Eva	Hawa	[hawa]
Dios (m)	Tuhan	[tuhan]
Señor (m)	Tuhan	[tuhan]
el Todopoderoso	Yang Maha Kuasa	[yaŋ maha kuasa]
pecado (m)	dosa	[dosa]
pecar (vi)	berdosa	[berdosa]
pecador (m)	pedosa lelaki	[pedosa lelaki]
pecadora (f)	pedosa wanita	[pedosa wanita]
infierno (m)	neraka	[neraka]
paraíso (m)	surga	[surga]
Jesús	Yesus	[yesus]
Jesucristo (m)	Yesus Kristus	[yesus kristus]
el Espíritu Santo	Roh Kudus	[roh kudus]
el Salvador	Juru Selamat	[dʒuru selamat]
la Virgen María	Perawan Maria	[perawan maria]
el Diablo	Iblis	[iblis]
diabólico (adj)	setan	[setan]
Satán (m)	setan	[setan]
satánico (adj)	setan	[setan]
ángel (m)	malaikat	[malajkat]
ángel (m) custodio	malaikat pelindung	[malajkat pelinduŋ]
angelical (adj)	malaikat	[malajkat]

apóstol (m)	rasul	[rasul]
arcángel (m)	malaikat utama	[malajkat utama]
anticristo (m)	Antikristus	[antikristus]

Iglesia (f)	Gereja	[geredʒʲa]
Biblia (f)	Alkitab	[alkitab]
bíblico (adj)	Alkitab	[alkitab]

Antiguo Testamento (m)	Perjanjian Lama	[pərdʒʲandʒian lama]
Nuevo Testamento (m)	Perjanjian Baru	[pərdʒʲandʒian baru]
Evangelio (m)	Injil	[indʒil]
Sagrada Escritura (f)	Kitab Suci	[kitab sutʃi]
cielo (m)	Surga	[surga]

mandamiento (m)	Perintah Allah	[pərintah allah]
profeta (m)	nabi	[nabi]
profecía (f)	ramalan	[ramalan]

Alá	Allah	[alah]
Mahoma	Muhammad	[muhammad]
Corán, Korán (m)	Al Quran	[al kurʔan]

mezquita (f)	masjid	[masdʒid]
mulá (m), mullah (m)	mullah	[mullah]
oración (f)	sembahyang, doa	[sembahjaŋ], [doa]
orar, rezar (vi)	bersembahyang, berdoa	[bərsembahjaŋ], [bərdoa]

peregrinación (f)	ziarah	[ziarah]
peregrino (m)	peziarah	[peziarah]
La Meca	Mekah	[mekah]

iglesia (f)	gereja	[geredʒʲa]
templo (m)	kuil, candi	[kuil], [tʃandi]
catedral (f)	katedral	[katedral]
gótico (adj)	Gotik	[gotiʔ]
sinagoga (f)	sinagoga, kanisah	[sinagoga], [kanisah]
mezquita (f)	masjid	[masdʒid]

capilla (f)	kapel	[kapel]
abadía (f)	keabbasan	[keabbasan]
convento (m)	biara	[biara]
monasterio (m)	biara	[biara]

campana (f)	lonceng	[lontʃeŋ]
campanario (m)	menara lonceng	[mənara lontʃeŋ]
sonar (vi)	berbunyi	[bərbunji]

cruz (f)	salib	[salib]
cúpula (f)	kubah	[kubah]
icono (m)	ikon	[ikon]

alma (f)	jiwa	[dʒiwa]
destino (m)	takdir	[takdir]
maldad (f)	kejahatan	[kedʒʲahatan]
bien (m)	kebaikan	[kebajkan]
vampiro (m)	vampir	[vampir]

bruja (f)	**tukang sihir**	[tukaŋ sihir]
demonio (m)	**iblis**	[iblis]
espíritu (m)	**roh**	[roh]
redención (f)	**penebusan**	[penebusan]
redimir (vt)	**menebus**	[mənebus]
culto (m), misa (f)	**misa**	[misa]
decir misa	**menyelenggarakan misa**	[mənjeleŋgarakan misa]
confesión (f)	**pengakuan dosa**	[peɲakuan dosa]
confesarse (vr)	**mengaku dosa**	[məɲaku dosa]
santo (m)	**santo**	[santo]
sagrado (adj)	**suci, kudus**	[sutʃi], [kudus]
agua (f) santa	**air suci**	[air sutʃi]
rito (m)	**ritus**	[ritus]
ritual (adj)	**ritual**	[ritual]
sacrificio (m)	**pengorbangan**	[peɲorbaŋan]
superstición (f)	**takhayul**	[tahajul]
supersticioso (adj)	**bertakhayul**	[bərtahajul]
vida (f) de ultratumba	**akhirat**	[ahirat]
vida (f) eterna	**hidup abadi**	[hidup abadi]

MISCELÁNEA

alto (m) (parada temporal)	**perhentian**	[pərhentian]
ayuda (f)	**bantuan**	[bantuan]
balance (m)	**keseimbangan**	[keseimbaŋan]
barrera (f)	**rintangan**	[rintaŋan]
base (f) (~ científica)	**basis, dasar**	[basis], [dasar]
categoría (f)	**kategori**	[kategori]
causa (f)	**sebab**	[sebab]
coincidencia (f)	**kebetulan**	[kebetulan]
comienzo (m) (principio)	**permulaan**	[pərmula'an]
comparación (f)	**perbandingan**	[pərbandiŋan]
compensación (f)	**kompensasi, ganti rugi**	[kompensasi], [ganti rugi]
confortable (adj)	**nyaman**	[njaman]
cosa (f) (objeto)	**barang**	[baraŋ]
crecimiento (m)	**pertumbuhan**	[pərtumbuhan]
desarrollo (m)	**perkembangan**	[pərkembaŋan]
diferencia (f)	**perbedaan**	[pərbeda'an]
efecto (m)	**efek, pengaruh**	[efek], [peŋaruh]
ejemplo (m)	**contoh**	[tʃontoh]
variedad (f) (selección)	**pilihan**	[pilihan]
elemento (m)	**unsur**	[unsur]
error (m)	**kesalahan**	[kesalahan]
esfuerzo (m)	**usaha**	[usaha]
estándar (adj)	**standar**	[standar]
estándar (m)	**standar**	[standar]
estilo (m)	**gaya**	[gaja]
fin (m)	**akhir**	[ahir]
fondo (m) (color de ~)	**latar belakang**	[latar belakaŋ]
forma (f) (contorno)	**bentuk, rupa**	[bentuk], [rupa]
frecuente (adj)	**kerap, sering**	[kerap], [seriŋ]
grado (m) (en mayor ~)	**tingkat**	[tiŋkat]
hecho (m)	**fakta**	[fakta]
ideal (m)	**ideal**	[ideal]
laberinto (m)	**labirin**	[labirin]
modo (m) (de otro ~)	**cara**	[tʃara]
momento (m)	**saat, waktu**	[sa'at], [waktu]
objeto (m)	**objek**	[obdʒie']
obstáculo (m)	**rintangan**	[rintaŋan]
original (m)	**orisinal, dokumen asli**	[orisinal], [dokumen asli]
parte (f)	**bagian**	[bagian]

partícula (f)	partikel, bagian kecil	[partikel], [bagian ketʃil]
pausa (f)	istirahat	[istirahat]
posición (f)	posisi	[posisi]
principio (m) (tener por ~)	prinsip	[prinsip]
problema (m)	masalah	[masalah]

proceso (m)	proses	[proses]
progreso (m)	kemajuan	[kemadʒ'uan]
propiedad (f) (cualidad)	sifat	[sifat]
reacción (f)	reaksi	[reaksi]

riesgo (m)	risiko	[risiko]
secreto (m)	rahasia	[rahasia]
serie (f)	rangkaian	[raŋkajan]
sistema (m)	sistem	[sistem]
situación (f)	situasi	[situasi]

solución (f)	solusi, penyelesaian	[solusi], [penjelesajan]
tabla (f) (~ de multiplicar)	tabel	[tabel]
tempo (m) (ritmo)	tempo, laju	[tempo], [ladʒ'u]
término (m)	istilah	[istilah]

tipo (m) (p.ej. ~ de deportes)	jenis	[dʒ'enis]
tipo (m) (no es mi ~)	jenis	[dʒ'enis]
turno (m) (esperar su ~)	giliran	[giliran]
urgente (adj)	segera	[segera]

urgentemente	segera	[segera]
utilidad (f)	kegunaan	[keguna'an]
variante (f)	varian	[varian]
verdad (f)	kebenaran	[kebenaran]
zona (f)	zona	[zona]

250. Los adjetivos. Unidad 1

abierto (adj)	terbuka	[tərbuka]
adicional (adj)	tambahan	[tambahan]
agradable (~ voz)	indah	[indah]
agradecido (adj)	berterima kasih	[bərterima kasih]

agrio (sabor ~)	masam	[masam]
agudo (adj)	tajam	[tadʒ'am]
alegre (adj)	riang, gembira	[riaŋ], [gembira]
amargo (adj)	pahit	[pahit]

amplio (~a habitación)	lapang, luas	[lapaŋ], [luas]
ancho (camino ~)	lebar	[lebar]
antiguo (adj)	kuno	[kuno]
apretado (falda ~a)	ketat	[ketat]

arriesgado (adj)	riskan	[riskan]
artificial (adj)	buatan	[buatan]
azucarado, dulce (adj)	manis	[manis]
bajo (voz ~a)	lirih	[lirih]

barato (adj)	murah	[murah]
bello (hermoso)	cantik	[ʧanti²]
blando (adj)	empuk	[empu²]
bronceado (adj)	hitam terbakar matahari	[hitam tərbakar matahari]
bueno (de buen corazón)	baik hati	[baj² hati]

bueno (un libro, etc.)	baik	[baj²]
caliente (adj)	panas	[panas]
calmo, tranquilo	tenang	[tenaŋ]
cansado (adj)	lelah	[lelah]

cariñoso (un padre ~)	penuh perhatian	[penuh pərhatian]
caro (adj)	mahal	[mahal]
central (adj)	sentral	[sentral]
cerrado (adj)	tertutup	[tərtutup]
ciego (adj)	buta	[buta]

civil (derecho ~)	sipil	[sipil]
clandestino (adj)	rahasia, diam-diam	[rahasia], [diam-diam]
claro (color)	muda	[muda]
claro (explicación, etc.)	jelas	[dʒʲelas]
compatible (adj)	serasi, cocok	[serasi], [ʧoʧo²]

congelado (pescado ~)	beku	[beku]
conjunto (decisión ~a)	bersama	[bərsama]
considerable (adj)	signifikan, luar biasa	[signifikan], [luar biasa]
contento (adj)	puas	[puas]
continuo (adj)	panjang	[pandʒʲaŋ]

continuo (incesante)	kontinu, terus menerus	[kontinu], [tərus menerus]
conveniente (apto)	sesuai	[sesuaj]
correcto (adj)	benar	[benar]
cortés (adj)	sopan	[sopan]
corto (adj)	pendek	[pende²]

crudo (huevos ~s)	mentah	[məntah]
de atrás (adj)	belakang	[belakaŋ]
de corta duración (adj)	sebentar	[sebentar]
de segunda mano	bekas	[bekas]
delgado (adj)	kurus	[kurus]

flaco, delgado (adj)	ramping	[rampiŋ]
denso (~a niebla)	pekat	[pekat]
derecho (adj)	kanan	[kanan]
diferente (adj)	berbeda	[bərbeda]
difícil (decisión)	sukar, sulit	[sukar], [sulit]

difícil (problema ~)	rumit	[rumit]
distante (adj)	jauh	[dʒʲauh]
dulce (agua ~)	tawar	[tawar]
duro (material, etc.)	keras	[keras]

el más alto	tertinggi	[tərtiŋgi]
el más importante	paling penting	[paliŋ pentiŋ]
el más próximo	terdekat	[tərdekat]
enfermo (adj)	sakit	[sakit]

enorme (adj)	**sangat besar**	[saŋat besar]
entero (adj)	**seluruh**	[seluruh]
especial (adj)	**khusus**	[husus]
espeso (niebla ~a)	**tebal**	[tebal]
estrecho (calle, etc.)	**sempit**	[sempit]
exacto (adj)	**tepat**	[tepat]
excelente (adj)	**sangat baik**	[saŋat bai’]
excesivo (adj)	**berlebihan**	[bərlebihan]
exterior (adj)	**luar**	[luar]
extranjero (adj)	**asing**	[asiŋ]
fácil (adj)	**mudah**	[mudah]
fatigoso (adj)	**melelahkan**	[melelahkan]
feliz (adj)	**bahagia**	[bahagia]
fértil (la tierra ~)	**subur**	[subur]
frágil (florero, etc.)	**rapuh**	[rapuh]
fresco (está ~ hoy)	**sejuk**	[sedʒ'u’]
fresco (pan, etc.)	**segar**	[segar]
frío (bebida ~a, etc.)	**dingin**	[diŋin]
fuerte (~ voz)	**lantang**	[lantaŋ]
fuerte (adj)	**kuat**	[kuat]
grande (en dimensiones)	**besar**	[besar]
graso (alimento ~)	**berlemak**	[bərlema’]
gratis (adj)	**gratis**	[gratis]
grueso (muro, etc.)	**tebal**	[tebal]
hambriento (adj)	**lapar**	[lapar]
hermoso (~ palacio)	**cantik**	[ʧanti’]
hostil (adj)	**bermusuhan**	[bərmusuhan]
húmedo (adj)	**lembap**	[lembap]
igual, idéntico (adj)	**sama, serupa**	[sama], [serupa]
importante (adj)	**penting**	[pentiŋ]
imposible (adj)	**mustahil**	[mustahil]
imprescindible (adj)	**tak tergantikan**	[ta’ tərgantikan]
indescifrable (adj)	**tak dapat dimengerti**	[ta’ dapat dimeŋerti]
infantil (adj)	**kanak-kanak**	[kana’-kana’]
inmóvil (adj)	**tak bergerak**	[ta’ bərgera’]
insignificante (adj)	**kecil**	[keʧil]
inteligente (adj)	**pandai, pintar**	[pandaj], [pintar]
interior (adj)	**dalam**	[dalam]
izquierdo (adj)	**kiri**	[kiri]
joven (adj)	**muda**	[muda]

251. Los adjetivos. Unidad 2

largo (camino)	**panjang**	[pandʒ'aŋ]
legal (adj)	**sah**	[sah]
lejano (adj)	**jauh**	[dʒ'auh]

| libre (acceso ~) | bebas | [bebas] |
| ligero (un metal ~) | ringan | [riŋan] |

limitado (adj)	terbatas	[tərbatas]
limpio (camisa ~)	bersih	[bərsih]
líquido (adj)	cair	[ʧair]
liso (piel, pelo, etc.)	rata, halus	[rata], [halus]
lleno (adj)	penuh	[penuh]

maduro (fruto, etc.)	masak	[masaʔ]
malo (adj)	buruk, jelek	[buruk], [ʤʲeleʔ]
mas próximo	dekat	[dekat]
mate (sin brillo)	kusam	[kusam]
meticuloso (adj)	cermat	[ʧermat]

miope (adj)	rabun jauh	[rabun ʤʲauh]
misterioso (adj)	misterius	[misterius]
mojado (adj)	basah	[basah]
moreno (adj)	berkulit hitam	[bərkulit hitam]
muerto (adj)	mati	[mati]

natal (país ~)	asli	[asli]
necesario (adj)	perlu	[perlu]
negativo (adj)	negatif	[negatif]
negligente (adj)	ceroboh	[ʧeroboh]
nervioso (adj)	gugup, grogi	[gugup], [grogi]

no difícil (adj)	tidak sukar	[tidaʔ sukar]
no muy grande (adj)	tidak besar	[tidaʔ besar]
normal (adj)	normal	[normal]
nuevo (adj)	baru	[baru]
obligatorio (adj)	wajib	[waʤib]

opuesto (adj)	bertentangan	[bərtentaŋan]
ordinario (adj)	biasa	[biasa]
original (inusual)	orisinal, asli	[orisinal], [asli]
oscuro (cuarto ~)	gelap	[gelap]
pasado (tiempo ~)	lalu	[lalu]

peligroso (adj)	berbahaya	[bərbahaja]
pequeño (adj)	kecil	[keʧil]
perfecto (adj)	cemerlang	[ʧemerlaŋ]
permanente (adj)	tetap	[tetap]
personal (adj)	pribadi	[pribadi]

pesado (adj)	berat	[berat]
plano (pantalla ~a)	datar	[datar]
plano (superficie ~a)	rata, datar	[rata], [datar]
pobre (adj)	miskin	[miskin]
indigente (adj)	papa, sangat miskin	[papa], [saŋat miskin]

poco claro (adj)	tidak jelas	[tidaʔ ʤʲelas]
poco profundo (adj)	dangkal	[daŋkal]
posible (adj)	mungkin	[muŋkin]
precedente (adj)	sebelumnya	[sebelumnja]
presente (momento ~)	sekarang ini, saat ini	[sekaraŋ ini], [sa'at ini]

principal (~ idea)	utama	[utama]
principal (la entrada ~)	utama	[utama]
privado (avión ~)	pribadi	[pribadi]
probable (adj)	mungkin	[muŋkin]
próximo (cercano)	dekat	[dekat]

público (adj)	umum	[umum]
puntual (adj)	tepat waktu	[tepat waktu]
rápido (adj)	cepat	[tʃepat]
raro (adj)	jarang	[dʒʲaraŋ]
recto (línea ~a)	lurus	[lurus]

sabroso (adj)	enak	[ena']
salado (adj)	asin	[asin]
satisfecho (cliente)	puas	[puas]
seco (adj)	kering	[keriŋ]
seguro (no peligroso)	aman	[aman]

siguiente (avión, etc.)	depan	[depan]
similar (adj)	mirip	[mirip]
simpático, amable (adj)	baik	[baj']
simple (adj)	mudah, sederhana	[mudah], [sederhana]
sin experiencia (adj)	tak berpengalaman	[ta' bərpeŋalaman]

sin nubes (adj)	tak berawan	[ta' bərawan]
soleado (un día ~)	cerah	[tʃerah]
sólido (~a pared)	kuat, kukuh	[kuat], [kukuh]
sombrío (adj)	suram	[suram]
sucio (no limpio)	kotor	[kotor]

templado (adj)	hangat	[haŋat]
tenue (una ~ luz)	redup	[redup]
tierno (afectuoso)	lembut	[lembut]
tonto (adj)	bodoh	[bodoh]
tranquilo (adj)	sunyi	[sunji]

transparente (adj)	transparan	[transparan]
triste (adj)	sedih	[sedih]
triste (mirada ~)	sedih	[sedih]
último (~a oportunidad)	terakhir	[tərahir]
último (~a vez)	lalu	[lalu]

único (excepcional)	unik	[uni']
vacío (vaso medio ~)	kosong	[kosoŋ]
vario (adj)	berbagai	[bərbagaj]
vecino (casa ~a)	tetangga	[tetaŋga]
viejo (casa ~a)	tua	[tua]

LOS 500 VERBOS PRINCIPALES

252. Los verbos A-C

abandonar (vt)	meninggalkan	[mǝniŋgalkan]
abrazar (vt)	memeluk	[memelu']
abrir (vt)	membuka	[membuka]
aburrirse (vr)	bosan	[bosan]
acariciar (~ el cabello)	mengusap	[mǝŋusap]
acercarse (vr)	mendekati	[mǝndekati]
acompañar (vt)	menemani	[mǝnemani]
aconsejar (vt)	menasihati	[mǝnasihati]
actuar (vi)	bertindak	[bǝrtinda']
acusar (vt)	menuduh	[mǝnuduh]
adiestrar (~ animales)	melatih	[melatih]
adivinar (vt)	menerka	[mǝnerka]
admirar (vt)	mengagumi	[mǝŋagumi]
adular (vt)	menyanjung	[mǝnjandʒ'uŋ]
advertir (avisar)	memperingatkan	[memperiŋatkan]
afeitarse (vr)	bercukur	[bǝrtʃukur]
afirmar (vt)	menegaskan	[mǝnegaskan]
agitar la mano	melambaikan	[melambajkan]
agradecer (vt)	mengucapkan terima kasih	[mǝŋutʃapkan tǝrima kasih]
ahogarse (vr)	tenggelam	[teŋgelam]
aislar (al enfermo, etc.)	mengisolasi	[mǝŋisolasi]
alabarse (vr)	membual	[membual]
alimentar (vt)	memberi makan	[memberi makan]
almorzar (vi)	makan siang	[makan siaŋ]
alquilar (~ una casa)	menyewa	[mǝnjewa]
alquilar (barco, etc.)	menyewa	[mǝnjewa]
aludir (vi)	mengisyaratkan	[mǝniʃaratkan]
alumbrar (vt)	menyinari	[mǝnjinari]
amarrar (vt)	merapat	[merapat]
amenazar (vt)	mengancam	[mǝnantʃam]
amputar (vt)	mengamputasi	[mǝŋamputasi]
añadir (vt)	menambah	[mǝnambah]
anotar (vt)	mencatat	[mǝntʃatat]
anular (vt)	membatalkan	[membatalkan]
apagar (~ la luz)	mematikan	[mematikan]
aparecer (vi)	muncul	[muntʃul]
aplastar (insecto, etc.)	menghancurkan	[mǝnhantʃurkan]
aplaudir (vi, vt)	bertepuk tangan	[bǝrtepu' taŋan]

apoyar (la decisión)	mendukung	[məndukuŋ]
apresurar (vt)	menggesa-gesakan	[məŋgesa-gesakan]
apuntar a ...	membidik	[membidiʔ]
arañar (vt)	mencakar	[məntʃakar]
arrancar (vt)	merobek	[merobeʔ]
arrepentirse (vr)	menyesal	[mənjesal]
arriesgar (vt)	merisikokan	[merisikokan]
asistir (vt)	membantu	[membantu]
aspirar (~ a algo)	bercita-cita ...	[bərtʃita-tʃita ...]
atacar (mil.)	menyerang	[mənjeraŋ]
atar (cautivo)	mengikat	[məŋikat]
atar a ...	mengikat ke ...	[məŋikat ke ...]
aumentar (vt)	menambah	[mənambah]
aumentarse (vr)	bertambah	[bərtambah]
autorizar (vt)	mengizinkan	[məŋizinkan]
avanzarse (vr)	maju	[madʒ'u]
avistar (vt)	memperhatikan	[memperhatikan]
ayudar (vt)	membantu	[membantu]
bajar (vt)	menurunkan	[mənurunkan]
bañar (~ al bebé)	memandikan	[memandikan]
bañarse (vr)	berenang	[bərenaŋ]
beber (vi, vt)	minum	[minum]
borrar (vt)	menghapuskan	[məŋhapuskan]
brillar (vi)	bersinar	[bərsinar]
bromear (vi)	bergurau	[bərgurau]
bucear (vi)	menyelam	[mənjelam]
burlarse (vr)	mencemooh	[məntʃemooh]
buscar (vt)	mencari ...	[məntʃari ...]
calentar (vt)	memanaskan	[memanaskan]
callarse (no decir nada)	diam	[diam]
calmar (vt)	menenangkan	[mənenaŋkan]
cambiar (de opinión)	mengubah	[məŋubah]
cambiar (vt)	menukar	[mənukar]
cansar (vt)	melelahkan	[melelahkan]
cargar (camión, etc.)	memuat	[memuat]
cargar (pistola)	mengisi	[məŋisi]
casarse (con una mujer)	menikah, beristri	[mənikah], [bəristri]
castigar (vt)	menghukum	[məŋhukum]
cavar (fosa, etc.)	menggali	[məŋgali]
cazar (vi, vt)	berburu	[bərburu]
ceder (vi, vt)	mengalah	[məŋalah]
cegar (deslumbrar)	menyilaukan	[mənjilaukan]
cenar (vi)	makan malam	[makan malam]
cerrar (vt)	menutup	[mənutup]
cesar (vt)	menghentikan	[məŋhentikan]
citar (vt)	mengutip	[məŋutip]
coger (flores, etc.)	memetik	[memetiʔ]

coger (pelota, etc.)	menangkap	[mənaŋkap]
colaborar (vi)	bekerja sama	[bekerdʒa sama]
colgar (vt)	menggantungkan	[məŋgantuŋkan]

colocar (poner)	menempatkan	[mənempatkan]
combatir (vi)	bertempur	[bərtempur]
comenzar (vt)	memulai	[memulaj]
comer (vi, vt)	makan	[makan]
comparar (vt)	membandingkan	[membandiŋkan]

compensar (vt)	mengganti rugi	[məŋganti rugi]
competir (vi)	bersaing	[bərsajŋ]
compilar (~ una lista)	menyusun	[mənyusun]
complicar (vt)	memperumit	[memperumit]

componer (música)	menggubah	[məŋgubah]
comportarse (vr)	berkelakuan	[bərkelakuan]
comprar (vt)	membeli	[membeli]
comprender (vt)	mengerti	[mənerti]

comprometer (vt)	mencemarkan	[məntʃemarkan]
informar (~ a la policía)	memberi tahu	[memberi tahu]
concentrarse (vr)	berkonsentrasi	[bərkonsentrasi]
condecorar (vt)	menganugerahi	[mənanugerahi]

conducir el coche	menyetir mobil	[mənjetir mobil]
confesar (un crimen)	mengaku salah	[mənaku salah]
confiar (vt)	mempercayai	[mempertʃajaj]
confundir (vt)	bingung membedakan	[biŋuŋ membedakan]

conocer (~ a alguien)	kenal	[kenal]
consultar (a un médico)	berkonsultasi dengan	[bərkonsultasi deŋan]
contagiar (vt)	menulari	[mənulari]
contagiarse (de ...)	terinfeksi, tertular ...	[tərinfeksi], [tərtular ...]

contar (dinero, etc.)	menghitung	[mənhituŋ]
contar (una historia)	menceritakan	[məntʃeritakan]
contar con ...	mengharapkan ...	[mənharapkan ...]
continuar (vt)	meneruskan	[məneruskan]

contratar (~ a un abogado)	mempekerjakan	[mempekerdʒakan]
controlar (vt)	mengontrol	[mənontrol]
convencer (vt)	meyakinkan	[meyakinkan]
convencerse (vr)	yakin	[yakin]

| coordinar (vt) | mengoordinasikan | [mənoordinasikan] |
| corregir (un error) | mengoreksi | [mənoreksi] |

| correr (vi) | berlari | [bərlari] |
| cortar (un dedo, etc.) | memotong | [memotoŋ] |

costar (vt)	berharga	[bərharga]
crear (vt)	menciptakan	[məntʃiptakan]
creer (vt)	percaya	[pərtʃaja]
cultivar (plantas)	menanam	[mənanam]
curar (vt)	merawat	[merawat]

253. Los verbos D-E

dar (algo a alguien)	memberi	[memberi]
darse prisa	tergesa-gesa	[tərgesa-gesa]
darse un baño	mandi	[mandi]
datar de ...	berasal dari tahun ...	[bərasal dari tahun ...]

deber (v aux)	harus	[harus]
decidir (vt)	memutuskan	[memutuskan]
decir (vt)	berkata	[bərkata]
decorar (para la fiesta)	menghiasi	[məŋhiasi]

dedicar (vt)	mendedikasikan	[məndedikasikan]
defender (vt)	membela	[membela]
defenderse (vr)	membela diri	[membela diri]
dejar caer	menjatuhkan	[məndʒ¡atuhkan]

dejar de hablar	berhenti berbicara	[bərhenti bərbitʃara]
denunciar (vt)	mengadukan	[məŋadukan]
depender de ...	tergantung pada ...	[tərgantuŋ pada ...]
derramar (líquido)	menumpahkan	[mənumpahkan]

desamarrar (vt)	bertolak	[bərtola²]
desaparecer (vi)	menghilang	[məŋhilaŋ]
desatar (vt)	membuka ikatan	[membuka ikatan]
desayunar (vi)	sarapan	[sarapan]

descansar (vi)	beristirahat	[bəristirahat]
descender (vi)	turun	[turun]
descubrir (tierras nuevas)	menemukan	[mənemukan]
desear (vt)	menghendaki	[məŋhendaki]

desparramarse (azúcar)	tercecer	[tərtʃetʃer]
emitir (~ un olor)	memancarkan	[memantʃarkan]
despegar (el avión)	lepas landas	[lepas landas]
despertar (vt)	membangunkan	[membaŋunkan]

despreciar (vt)	benci, membenci	[bentʃi], [membentʃi]
destruir (~ las pruebas)	menghancurkan	[məŋhantʃurkan]
devolver (paquete, etc.)	mengirim kembali	[məŋirim kembali]
diferenciarse (vr)	berbeza	[bərbeza]

distribuir (~ folletos)	mengedarkan	[məŋedarkan]
dirigir (administrar)	memimpin	[memimpin]
dirigirse (~ al jurado)	memanggil	[memaŋgil]
disculpar (vt)	memaafkan	[mema²afkan]
disculparse (vr)	meminta maaf	[meminta ma²af]

discutir (vt)	membicarakan	[membitʃarakan]
disminuir (vt)	mengurangi	[məŋuraŋi]
distribuir (comida, agua)	membagi-bagikan	[membagi-bagikan]
divertirse (vr)	bersukaria	[bərsukaria]

dividir (~ 7 entre 5)	membagi	[membagi]
doblar (p.ej. capital)	menggandakan	[məŋgandakan]

| dudar (vt) | ragu-ragu | [ragu-ragu] |
| elevarse (alzarse) | mejulang tinggi ... | [medʒʲulaŋ tiŋgi ...] |

eliminar (obstáculo)	menyingkirkan	[mənjiŋkirkan]
emerger (submarino)	timbul ke permukaan air	[timbul ke pərmukaʔan air]
empaquetar (vt)	membungkus	[membuŋkus]
emplear (utilizar)	memakai	[memakaj]

emprender (~ acciones)	mengusahakan	[məŋusahakan]
empujar (vt)	mendorong	[məndoroŋ]
enamorarse (de ...)	jatuh cinta (dengan ...)	[dʒʲatuh tʃinta (deŋan ...)]
encabezar (vt)	memimpin	[memimpin]

encaminar (vt)	mengarahkan	[məŋarahkan]
encender (hoguera)	menyalakan	[mənjalakan]
encender (radio, etc.)	menyalakan	[mənjalakan]
encontrar (hallar)	menemukan	[mənemukan]

enfadar (vt)	membuat marah	[membuat marah]
enfadarse (con ...)	marah (dengan ...)	[marah (deŋan ...)]
engañar (vi, vt)	menipu	[mənipu]
enrojecer (vi)	tersipu	[tərsipu]

enseñar (vi, vt)	mengajar	[məŋadʒʲar]
ensuciarse (vr)	kena kotor	[kena kotor]
entrar (vi)	masuk, memasuki	[masuk], [memasuki]
entrenar (vt)	melatih	[melatih]

entrenarse (vr)	berlatih	[bərlatih]
entretener (vt)	menghibur	[məŋhibur]
enviar (carta, etc.)	mengirim	[məŋirim]
envidiar (vt)	iri	[iri]

equipar (vt)	memperlengkapi	[memperleŋkapi]
equivocarse (vr)	salah	[salah]
escoger (vt)	memilih	[memilih]
esconder (vt)	menyembunyikan	[mənjembunjikan]
escribir (vt)	menulis	[mənulis]

escuchar (vt)	mendengarkan	[məndeŋarkan]
escuchar a hurtadillas	mencuri dengar	[məntʃuri deŋar]
escupir (vi)	meludah	[meludah]
esperar (aguardar)	menunggu	[mənuŋgu]

esperar (anticipar)	mengharapkan	[məŋharapkan]
esperar (tener esperanza)	berharap	[bərharap]
estar (~ sobre la mesa)	terletak	[tərletaʔ]
estar (vi)	sedang	[sedaŋ]

estar acostado	berbaring	[bərbariŋ]
estar basado (en ...)	berdasarkan ...	[bərdasarkan ...]
estar cansado	lelah	[lelah]
estar conservado	diawetkan	[diawetkan]
estar de acuerdo	setuju	[setudʒʲu]
estar en guerra	berperang	[bərperaŋ]
estar perplejo	bingung	[biŋuŋ]

estar sentado	duduk	[dudu']
estremecerse (vr)	tersentak	[tərsenta']
estudiar (vt)	mempelajari	[mempeladʒ'ari]

evitar (peligro, etc.)	mengelak	[məŋela']
examinar (propuesta)	mempertimbangkan	[mempertimbaŋkan]
excluir (vt)	memecat	[memetʃat]
exigir (vt)	menuntut	[mənuntut]

existir (vi)	ada	[ada]
explicar (vt)	menjelaskan	[məndʒ'elaskan]
expresar (vt)	mengungkapkan	[məŋuŋkapkan]
expulsar (ahuyentar)	mengusir	[məŋusir]

254. Los verbos F-M

facilitar (vt)	meringankan	[meriŋankan]
faltar (a las clases)	absen	[absen]
fascinar (vt)	memesona	[memesona]
felicitar (vt)	mengucapkan selamat	[məŋutʃapkan selamat]

firmar (~ el contrato)	menandatangani	[mənandataŋani]
formar (vt)	membentuk	[membentu']
fortalecer (vt)	mengukuhkan	[məŋukuhkan]
forzar (obligar)	memaksa	[memaksa]

fotografiar (vt)	memotret	[memotret]
garantizar (vt)	menjamin	[məndʒ'amin]
girar (~ a la izquierda)	membelok, berbelok	[membelok], [bərbelo']
golpear (la puerta)	mengetuk	[məŋetu']

gritar (vi)	berteriak	[bərteria']
guardar (cartas, etc.)	menyimpan	[mənjimpan]
gustar (el tenis, etc.)	suka	[suka]
gustar (vi)	suka	[suka]
habitar (vi, vt)	tinggal	[tiŋgal]

hablar con ...	bebicara dengan ...	[bebitʃara deŋan ...]
hacer (vt)	membuat	[membuat]
hacer conocimiento	berkenalan	[bərkenalan]
hacer copias	memperbanyak	[memperbanja']

hacer la limpieza	membereskan	[membereskan]
hacer una conclusión	menarik kesimpulan	[mənari' kesimpulan]
hacerse (vr)	menjadi	[məndʒ'adi]
hachear (vt)	memotong	[memotoŋ]
heredar (vt)	mewarisi	[mewarisi]

imaginarse (vr)	membayangkan	[membajaŋkan]
imitar (vt)	meniru	[məniru]
importar (vt)	mengimpor	[məŋimpor]
indignarse (vr)	marah	[marah]
influir (vt)	memengaruhi	[memeŋaruhi]
informar (vt)	menginformasikan	[məŋinformasikan]

informarse (vr)	menanyakan	[mənanjakan]
inquietar (vt)	membuat khawatir	[membuat hawatir]
inquietarse (vr)	khawatir	[hawatir]
inscribir (en la lista)	mendaftarkan	[məndaftarkan]
insertar (~ la llave)	menyisipkan	[mənjisipkan]
insistir (vi)	mendesak	[məndesaʔ]
inspirar (vt)	mengilhami	[məɲilhami]
instruir (enseñar)	mengajari	[mənadʒʲari]
insultar (vt)	menghina	[məŋhina]
intentar (vt)	mencoba	[mənʧoba]
intercambiar (vt)	bertukar	[bərtukar]
interesar (vt)	menimbulkan minat	[mənimbulkan minat]
interesarse (vr)	menaruh minat pada ...	[mənaruh minat pada ...]
interpretar (actuar)	berperan	[bərperan]
intervenir (vi)	campur tangan	[ʧampur taŋan]
inventar (máquina, etc.)	menemukan	[mənemukan]
invitar (vt)	mengundang	[məŋundaŋ]
ir (~ en taxi)	naik	[naiʔ]
ir (a pie)	berjalan	[bərdʒʲalan]
irritar (vt)	menjengkelkan	[məndʒʲeŋkelkan]
irritarse (vr)	jengkel	[dʒʲeŋkel]
irse a la cama	tidur	[tidur]
jugar (divertirse)	bermain	[bərmajn]
lanzar (comenzar)	meluncurkan	[melunʧurkan]
lavar (vt)	mencuci	[mənʧuʧi]
lavar la ropa	mencuci	[mənʧuʧi]
leer (vi, vt)	membaca	[membaʧa]
levantarse (de la cama)	bangun	[baŋun]
liberar (ciudad, etc.)	membebaskan	[membebaskan]
librarse de ...	terhindar dari ...	[tərhindar dari ...]
limitar (vt)	membatasi	[membatasi]
limpiar (~ el horno)	membersihkan	[membersihkan]
limpiar (zapatos, etc.)	membersihkan	[membersihkan]
llamar (le llamamos ...)	menamakan	[mənamakan]
llamar (por ayuda)	memanggil	[memaŋgil]
llamar (vt)	memanggil	[memaŋgil]
llegar (~ al Polo Norte)	mencapai	[mənʧapaj]
llegar (tren)	datang	[dataŋ]
llenar (p.ej. botella)	memenuhi	[memenuhi]
retirar (~ los platos)	membawa pulang	[membawa pulaŋ]
llorar (vi)	menangis	[mənaɲis]
lograr (un objetivo)	mencapai	[mənʧapaj]
luchar (combatir)	berjuang	[bərdʒʲuaŋ]
luchar (sport)	bergulat	[bərgulat]
mantener (la paz)	melestarikan	[melestarikan]
marcar (en el mapa, etc.)	menandai	[mənandaj]

matar (vt)	membunuh	[membunuh]
memorizar (vt)	menghafalkan	[məŋhafalkan]
mencionar (vt)	menyebut	[mənjebut]
mentir (vi)	berbohong	[bərbohoŋ]
merecer (vt)	patut	[patut]
mezclar (vt)	mencampur	[mənʧampur]
mirar (vi, vt)	melihat	[melihat]
mirar a hurtadillas	mencuri lihat	[mənʧuri lihat]
molestar (vt)	mengganggu	[məŋgaŋgu]
mostrar (~ el camino)	menunjuk	[mənundʒʲuʔ]
mostrar (demostrar)	menunjukkan	[mənundʒʲuʔkan]
mover (el sofá, etc.)	memindahkan	[memindahkan]
multiplicar (mat)	mengalikan	[məɲalikan]

255. Los verbos N-R

nadar (vi)	berenang	[bərenaŋ]
negar (rechazar)	menolak	[mənolaʔ]
negar (vt)	memungkiri	[memuŋkiri]
negociar (vi)	bernegosiasi	[bərnegosiasi]
nombrar (designar)	melantik	[melantiʔ]
notar (divisar)	memperhatikan	[memperhatikan]
obedecer (vi, vt)	mematuhi	[mematuhi]
objetar (vt)	berkeberatan	[bərkebəratan]
observar (vt)	mengamati	[məɲamati]
ofender (vt)	menyinggung	[mənjiŋguŋ]
oír (vt)	mendengar	[məndeŋar]
oler (despedir olores)	berbau	[berbau]
oler (percibir olores)	mencium	[mənʧium]
olvidar (dejar)	meninggalkan	[məniŋgalkan]
olvidar (vt)	melupakan	[melupakan]
omitir (vt)	menghilangkan	[məniŋgalkan]
orar (vi)	bersembahyang, berdoa	[bərsembahjaŋ], [bərdoa]
ordenar (mil.)	memerintahkan	[memerintahkan]
organizar (concierto, etc.)	mengatur	[məɲatur]
osar (vi)	berani	[bərani]
pagar (vi, vt)	membayar	[membajar]
pararse (vr)	berhenti	[bərhenti]
parecerse (vr)	menyerupai, mirip	[mənerupaj], [mirip]
participar (vi)	turut serta	[turut serta]
partir (~ a Londres)	pergi	[pergi]
pasar (~ el pueblo)	melewati	[melewati]
pecar (vi)	berdosa	[bərdosa]
pedir (ayuda, etc.)	meminta	[meminta]
pedir (restaurante)	memesan	[memesan]
pegar (golpear)	memukul	[memukul]

peinarse (vr)	bersisir, menyisir	[bərsisir], [menjisir]
pelear (vi)	berkelahi	[bərkelahi]
penetrar (vt)	menyusup	[mənyusup]
pensar (creer)	yakin	[yakin]
pensar (vi, vt)	berpikir	[bərpikir]
perder (paraguas, etc.)	kehilangan	[kehilaŋan]
perdonar (vt)	memaafkan	[mema'afkan]
permitir (vt)	membenarkan	[membenarkan]
pertenecer a ...	kepunyaan ...	[kepunja'an ...]
pesar (tener peso)	berbobot	[bərbobot]
pescar (vi)	memancing	[memantʃiŋ]
planchar (vi, vt)	menyeterika	[mənjeterika]
planear (vt)	merencanakan	[merentʃanakan]
poder (v aux)	bisa	[bisa]
poner (colocar)	meletakkan	[meleta'kan]
poner en orden	membereskan	[membereskan]
poseer (vt)	memiliki	[memiliki]
preferir (vt)	lebih suka	[lebih suka]
preocuparse (vr)	khawatir	[hawatir]
preparar (la cena)	memasak	[memasa']
preparar (vt)	menyiapkan	[mənjiapkan]
presentar (~ a sus padres)	memperkenalkan	[memperkenalkan]
presentar (vt) (persona)	memperkenalkan	[memperkenalkan]
presentar un informe	melaporkan	[melaporkan]
prestar (vt)	meminjam	[memindʒ'am]
prever (vt)	menduga	[mənduga]
privar (vt)	merampas	[merampas]
probar (una teoría, etc.)	membuktikan	[membuktikan]
prohibir (vt)	melarang	[melaraŋ]
prometer (vt)	berjanji	[bərdʒ'andʒi]
pronunciar (vt)	melafalkan	[melafalkan]
proponer (vt)	mengusulkan	[məŋusulkan]
proteger (la naturaleza)	melindungi	[melinduŋi]
protestar (vi, vt)	memprotes	[memprotes]
provocar (vt)	memicu	[memitʃu]
proyectar (~ un edificio)	mendesain	[məndesajn]
publicitar (vt)	mengiklankan	[məŋiklankan]
quedar (una ropa, etc.)	pas, cocok	[pas], [tʃotʃo']
quejarse (vr)	mengeluh	[məŋeluh]
quemar (vt)	membakar	[membakar]
querer (amar)	mencintai	[mentʃintaj]
querer (desear)	mau, ingin	[mau], [iŋin]
quitar (~ una mancha)	menghapuskan	[məŋhapuskan]
quitar (cuadro de la pared)	mengangkat	[məŋaŋkat]
guardar (~ en su sitio)	membenahi	[membenahi]
rajarse (vr)	retak	[reta']

realizar (vt)	melaksanakan	[melaksanakan]
recomendar (vt)	merekomendasi	[merekomendasi]
reconocer (admitir)	mengakui	[məŋakui]
reconocer (una voz, etc.)	mengenali	[məŋenali]
recordar (tener en mente)	ingat	[iŋat]

recordar algo a algn	mengingatkan ...	[məŋiŋatkan ...]
recordarse (vr)	mengingat	[məŋiŋat]
recuperarse (vr)	sembuh	[sembuh]
reflexionar (vi)	termenung	[tərmenuŋ]
regañar (vt)	memarahi, menegur	[memarahi], [menegur]

regar (plantas)	menyiram	[mənjiram]
regresar (~ a la ciudad)	kembali	[kembali]
rehacer (vt)	mengulangi	[məŋulaŋi]
reírse (vr)	tertawa	[tərtawa]

reparar (arreglar)	memperbaiki	[memperbajki]
repetir (vt)	mengulangi	[məŋulaŋi]
reprochar (vt)	menegur	[mənegur]
reservar (~ una mesa)	memesan	[memesan]

resolver (~ el problema)	menyelesaikan	[mənjelesajkan]
resolver (~ la discusión)	menyelesaikan	[mənjelesajkan]
respirar (vi)	bernapas	[bərnapas]
responder (vi, vt)	menjawab	[məndʒʲawab]

retener (impedir)	menahan	[mənahan]
robar (vt)	mencuri	[məntʃuri]
romper (mueble, etc.)	memecahkan	[memetʃahkan]
romperse (la cuerda)	putus	[putus]

256. Los verbos S-V

saber (~ algo mas)	tahu	[tahu]
sacudir (agitar)	mengguncang	[məŋguntʃaŋ]
salir (libro)	terbit	[terbit]
salir (vi)	keluar	[keluar]

saludar (vt)	menyambut	[mənjambut]
salvar (vt)	menyelamatkan	[mənjelamatkan]
satisfacer (vt)	memuaskan	[memuaskan]
secar (ropa, pelo)	mengeringkan	[məŋeriŋkan]

seguir ...	mengikuti ...	[məŋikuti ...]
seleccionar (vt)	memilih	[memilih]
sembrar (semillas)	menanam	[mənanam]
sentarse (vr)	duduk	[duduʔ]

sentenciar (vt)	menjatuhkan hukuman	[məndʒʲatuhkan hukuman]
sentir (peligro, etc.)	merasa	[merasa]
ser (vi)	ialah, adalah	[ialah], [adalah]
ser causa de ...	menyebabkan ...	[mənebabkan ...]
ser indispensable	dibutuhkan	[dibutuhkan]

ser necesario	**dibutuhkan**	[dibutuhkan]
ser suficiente	**cukup**	[ʧukup]
servir (~ a los clientes)	**melayani**	[melajani]
significar (querer decir)	**berarti**	[bərarti]
significar (vt)	**berarti**	[bərarti]
simplificar (vt)	**menyederhanakan**	[mənjederhanakan]
sobreestimar (vt)	**menilai terlalu tinggi**	[mənilaj tərlalu tiŋgi]
sofocar (un incendio)	**memadamkan**	[memadamkan]
soñar (durmiendo)	**bermimpi**	[bərmimpi]
soñar (fantasear)	**bermimpi**	[bərmimpi]
sonreír (vi)	**tersenyum**	[tərsenyum]
soplar (viento)	**meniup**	[məniup]
soportar (~ el dolor)	**menahan**	[mənahan]
sorprender (vt)	**mengherankan**	[məŋherankan]
sorprenderse (vr)	**heran**	[heran]
sospechar (vt)	**mencurigai**	[mənʧurigaj]
subestimar (vt)	**meremehkan**	[meremehkan]
subrayar (vt)	**menggaris bawahi**	[məŋgaris bawahi]
sufrir (dolores, etc.)	**menderita**	[mənderita]
suplicar (vt)	**memohon**	[memohon]
suponer (vt)	**menduga**	[mənduga]
suspirar (vi)	**mendesah**	[məndesah]
temblar (de frío)	**menggigil**	[məŋgigil]
tener (vt)	**mempunyai**	[mempunjaj]
tener miedo	**takut**	[takut]
terminar (vt)	**mengakhiri**	[mənahiri]
tirar (cuerda)	**menarik**	[mənariʔ]
tirar (disparar)	**menembak**	[mənembaʔ]
tirar (piedras, etc.)	**melemparkan**	[melemparkan]
tocar (con la mano)	**menyentuh**	[mənjentuh]
tomar (vt)	**mengambil**	[məŋambil]
tomar nota	**mencatat**	[mənʧatat]
trabajar (vi)	**bekerja**	[bekerdʒ'a]
traducir (vt)	**menerjemahkan**	[mənerdʒ'emahkan]
traer (un recuerdo, etc.)	**membawa**	[membawa]
transformar (vt)	**mengubah**	[mənubah]
tratar (de hacer algo)	**mencoba**	[mənʧoba]
unir (vt)	**menyatukan**	[mənjatukan]
unirse (~ al grupo)	**ikut, bergabung**	[ikut], [bərgabuŋ]
usar (la cuchara, etc.)	**menggunakan ...**	[məŋgunakan ...]
vacunar (vt)	**memvaksinasi**	[memvaksinasi]
vender (vt)	**menjual**	[məndʒ'ual]
vengar (vt)	**membalas dendam**	[membalas dendam]
verter (agua, vino)	**menuangkan**	[mənuaŋkan]
vivir (vi)	**hidup**	[hidup]

volar (pájaro, avión)	**terbang**	[tərbaŋ]
volver (~ fondo arriba)	**membalikkan**	[membaliʔkan]
volverse de espaldas	**berpaling**	[bərpaliŋ]
votar (vi)	**memberikan suara**	[memberikan suara]